新唐書

四部備要

史部

上海中華書局據武英殿本校刊

桐鄉陸費逵總勘
杭縣高時顯
杭縣吳汝霖輯校
杭縣丁輔之監造

進新唐書表

臣公亮言竊惟唐有天下幾三百年其君臣行事之始終所以治亂興衰之蹟與其典章制度之美宜其燦然著在簡冊而紀次無法詳略失中文采不明事實零落蓋又百有五十年然後得以發揮幽深補緝闕亡黜正僞繆克備一家之史以爲萬世之傳成之至難理若有待臣公亮誠惶誠恐頓首頓首伏惟體天法道欽文總武聖神孝德皇帝陛下有虞舜之智而好問躬大禹之聖而克勤天下和平民物安樂而猶垂心積精以求治要日與鴻生舊學講誦六經考覽前古以謂商周以來爲國長久惟漢與唐而不幸接乎五代衰世之士氣力卑弱言淺意陋不足以起其文而使明君賢臣儁功偉烈與夫昏虐賊亂禍根罪首皆不得暴其善惡以動人耳目誠不可以垂勸戒示久遠甚可歎也乃因邇臣之有言適契上心之所閔於是刊脩官翰林學士兼龍圖閣學士給事中知制誥臣歐陽修端明殿學士兼翰林侍讀學士龍圖閣學士尚書吏部侍郎臣宋祁與編脩官禮部郎中知制誥臣范鎮刑部郎中知制誥臣王疇太常博

士集賢校理臣宋敏求祕書丞臣呂夏卿著作佐郎臣劉羲叟等並膺儒學之
選悉發祕府之藏俾之討論共加刪定凡十有七年成二百二十五卷其事則
增於前其文則省於舊至於名篇著目有革有因立傳紀實或增或損義類凡
例皆有據依纖悉綱條具載別錄臣公亮典司事領徒費日月誠不足以成大
典稱明詔無任慚懼戰汗屏營之至臣公亮誠惶誠懼頓首頓首謹言
嘉祐五年六月　日提舉編修推忠佐理功臣正奉大夫尚書禮部侍郎參知政事臣曾公亮上表

進新唐書表

唐書目錄

宋 翰 林 學 士 歐 陽 修 撰

本紀十
志五十
表十五
列傳一百五十　唐書共二百二十五卷

唐書卷七十七

列傳第二　后妃下

唐書卷七十八

列傳第三　宗室

江夏王道宗 廣寧縣公道興　永安王孝基 涵

淮陽王道玄 漢　長平王叔良 郇國公孝協 彭國公思訓 新興郡王晉

長樂王幼良　襄武王琛

河間王孝恭 晦　漢陽王瓌

廬江王瑗

淮安王神通 膠東王道彥 梁郡公孝逸 國貞 暠 說 齊物 復

襄邑王神符 從晦　隴西公博乂

渤海王奉慈 戡

唐書卷七十九

列傳第四　高祖二十二子

隱太子建成　衛王玄霸

巢王元吉　楚王智雲

荊王元景　漢王元昌

唐書卷八十
列傳第五　太宗九王

唐書卷八十一

列傳第六　三宗諸子

唐書卷八十二

列傳第七　十一宗諸子

唐書卷八十三

列傳第八　諸帝公主

唐書卷九十九

列傳第二十四

唐書卷一百

列傳第二十五

唐書卷一百一

列傳第二十六

唐書卷一百二

列傳第二十七

唐書卷一百三

列傳第二十八

唐書卷一百七

列傳第三十二

唐書卷一百八

列傳第三十三

唐書卷一百一十一
列傳第三十六

唐書卷一百一十二
列傳第三十七

唐書卷一百一十六
列傳第四十一

唐書卷一百一十七
列傳第四十二

唐書卷一百二十一
列傳第四十六

唐書卷一百二十二
列傳第四十七

唐書卷一百二十三
列傳第四十八

珍倣宋版印

唐書卷一百三十二

列傳第五十七

唐書卷一百三十三

列傳第五十八

唐書卷一百四十八

列傳第七十三

唐書卷一百四十九

列傳第七十四

許孟容 季同　　薛存誠 廷老
李遜 方玄 建 訥
唐書卷一百六十三
列傳第八十八
孔巢父 戣 緯 戡 戢 温業　　穆寧 贊 質 員
崔邠 鄘 鄯 鄲　　柳公綽 仲郢 璞 珪 璧 玭 公權 子華
楊於陵　　馬總
唐書卷一百六十四
列傳第八十九
歸崇敬 登 融　　奚陟
崔衍　　盧景亮 王源中
薛苹 膺　　衛次公 洙
薛戎 放　　胡證

唐書卷一百六十五

列傳第九十

唐書卷一百六十六

列傳第九十一

唐書卷一百六十七

唐書卷一百六十八

唐書卷一百六十九

唐書卷一百八十三

列傳第一百八

唐書卷一百八十七
列傳第一百一十二

唐書卷一百八十八
列傳第一百一十三

常達　　敬君弘馮立　謝叔方

呂子臧馬元規　　王行敏盧士叡　李玄通

羅士信　　張道源楚金

李育德李公逸　張善相　　高叡仲舒

安金藏　　王同皎周潛　周憬

吳保安　　李憕源　彭

盧奕元輔　　張介然崔無詖

唐書卷一百九十二

列傳第一百一十七　忠義中

顏杲卿春卿　　賈循隱林

張巡　　許遠南霽雲　姚誾　雷萬春

唐書卷一百九十三

列傳第一百一十八　忠義下

唐書卷一百九十四
列傳第一百一十九　卓行

唐書卷一百九十五

列傳第一百二十　孝友

唐書卷一百九十六

列傳第一百二十一　隱逸

唐書卷一百九十九

列傳第一百二十四　儒學中

唐書卷二百

列傳第一百二十五　儒學下

唐書卷二百一

列傳第一百二十六　文藝上

袁朗 誼 利貞 承序　賀德仁 庚抱

蔡允恭　謝偃

崔信明 鄭世翼　劉延祐 藏器 知柔

張昌齡　崔行功 銑

杜審言 易簡 甫　王勃 勵 助 盧照鄰 駱賓王 楊炯

元萬頃 正 范履冰 義方 周思茂 季方 胡楚賓

唐書卷二百二

列傳第一百二十七　文藝中

李適 韋元旦 宋之問 劉允濟 閻朝隱 沈佺期

尹元愷 富嘉謨　劉憲

李邕　呂向

唐書卷二百三

列傳第一百二十八　文藝下

唐書卷二百六

列傳第一百三十一　外戚

唐書卷二百二十一下

列傳第一百五十上　逆臣上

安祿山慶緒 孫孝哲 高尚　史思明朝義

唐書卷二百二十五中

列傳第一百五十中　逆臣中

李希烈　朱泚

唐書卷二百二十五下

列傳第一百五十下　逆臣下

黃巢　秦宗權

董昌

唐書釋音共二十五卷附

唐書目錄

宋　翰　林　學　士　歐　陽　修　撰

本紀第一

高祖神堯大聖大光孝皇帝諱淵字叔德姓李氏隴西成紀人也其七世祖暠當晉末據秦涼以自王是爲涼武昭王暠生歆歆爲沮渠蒙遜所滅歆生重耳魏弘農太守重耳生熙金門鎭將戍于武川因留家焉熙生天賜爲幢主天賜生虎西魏時賜姓大野氏官至太尉與李弼等八人佐周代魏有功皆爲柱國號八柱國家周閔帝受魏禪虎已卒乃追錄其功封唐國公諡曰襄襄公生昞襲封唐公隋安州總管柱國大將軍卒諡曰仁仁公生高祖於長安體有三乳性寬仁襲封唐公隋文帝獨孤皇后高祖之從母也以故文帝與高祖相親愛文帝相周復高祖姓李氏以爲千牛備身事隋譙隴二州刺史大業中歷岐州刺史滎陽樓煩二郡太守召爲殿內少監衞尉少卿煬帝征遼東遣高祖督運糧於懷遠鎭楊玄感將反其兄弟從征遼者皆逃歸高祖先覺以聞煬帝遽班

師以高祖爲弘化留守以禦玄感詔關右諸郡兵皆受高祖節度是時隋政荒
天下大亂煬帝多以猜忌殺戮大臣嘗以事召高祖高祖遇疾不時謁高祖有
甥王氏在後宮煬帝問之王氏對以疾煬帝曰可得死否高祖聞之益懼因縱
酒納賂以自晦十一年拜山西河東慰撫大使擊龍門賊毋端兒射七十發皆
中賊敗去而斂其尸以築京觀盡得其箭於其尸又擊絳州賊柴保昌降其衆
數萬人突厥犯塞高祖與馬邑太守王仁恭擊之隋兵少不敵高祖選精騎二
千爲遊軍居處飲食隨水草如突厥而射獵馳騁示以閑暇別選善射者伏爲
奇兵虜見高祖疑不敢戰高祖乘而擊之突厥敗走十三年拜太原留守擊高
陽歷山飛賊甄翟兒於西河破之是時煬帝南遊江都天下盜起高祖子世民
知隋必亡陰結豪傑招納亡命與晉陽令劉文靜謀舉大事計已決而高祖未
之知欲以情告懼不見聽高祖留守太原領晉陽宮監而所善客裴寂爲副監
世民陰與寂謀寂因選晉陽宮人私侍高祖高祖過寂飲酒酒酣從容寂具以
大事告之高祖大驚寂曰正爲宮人奉公事發當誅爲此爾世民因亦入白其

事高祖初陽不許欲執世民送官已而許之曰吾愛汝豈忍告汝邪然未有以發而所在盜賊益多突厥數犯邊高祖兵出無功煬帝遣使者執高祖詣江都高祖大懼世民曰事急矣可舉事已而煬帝復馳使者赦止高祖其事遂已是時劉武周起馬邑林士弘起豫章劉元進起晉安皆稱皇帝朱粲起南陽號楚帝李子通起海陵號楚王邵江海據岐州號新平王薛舉起金城號西秦霸王郭子和起榆林號永樂王竇建德起河閒號長樂王王須拔起恆定號漫天王汪華起新安杜伏威起淮南皆號吳王李密起鞏號魏公王德仁起鄴號太公左才相起齊郡號博山公羅藝據幽州左難當據涇馮盎據高羅皆號總管梁師都據朔方號大丞相孟海公據曹州號錄事周文舉據淮陽號柳葉軍高開道據北平張長遜據五原周洮據上洛楊士林據山南徐圓朗據兗州楊仲達據豫州張善相據伊汝王要漢據汴州時德叡據尉氏李義滿據平陵綦公順據青萊淳于難據文登徐師順據任城蔣弘度據東海王薄據齊郡蔣善合據鄆州田留安據章丘張青特據濟北臧君相據海州殷恭邃據舒州周法明據

永安苗海潮據永嘉梅知嚴據宣城鄧文進據廣州俚酋楊世略據循潮冉安昌據巴東甯長真據鬱林其别號諸盜往往屯聚山澤而劉武周攻汾陽宮高祖乃集將吏告曰今吾爲留守而賊據離宮縱賊不誅罪當死然出兵必待報今江都隔遠後期奈何將吏皆曰國家之利可專者公也高祖曰善乃募兵旬日間得衆一萬副留守虎賁郎將王威虎牙郎將高君雅見兵大集疑有變謀因禱雨晉祠以圖高祖高祖覺之乃陰爲備五月甲子高祖及威君雅視事開陽府司馬劉政會告威君雅反即坐上執之丙寅突厥犯邊高祖令軍中曰人告威君雅召突厥今其果然遂殺之以起兵遣劉文靜使突厥約連和六月己卯傳檄諸郡稱義兵開大將軍府置三軍以子建成爲隴西公左領軍大都督左軍隸焉世民爲燉煌公右領軍大都督右軍隸焉元吉爲姑臧公中軍隸焉裴寂爲長史劉文靜爲司馬石艾縣長殷開山爲掾劉政會爲屬長孫順德王長諧劉弘基竇琮爲統軍開倉庫賑窮乏七月壬子高祖杖白旗誓衆於野有兵三萬以元吉爲太原留守癸丑發太原甲寅遣將張綸徇下離石龍泉文城

三郡丙辰次靈石營於賈胡堡隋虎牙郎將宋老生屯於霍邑以拒義師丙寅隋鷹揚府司馬李軌起武威號大涼王八月辛巳敗宋老生於霍邑丙戌下臨汾郡辛卯克絳郡癸巳次龍門突厥來助隋驍衛大將軍屈突通守河東絕津梁壬寅馮翊賊孫華土門賊白玄度皆具舟以來逆九月戊午高祖領太尉加置僚佐以少牢祀河乃濟甲子次長春宮丙寅隴西公建成劉文靜屯永豐倉守潼關燉煌公世民自渭北徇三輔從父弟神通起兵於鄠柴氏婦高祖女也亦起兵於司竹皆與世民會鄠賊丘師利李仲文盩厔賊何潘仁向善思宜君賊劉旻等皆來降因略定鄠杜壬申高祖次馮翊乙亥燉煌公世民屯阿城隴西公建成自新豐趨霸上丙子高祖自下邽以西所經隋行宮苑籞悉罷之出宮女還其家十月辛巳次長樂宮有衆二十萬隋留守衛文昇等奉代王侑守京城高祖遣使諭之不報乃圍城下令曰犯隋七廟及宗室者罪三族丙申隋羅山令蕭銑自號梁公十一月丙辰克京城命主符郎宋公弼收圖籍約法十二條殺人劫盜背軍叛者死癸亥遙尊隋帝爲太上皇立代王爲皇帝大赦改

元義寧甲子高祖入京師至朝堂望闕而拜隋帝授高祖假黃鉞使持節大都督內外諸軍事大丞相錄尚書事進封唐王以武德殿爲丞相府下教曰令視事於虔化門十二月癸未隋帝贈唐襄公爲景王仁公爲元王夫人竇氏爲唐國妃諡曰穆以建成爲唐國世子世民爲唐國內史徙封秦國公元吉爲齊國公丞相府置長史司錄以下官趙郡公孝恭徇山南甲辰雲陽令詹俊徇巴蜀二年正月丁未隋帝詔唐王劍履上殿入朝不趨贊拜不名加前後羽葆鼓吹戊午周洮降戊辰世子建成爲左元帥秦國公世民爲右元帥徇地東都二月己卯太常卿鄭元璹定樊鄧使者馬元規徇荆襄三月己酉齊國公元吉爲太原道行軍元帥乙卯世民徙封趙國公丙辰隋右屯衛將軍宇文化及弒太上皇於江都立秦王浩爲皇帝吳興郡守沈法興據丹陽自稱江南道總管樂安人盧祖尚據光州自稱刺史戊辰隋帝進唐王位相國總百揆備九錫唐國置丞相等官立四廟四月己卯張長遜降辛巳停竹使符班銀菟符五月乙巳隋帝命唐王冕十有二旒建天子旌旗出警入蹕甲寅王德仁降戊午隋帝遜於

位以刑部尚書蕭造司農少卿裴之隱奉皇帝璽紱於唐王三讓乃受武德元年五月甲子卽皇帝位於太極殿命蕭造兼太尉告於南郊大赦改元賜百官庶人爵一級義師所過給復三年其餘給復一年改郡爲州太守爲刺史庚午太白晝見隋東都留守元文都及左武衞大將軍王世充立越王侗爲皇帝六月甲戌趙國公世民爲尚書令裴寂爲尚書右僕射知政事劉文靜爲納言隋民部尚書蕭瑀丞相府司錄參軍竇威爲內史令丙子太白晝見己卯追謚皇高祖曰宣簡公皇曾祖曰懿王皇祖曰景皇帝廟號太祖祖妣梁氏曰景烈皇后皇考曰元皇帝廟號世祖妣獨孤氏曰元貞皇后妃竇氏曰穆皇后庚辰立世子建成爲皇太子封世民爲秦王元吉齊王癸未薛舉寇涇州秦王世民爲西討元帥劉文靜爲司馬太僕卿宇文明達招慰山東乙酉奉隋帝爲酅國公詔曰近世時運遷革前代親族莫不夷絕歷數有歸實惟天命興亡之效豈伊人力前隋蔡王智積等子孫皆選用之癸巳禁言符瑞者辛丑竇威薨黃門侍郎陳叔達判納言將作大匠竇抗兼納言七月壬子劉文靜及薛舉戰於涇州

敗績乙卯郭子和降庚申廢隋離宮八月壬申劉文靜除名戊寅約功臣恕死罪辛巳薛舉卒壬午李軌降甲申巖州刺史王德仁殺招慰使宇文明達以反己丑秦王世民爲西討元帥以討薛仁杲庚子贈隋太常卿高熲上柱國郯國公上柱國賀若弼杞國公司隸大夫薛道衡上開府臨河縣公刑部尚書宇文弢上開府平昌縣公左翊衛將軍董純柱國狄道公右驍衛將軍李金才上柱國申國公左光祿大夫李敏柱國觀國公諸遭隋枉殺而子孫被流者皆還之九月乙巳慮囚始置軍府癸丑改銀菟符爲銅魚符甲寅秦州總管竇軌及薛仁杲戰敗績辛未宇文化及殺秦王浩自稱皇帝十月壬申朔日有食之己卯李密降壬午朱粲陷鄧州刺史呂子臧死之乙酉邵江海降己亥盜殺商州刺史泉彥宗辛丑大閱是月竇抗罷十一月竇建德敗王須拔於幽州須拔亡入於突厥乙巳涼王李軌反戊申禁獻侏儒短節小馬庳牛異獸奇禽者己酉秦王世民敗薛仁杲執之癸丑行軍總管趙慈景攻蒲州隋刺史堯君素拒戰執慈景癸亥秦王世民俘薛仁杲以獻十二月壬申世民爲太尉丙子蒲州人殺

堯君素立其將王行本辛巳鄭元璹及朱粲戰於商州敗之乙酉如周氏陂丁亥至自周氏陂庚子光祿卿李密反伏誅是歲高開道陷漁陽號燕王

二年正月甲子陳叔達兼納言詔自今正月五月九月不行死刑禁屠殺丙寅張善相降己巳楊士林降二月乙酉初定租庸調法令文武官終喪丙戌州置宗師一人甲午赦幷浩介石四州賈胡堡以北繫囚閏月竇建德陷邢州執總管陳君賓辛丑竇建德殺宇文化及於聊城朱粲降壬寅皇太子及秦王世民裴寂巡於畿縣乙巳御史大夫段確勞朱粲於菊潭庚戌微行察風俗乙卯以穀貴禁關內屠酤左屯衛將軍何潘仁及山賊張子惠戰於司竹死之丁巳慮因庚申驍騎將軍趙欽王婆羅及山賊戰於盩厔死之丁卯王世充陷殷州陟州刺史李育德死之三月甲戌王薄降庚辰蔣弘度徐師順降丁亥竇建德陷趙州丁酉李義滿降四月綦公順降庚子幷州總管齊王元吉及劉武周戰於榆次敗績辛丑朱粲殺段確以反乙巳王世充廢越王侗自稱皇帝癸亥陷伊州執總管張善相五月庚辰涼州將安脩仁執李軌以降癸未曲赦涼甘瓜鄯

肅會蘭河廓九州六月王世充殺越王侗戊戌立周公孔子廟於國子監庚子竇建德陷滄州丁未劉武周陷介州癸亥裴寂爲晉州道行軍總管離石胡劉季眞叛陷石州刺史王儉死之七月壬申徐圓朗降八月丁酉酅國公薨甲子竇建德陷洺州執總管袁子幹九月辛未殺戶部尚書劉文靜李子通自稱皇帝沈法興自稱梁王丁丑杜伏威降裴寂及劉武周戰於介州敗績右武衛大將軍姜寶誼死之庚辰竇建德陷相州總管呂珉死之辛巳劉武周陷并州庚寅太白晝見竇建德陷趙州執總管張志昂乙未京師地震梁師都寇延州鄜州刺史梁禮死之十月己亥羅藝降乙卯如華陰赦募士背軍者壬戌劉武周寇晉州永安王孝基及工部尚書獨孤懷恩陝州總管于筠內史侍郎唐儉討之甲子祠華山是月夏縣人呂崇茂反秦王世民討劉武周十一月丙子竇建德陷黎州執淮安王神通總管李世勣十二月丙申獵於華山永安王孝基及劉武周戰於下邽敗績壬子大風拔木

三年正月己巳獵於渭濱戊寅王行本降辛巳如蒲州癸巳至自蒲州二月丁

酉京師西南地有聲庚子如華陰甲寅獨孤懷恩謀反伏誅辛酉檢校隰州總管劉師善謀反伏誅三月庚午改納言爲侍中內史令爲中書令甲戌中書侍郎封德彝兼中書令乙酉劉季真降四月丙申祠華山壬寅至自華陰癸卯禁關內諸州屠甲寅秦王世民及宋金剛戰於雀鼠谷敗之辛酉王世充陷鄧州總管雷四郎死之壬戌秦王世民及劉武周戰於洺州敗之武周亡入於突厥克并州五月壬午秦王世民屠夏縣六月丙申赦晉隰潞并四州癸卯詔隋帝及其宗室柩在江都者爲營窆置陵廟以故宮人守之丙午慮囚封子元景爲趙王元昌魯王元亨酆王己酉出宮女五百人賜東征將士有功者甲寅顯州長史田瓚殺行臺尚書令楊士林叛附於王世充乙卯瘞州縣暴骨七月壬戌秦王世民討王世充甲戌皇太子屯於蒲州以備突厥丙戌梁師都導突厥稽胡寇邊行軍總管段德操敗之八月庚子慮囚甲辰時德叡降九月癸酉田瓚降己丑給復陝鼎熊穀四州二年十月戊申高開道降己酉楊仲達降己未有星隕於東都十二月己酉瓜州刺史賀拔行威反

四年正月辛巳皇太子伐稽胡二月竇建德陷曹州執孟海公己丑車騎將軍董阿興反於隴州伏誅乙巳太常少卿李仲文謀反伏誅丙午慮囚丁巳赦代州總管府石嶺之北三月進封宜都郡王泰爲衛王庚申慮囚乙酉竇建德陷管州刺史郭志安死之四月壬寅齊王元吉及王世充戰於東都敗績行軍總管盧君諤死之戊申突厥寇并州執漢陽郡王瓌太常卿鄭元璹左驍騎衛大將軍長孫順德甲寅封子元方爲周王元禮鄭王元嘉宋王元則荊王元茂越王丁巳左武衛將軍王君廓敗張青特執之五月壬戌秦王世民敗竇建德於虎牢執之乙丑赦山東爲建德所詿誤者戊辰王世充降庚午周法明降六月庚寅赦河南爲王世充所詿誤者戊戌蔣善合降庚子營州人石世則執其總管晉文衍叛附於靺鞨乙卯臧君相降七月甲子秦王世民俘王世充以獻丙寅竇建德伏誅丁卯大赦給復天下一年陝鼎函虢虞芮豳七州二年甲戌劉黑闥反於貝州辛巳戴州刺史孟噉鬼反伏誅八月丙戌朔日有食之丁亥皇太子安撫北境丁酉劉黑闥陷鄃縣魏州刺史權威貝州刺史戴元祥死之癸

卯突厥寇代州執行軍總管王孝基丁未劉黑闥陷歷亭屯衞將軍王行敏死之辛亥深州人崔元遜殺其刺史裴晞叛附於劉黑闥兗州總管徐圓朗反九月盧祖尚降乙卯淳于難降甲子汪華降是秋夔州總管趙郡王孝恭率十二總管兵以討蕭銑十月己丑秦王世民爲天策上將領司徒齊王元吉爲司空庚寅劉黑闥陷瀛州執刺史盧士叡又陷觀州癸卯毛州人董燈明殺其刺史趙元愷乙巳趙郡王孝恭敗蕭銑於荆州執之閏月乙卯如稷州己未幸舊墅壬戌獵於好畤乙丑獵於九嵕丁卯獵於仲山戊辰獵於清水谷遂幸三原辛未如周氏陂壬申至自周氏陂十一月甲申有事於南郊庚寅李子通降丙申子通謀反伏誅壬寅劉黑闥陷定州總管李玄通死之庚戌杞州人周文舉殺其刺史王孝矩叛附於黑闥十二月乙卯黑闥陷冀州總管麴稜死之甲子左武候將軍李世勣及黑闥戰於宋州敗績丁卯秦王世民齊王元吉討黑闥己巳黑闥陷邢州庚午陷魏州總管潘道毅死之辛未陷莘州壬申徙封元嘉爲徐王

五年正月乙酉劉黑闥陷相州刺史房晃死之丙戌殷恭邃降丁亥濟州別駕劉伯通執其刺史竇務本叛附於徐圓朗庚寅東鹽州治中王才藝殺其刺史田華叛附於劉黑闥丙申相州人殺其刺史獨孤徹以其州叛附於黑闥己酉楊世略劉元進降二月王要漢降己巳秦王世民克邢州丁丑劉黑闥陷洺水總管羅士信死之戊寅汴州總管王要漢敗徐圓朗於杞州執周文舉三月戊戌譚州刺史李義滿殺齊州都督王薄丁未秦王世民及劉黑闥戰於洺水敗之黑闥亡入於突厥蔚州總管高開道反寇易州刺史慕容孝幹死之四月梁州野蠶成繭冉安昌降己未甯長真降戊辰釋流罪以下獲麥壬申代州總管李大恩及突厥戰死之戊寅鄧文進降五月田留安降庚寅瓜州人王幹殺賀拔行威以降乙巳賜荆州今歲田租六月辛亥劉黑闥與突厥寇山東車騎將軍元韶爲瓜州道行軍總管以備突厥癸丑吐谷渾寇洮旭疊三州岷州總管李長卿敗之乙卯淮安郡王神通討徐圓朗七月甲申作弘義宮甲午淮陽郡王道玄爲河北道行軍總管討劉黑闥貝州人董該以定州叛附於黑闥丙申

突厥殺劉武周於白道遷州人鄧士政反執其刺史李敬昂丁酉馮盎降八月辛亥葬隋煬帝甲寅吐谷渾寇岷州益州道行臺左僕射竇軌敗之乙卯突厥寇邊庚申皇太子出豳州道秦王世民出秦州道以禦突厥己巳吐谷渾陷洮州幷州總管襄邑郡王神符及突厥戰於汾東敗之戊寅突厥陷大震關九月癸巳靈州總管楊師道敗之於三觀山丙申洪州總管宇文歆又敗之於崇岡壬寅定州總管雙士洛驃騎將軍魏道仁又敗之於恆山之陽丙午領軍將軍安興貴又敗之於甘州劉黑闥陷瀛州刺史馬匡武死之東鹽州人馬君德以其州叛附於黑闥十月己酉齊王元吉討黑闥癸丑貝州刺史許善護及黑闥戰於鄃縣死之甲寅觀州刺史劉君會叛附於黑闥乙丑淮陽郡王道玄及黑闥戰於下博死之己巳林士弘降十一月庚辰劉黑闥陷滄州甲申皇太子討黑闥丙申如宜州癸卯獵於富平北原十二月丙辰獵於萬壽原戊午劉黑闥陷恆州刺史王公政死之庚申至自萬壽原壬申皇太子及劉黑闥戰於魏州敗之甲戌又敗之於毛州

六年正月己卯黑闥將葛德威執黑闥以降壬午巂州人王摩娑反驃騎將軍
衛彥討之庚寅徐圓朗陷泗州二月劉黑闥伏誅庚戌幸温湯壬子獵於驪山
甲寅至自温湯丙寅行軍總管李世勣敗徐圓朗執之三月苗海潮梅知巖左
難當降乙巳洪州總管張善安反四月己酉吐蕃陷芳州己未以故第爲通義
宮祭元皇帝元貞皇后於舊寢赦京城賜從官帛辛酉張善安陷孫州執總管
王戎丁卯南州刺史龐孝泰反陷南越州壬申封子元璹爲蜀王元慶漢王癸
酉裴寂爲尚書左僕射蕭瑀爲右僕射封德彝爲中書令吏部尚書楊恭仁兼
中書令檢校涼州諸軍事五月庚寅吐谷渾党項寇河州刺史盧士良敗之癸
卯高開道以奚寇幽州長史王說敗之六月丁卯突厥寇朔州總管高滿政敗
之曲赦朔州七月丙子沙州別駕竇伏明反殺其總管賀若懷廓己亥皇太子
屯於北邊秦王世民屯於并州以備突厥八月壬子淮南道行臺左僕射輔公
祏反乙丑趙郡王孝恭討之九月壬辰秦王世民爲江州道行軍元帥丙申渝
州人張大智反十月丙午殺廣州都督劉世讓戊申降死罪流以下原之己未

如華陰張大智降庚申獵於白鹿原壬戌右虞候率杜士遠殺高滿政以朔州反丁卯突厥請和十一月壬午張善安襲殺黃州總管周法明丁亥如華陰辛卯獵於沙苑丁酉獵於伏龍原十二月壬寅朔日有食之癸卯張善安降庚戌以奉義監爲龍躍宮武功宅爲慶善宮甲寅至自華陰

七年正月庚寅鄒州人鄧同穎殺其刺史李士衡二月丁巳釋奠於國學己未漁陽部將張金樹殺高開道以降三月戊戌趙郡王孝恭敗輔公祏執之己亥孝恭殺越州都督闞稜四月庚子大赦班新律令給復江州道二年揚越一年五月丙戌作仁智宮六月辛丑如仁智宮壬戌慶州都督楊文幹反七月己巳突厥寇朔州總管秦武通敗之癸酉慶州人殺楊文幹以降甲午至自仁智宮嶲州地震山崩遏江水閏月己未秦王世民齊王元吉屯於豳州以備突厥八月己巳吐谷渾寇鄯州驃騎將軍彭武傑死之戊寅突厥寇綏州刺史劉大俱敗之壬辰突厥請和丁酉裴寂使於突厥十月丁卯如慶善宮辛未獵於鄠南癸酉幸終南山丙子謁樓觀老子祠庚寅獵於圍川十二月丁卯如龍躍宮戊

辰獵於高陵庚午至自高陵太子詹事裴矩檢校侍中
八年二月癸未慮囚四月甲申如鄠獵於甘谷作太和宮丙戌至自鄠六月甲子如太和宮七月丙午至自太和宮丁巳秦王世民屯於蒲州以備突厥八月壬申并州行軍總管張瑾及突厥戰於太谷敗績鄆州都督張德政死之執行軍長史溫彥博甲申任城郡王道宗及突厥戰於靈州敗之丁亥突厥請和十月辛巳如周氏陂獵於北原壬午如龍躍宮十一月辛卯如宜州獵於西原裴矩罷庚子講武於同官天策府司馬宇文士及權檢校侍中辛丑徙封元璹為吳王元慶陳王癸卯秦王世民為中書令齊王元吉為侍中癸丑獵於華池北原十二月辛酉至自華池庚辰獵於鳴犢泉辛巳至自鳴犢泉
九年正月甲寅裴寂為司空二月庚申齊王元吉為司徒壬午有星孛於胃昴丁亥孛於卷舌三月庚寅幸昆明池習水戰壬辰至自昆明池丙午如周氏陂乙卯至自周氏陂丁巳突厥寇涼州都督長樂郡王幼良敗之四月辛巳廢浮屠老子法六月丁巳太白經天庚申秦王世民殺皇太子建成齊王元吉大赦

復浮屠老子法癸亥立秦王世民爲皇太子聽政賜爲父後者爵勳赤牒官得爲真免民逋租宿賦己卯太白晝見庚辰幽州都督廬江郡王瑗反伏誅癸未赦幽州管內爲瑗所詿誤者七月辛卯楊恭仁罷太子右庶子高士廉爲侍中左庶子房玄齡爲中書令蕭瑀爲尚書左僕射癸巳宇文士及爲中書令封德彝爲尚書右僕射辛亥太白晝見甲寅太白晝見八月丙辰突厥請和丁巳太白晝見壬戌吐谷渾請和甲子皇太子即皇帝位貞觀三年太上皇徙居大安宮九年五月崩於垂拱前殿年七十一謚曰大武廟號高祖上元元年改謚神堯皇帝天寶八載謚神堯大聖皇帝十三載增謚神堯大聖大光孝皇帝

贊曰自古受命之君非有德不王自夏后氏以來始傳以世而有賢有不肖故其爲世數亦或短或長論者乃謂周自后稷至於文武積功累仁其來也遠故其爲世尤長然考於世本夏商周皆出於黃帝夏自鯀以前商自契至於成湯其間寂寥無聞與周之興異矣而漢亦起於亭長叛亡之徒及其興也有天下皆數百年而後已由是言之天命豈易知哉然考其終始治亂顧其功德有厚

薄與其制度紀綱所以維持者何如而其後世或寖以隆昌或遽以壞亂或漸以陵遲或能振而復起或遂至於不可支持雖各因其勢然有德則興無德則絕豈非所謂天命者常不顯其符而俾有國者兢兢以自勉耶唐在周隋之際世雖貴矣然爲有所謂積功累仁之漸而高祖之興亦何異因時而特起者歟雖其有治有亂或絕或微然其有天下年幾三百可謂盛哉豈非人厭隋亂而蒙德澤繼以太宗之治制度紀綱之法後世有以憑藉扶持而能永其天命歟

唐書卷一

唐書卷一考證

高祖紀元吉爲姑臧公中軍隸焉○舊書無此句當以新書爲正

武德二年閏月辛丑竇建德殺宇文化及於聊城○舊書在二月丁丑

五年正月丙申相州人殺其刺史獨孤徹以其州叛附於黑闥○臣酉按上文

乙酉劉黑闥已陷相州矣此州名疑有誤

六年二月丙寅李世勣敗徐圓朗執之○臣酉按圓朗傳云夜亡爲野人所殺

今云執之似誤

四月封子元璹爲蜀王○臣酉按高祖諸王傳漢王元軌是年封蜀王元璹當

作元軌

九年四月辛巳○舊書作五月沈炳震曰按六月丁巳朔則五月不應有辛巳

當從新書

年七十一○舊書作七十沈炳震曰自周天和元年丙戌至貞觀九年乙未止

七十當從舊書

唐書卷一考證

唐書卷二

宋　翰　林　學　士　歐　陽　修　撰

本紀第二

太宗文武大聖大廣孝皇帝諱世民高祖次子也母曰太穆皇后竇氏生而不驚方四歲有書生謁高祖曰公在相法貴人也然必有貴子及見太宗曰龍鳳之姿天日之表其年幾冠必能濟世安民書生已辭去高祖懼其語泄使人追殺之而不知其所往因以爲神乃採其語名之曰世民大業中突厥圍煬帝鴈門煬帝從圍中以木繫詔書投汾水而下募兵赴援太宗時年十六往應募隸將軍雲定興謂定興曰虜敢圍吾天子者以爲無援故也今宜先後吾軍爲數十里使其晝見旌旗夜聞鉦鼓以爲大至則可不擊而走之不然知我虛實則勝敗未可知也定興從之軍至崞縣突厥候騎見其軍來不絕果馳告始畢可汗曰救兵大至矣遂引去高祖擊歷山飛陷其圍中太宗馳輕騎取之而出遂奮擊大破之太宗爲人聰明英武有大志而能屈節下士時天下已亂盜賊起

知隋必亡乃推財養士結納豪傑長孫順德劉弘基等皆因事亡命匿之又與晉陽令劉文靜尤善文靜坐李密事繫獄太宗夜就獄中見之與圖大事時百姓避賊多入城城中幾萬人文靜爲令久知其豪傑因共部署計已定乃因裴寂告高祖高祖初不許已而許之高祖已起兵建大將軍府太宗率兵徇西河斬其郡丞高德儒拜右領軍大都督封燉煌郡公唐兵西將至霍邑會天久雨糧且盡高祖謀欲還兵太原太宗諫曰義師爲天下起也宜直入咸陽號令天下今還守一城是爲賊爾高祖不納太宗哭於軍門高祖驚召問之對曰還則衆散於前而敵乘於後死亡須臾所以悲爾高祖寤曰起事者汝也成敗惟汝時左軍已先返即與隴西公建成分追之夜半太宗失道入山谷棄其馬步而及其兵與俱還高祖乃將而前遲明至霍邑宋老生不出太宗從數騎傅其城舉鞭指麾若將圍之者老生怒出背城陣高祖率建成居其東太宗及柴紹居其南老生兵薄東陣建成墜馬老生乘之高祖軍却太宗自南原馳下坂分兵斷其軍爲二而出其陣後老生兵敗走遂斬之進次涇陽擊胡賊劉鷂子破之

唐兵攻長安太宗屯金城坊攻其西北遂克之義寧元年爲光祿大夫唐國內史徙封秦國公食邑萬戶薛舉攻扶風太宗擊敗之斬首萬餘級遂略地至隴右二年爲右元帥徙封趙國公率兵十萬攻東都不克而還設三伏於三王陵敗隋將段達兵萬人武德元年爲尚書令右翊衞大將軍進封秦王薛舉寇涇州太宗爲西討元帥進位雍州牧七月太宗有疾諸將爲舉所敗八月太宗疾間復屯於高墌城相持六十餘日已而舉死其子仁杲率其衆求戰太宗按軍不動久之仁杲糧盡衆稍離叛太宗曰可矣乃遣行軍總管梁實柵淺水原仁杲將宗羅睺擊實太宗遣將軍龐玉救實玉軍幾敗太宗率兵出其後羅睺敗走太宗追之至其城下仁杲乃出降師還高祖遣李密馳傳勞之於豳州密見太宗不敢仰視退而歎曰真英主也獻捷太廟拜右武候大將軍太尉使持節陝東道大行臺尚書令詔蒲陝河北諸總管兵皆受其節度二年正月鎭長春宮進拜左武候大將軍涼州總管是時劉武周據并州宋金剛陷澮州王行本據蒲州而夏縣人呂崇茂殺縣令以應武周高祖懼詔諸將棄河東以守關中

太宗以爲不可棄願得兵三萬可以破賊高祖於是悉發關中兵益之十一月出龍門關屯於柏壁三年四月擊敗宋金剛於柏壁金剛走介州太宗追之一日夜馳二百里宿於雀鼠谷之西原軍士皆饑太宗不食者二日行至浩州乃得食而金剛將尉遲敬德尋相等皆來降劉武周懼奔於突厥其將楊伏念舉幷州降高祖遣蕭瑀即軍中拜太宗益州道行臺尚書令七月討王世充敗之於北邙四年二月竇建德率兵十萬以援世充太宗敗建德於虎牢執之世充乃降六月凱旋太宗被金甲陳鐵騎一萬介士三萬前後鼓吹獻俘於太廟高祖以謂太宗功高古官號不足以稱乃加號天策上將領司徒陝東道大行臺尚書令位在王公上增邑戸至三萬賜衮冕金輅雙璧黃金六千斤前後鼓吹九部之樂班劒四十人五年正月討劉黑闥於洺州敗之黑闥既降已而復反高祖怒命太子建成取山東男子十五以上悉阬之敺其小弱婦女以實關中太宗切諫以爲不可遂已加拜左右十二衞大將軍七年突厥寇邊太宗與遇於豳州從百騎與其可汗語乃盟而去八年進位中書令初高祖起太原非其

本意而事出太宗及取天下破宋金剛王世充竇建德等太宗功益高而高祖屢許以爲太子太子建成懼廢與齊王元吉謀害太宗未發九年六月太宗以兵入玄武門殺太子建成及齊王元吉高祖大驚乃以太宗爲皇太子八月甲子卽皇帝位於東宮顯德殿遣裴寂告於南郊大赦武德流人還之賜文武官勳爵免關內及蒲芮虞泰陝鼎六州二歲租給復天下一年民八十以上賜粟帛百歲加版授廢潼關以東瀕河諸關癸酉放宮女三千餘人丙子立妃長孫氏爲皇后癸未突厥寇便橋乙酉及突厥頡利盟於便橋九月壬子禁私家妖神淫祀占卜非龜易五兆者十月丙辰朔日有食之癸亥立中山郡王承乾爲皇太子庚辰蕭瑀陳叔達罷十一月庚寅降宗室郡王非有功者爵爲縣公十二月癸酉慮囚是歲進封子長沙郡王恪爲漢王宜陽郡王祐楚王

貞觀元年正月乙酉改元辛丑燕郡王李藝反於涇州伏誅二月丁巳詔民男二十女十五以上無夫家者州縣以禮聘娶貧不能自行者鄉里富人及親戚資送之鰥夫六十寡婦五十婦人有子若守節者勿彊三月癸巳皇后親蠶丙

午詔齊僕射崔季舒黃門侍郎郭遵尚書右丞封孝琰以極言蒙難季舒子剛遵子雲孝琰子君遵並及淫刑宜免內侍褒敘以官閏月癸丑朔日有食之四月癸巳涼州都督長樂郡王幼良有罪伏誅五月癸丑勑中書令侍中朝堂受訟辭有陳事者悉上封六月辛丑封德彝薨甲辰太子少師蕭瑀爲尚書左僕射是夏山東旱免今歲租七月壬子吏部尚書長孫無忌爲尚書右僕射八月河南隴右邊州霜宇文士及檢校涼州都督戊戌貶高士廉爲安州大都督九月庚戌朔日有食之辛酉遣使諸州行損田賑問下戶御史大夫杜淹檢校吏部尚書參議朝政宇文士及罷辛未幽州都督王君廓奔於突厥十月丁酉以歲饑減膳十一月己未許子弟年十九以下隨父兄之官所十二月壬午蕭瑀罷戊申利州都督李孝常右武衛將軍劉德裕謀反伏誅

二年正月辛亥長孫無忌罷兵部尚書杜如晦檢校侍中總監東宮兵馬事癸丑吐谷渾寇岷州都督李道彥敗之丁巳徙封恪爲蜀王泰越王祐燕王庚午刑部尚書李靖檢校中書令二月戊戌外官上考者給祿三月戊申朔日有食

之壬子命中書門下五品以上及尚書議決死罪壬戌李靖爲關內道行軍大總管以備薛延陀己巳遣使巡關內出金寶贖饑民鬻子者還之庚午以旱蝗責躬大赦癸酉雨四月己卯瘞隋人暴骸壬寅朔方人梁洛仁殺梁師都以降六月甲申詔出使官稟食其家庚寅以子治生賜是日生子者粟辛卯辰州刺史裴虔通以弑隋煬帝削爵流驩州七月戊申萊州刺史牛方裕絳州刺史薛世良廣州長史唐奉義虎牙郎將高元禮以宇文化及之黨皆除名徙於邊八月甲戌省冤獄於朝堂辛丑立二王後廟置國官九月壬子以有年賜酺三日十月庚辰杜淹薨戊子殺瀛州刺史盧祖尚十一月辛酉有事於南郊十二月壬辰黃門侍郎王珪守侍中癸巳禁五品以上過市

三年正月丙午以旱避正殿癸丑官得上下考者給祿一年戊午享於太廟癸亥耕籍田辛未裴寂罷二月戊寅房玄齡爲尚書左僕射杜如晦爲右僕射尚書右丞魏徵爲祕書監參預朝政三月己酉慮囚四月乙亥太上皇徙居於大安宮甲午始御太極殿戊戌賜孝義之家粟五斛八十以上二斛九十以上三

斛百歲加絹二匹婦人正月以來產子者粟一斗五月乙丑周王元方薨六月戊寅以旱慮囚己卯大風拔木壬午詔文武官言事八月己巳朔日有食之丁亥李靖爲定襄道行軍大總管以伐突厥九月丁巳華州刺史柴紹爲勝州道行軍總管以伐突厥十一月庚申幷州都督李世勣爲通漠道行軍總管華州刺史柴紹爲金河道行軍總管任城郡王道宗爲大同道行軍總管幽州都督衛孝節爲恆安道行軍總管營州都督薛萬淑爲暢武道行軍總管以伐突厥十二月癸未杜如晦罷閏月癸丑爲死兵者立浮屠祠辛酉慮囚是歲中國人歸自塞外及開四夷爲州縣者百二十餘萬人

四年正月丁卯朔日有食之癸巳武德殿北院火二月己亥幸溫湯甲辰李靖及突厥戰於陰山敗之丙午至自溫湯甲寅大赦賜酺五日御史大夫溫彥博爲中書令王珪爲侍中民部尚書戴胄檢校吏部尚書參豫朝政太常卿蕭瑀爲御史大夫與宰臣參議朝政丁巳以旱詔公卿言事三月甲午李靖俘突厥頡利可汗以獻四月戊戌西北君長請上號爲天可汗六月乙卯發卒治洛陽

宮七月甲子朔日有食之癸酉蕭瑀罷甲戌太上皇不豫廢朝辛卯疾愈賜都督刺史文武官及民年八十以上孝子表門閭者有差八月甲寅李靖爲尚書右僕射九月庚午瘞長城南隋人暴骨己卯如隴州壬午禁芻牧於古明君賢臣烈士之墓者十月壬辰赦岐隴二州免今歲租賦降咸陽始平武功死罪以下辛卯獵於貴泉谷甲辰獵於魚龍川獻獲於大安宮乙卯免武功今歲租賦十一月壬戌右衞大將軍侯君集爲兵部尚書參議朝政甲子至自隴州戊寅除鞭背刑十二月甲辰獵於鹿苑乙巳至自鹿苑是歲天下斷死罪者二十九人

五年正月癸酉獵於昆明池丙子至自昆明池獻獲於大安宮二月己酉封弟元裕爲鄶王元名譙王靈夔魏王元祥許王元曉密王庚戌封子愔爲梁王貞漢王惲郯王治晉王慎申王囂江王簡代王四月壬辰代王簡薨五月乙丑以金帛購隋人沒於突厥者以還其家八月甲辰遣使高麗祭隋人戰亡者戊申殺大理丞張蘊古十一月丙子有事於南郊十二月丁亥詔決死刑京師五覆

奏諸州三覆奏其日尚食毋進酒肉壬寅幸温湯癸卯獵於驪山賜新豐高年
帛戊申至自温湯癸丑赦關内
六年正月乙卯朔日有食之癸酉靜州山獠反右武衛將軍李子和敗之三月
侯君集罷戊辰如九成宮丁丑降雍岐豳三州死罪以下賜民八十以上粟帛
五月魏徵檢校侍中六月己亥鄭王元亨薨辛亥江王囂薨七月己巳詔天下
行鄉飲酒九月己酉幸慶善宮十月侯君集起復乙卯至自慶善宮十二月辛
未慮囚縱死罪者歸其家是歲諸羌內屬者三十萬人
七年正月戊子斥宇文化及黨人之子孫勿齒辛丑賜京城酺三日二月丁卯
㒳士三月戊子王珪罷庚寅魏徵爲侍中五月癸未如九成宮六月辛亥戴冑
薨八月辛未東西洞獠寇邊右屯衛大將軍張士貴爲龔州道行軍總管以討
之九月縱因來歸皆赦之十月庚申至自九成宮乙丑京師地震十一月壬辰
開府儀同三司長孫無忌爲司空十二月甲寅幸芙蓉園丙辰獵於少陵原戊
午至自少陵原

八年正月辛丑張士貴及獠戰敗之壬寅遣使循省天下二月乙巳皇太子加元服丙午降死罪以下賜五品以上子爲父後者爵一級民酺三日三月庚辰如九成宮五月辛未朔日有食之是夏吐谷渾寇涼州左驍衛大將軍段志玄爲西海道行軍總管左驍衛將軍樊興爲赤水道行軍總管以伐之七月隴右山崩八月甲子有星孛於虛危十月作永安宮甲子至自九成宮十一月辛未李靖罷己丑吐谷渾寇涼州執行人鴻臚丞趙德楷十二月辛丑特進李靖爲西海道行軍大總管侯君集爲積石道行軍總管任城郡王道宗爲鄯善道行軍總管膠東郡公道彥爲赤水道行軍總管涼州都督李大亮爲且末道行軍總管利州刺史高甑生爲鹽澤道行軍總管以伐吐谷渾丁卯從太上皇閱武於城西

九年正月党項羌叛二月長孫無忌罷三月庚辰洮州羌殺刺史孔長秀附於吐谷渾壬午大赦乙酉高甑生及羌人戰敗之閏四月丙寅朔日有食之五月長孫無忌起復庚子太上皇崩皇太子聽政壬子李靖及吐谷渾戰敗之七月

庚子鹽澤道行軍副總管劉德敏及羌人戰敗之十月庚寅葬太武皇帝於獻陵十一月壬戌特進蕭瑀參豫朝政

十年正月甲午復聽政癸丑徙封元景爲荊王元昌漢王元禮徐王元嘉韓王元則彭王元懿鄭王元軌霍王元鳳虢王元慶道王靈夔燕王恪吳王泰魏王祐齊王愔蜀王惲蔣王貞越王愼紀王三月癸丑出諸王爲都督六月壬申溫彥博爲尚書右僕射太常卿楊師道爲侍中魏徵罷爲特進知門下省事參議朝章國典己卯皇后崩十一月庚寅葬文德皇后於昭陵十二月蕭瑀罷庚辰慮囚

十一年正月丁亥徙封元裕爲鄧王元名舒王庚子作飛仙宮乙卯免雍州今歲租賦二月丁巳營九嵕山爲陵賜功臣密戚陪塋地及祕器甲子如洛陽宮乙丑給民百歲以上侍五人壬午獵於鹿臺嶺三月丙戌朔日有食之癸卯降洛州囚見徒免一歲租調辛亥獵於廣成澤癸丑如洛陽宮六月甲寅溫彥博薨丁巳幸明德宮己未以諸王爲世封刺史戊辰以功臣爲世封刺史己巳徙

封元祥爲江王七月癸未大雨水穀洛溢乙未詔百官言事壬寅廢明德宮之
玄圃院賜遭水家丙午給亳州老子廟兗州孔子廟戶各二十以奉享復涼武
昭王近墓戶二十以守衛九月丁亥河溢壞陝州河北縣毀河陽中潭幸白司
馬坂觀之賜瀕河遭水家粟帛十月癸丑賜先朝謀臣武將及親戚亡者塋陪
獻陵十一月辛卯如懷州乙未獵於濟源麥山丙午如洛陽宮十二年正月乙
未叢州地震癸卯松州地震二月癸亥如河北縣觀底柱甲子巫州獠反夔州
都督齊善行敗之乙丑如陝州丁卯觀鹽池庚午如蒲州甲戌如長春宮免朝
邑今歲租賦降囚罪乙亥獵於河濱閏月庚辰朔日有食之丙戌至自長春宮
七月癸酉吏部尚書高士廉爲尚書右僕射八月壬寅吐蕃寇松州侯君集爲
當彌道行軍大總管率三總管兵以伐之九月辛亥闊水道行軍總管牛進達
及吐蕃戰於松州敗之十月己卯獵於始平賜高年粟帛乙未至自始平鈞州
山獠反桂州都督張寶德敗之十一月己巳明州山獠反交州都督李道彥敗
之十二月辛巳壁州山獠反右武候將軍上官懷仁討之是歲滁豪二州野蠶

成繭

十三年正月乙巳拜獻陵赦三原及行從免縣人今歲租賦賜宿衛陵邑郎將三原令爵一級丁未至自獻陵二月庚子停世封刺史三月乙丑有星孛於畢昴四月戊寅如九成宮甲申中郎將阿史那結社率反伏誅壬寅雲陽石然五月甲寅以旱避正殿詔五品以上言事減膳罷役理囚賑乏乃雨六月丙申封弟元嬰爲滕王八月辛未朔日有食之十月甲申至自九成宮十一月辛亥楊師道爲中書令戊辰尚書左丞劉洎爲黃門侍郎參知政事十二月壬申侯君集爲交河道行軍大總管以伐高昌乙亥封子福爲趙王壬辰獵於咸陽癸巳至自咸陽是歲滁州野蠶成繭

十四年正月庚子有司讀時令甲寅幸魏王泰第赦雍州長安縣免延康里今歲租賦二月丁丑觀釋奠於國學赦大理萬年縣賜學官高第生帛壬午幸温湯辛卯至自温湯乙未求梁皇侃褚仲都周熊安生沈重陳沈文阿周弘正張譏隋何妥劉焯劉炫之後三月羅竇二州獠反廣州總管党仁弘敗之五月壬

寅徙封靈夔爲魯王六月滁州野蠶成繭乙酉大風拔木八月庚午作襄城宮癸酉侯君集克高昌九月癸卯赦高昌部及士卒父子犯死朞犯流大功犯徒小功緦麻犯杖皆原之閏十月乙未如同州甲辰獵於堯山庚戌至自同州十一月甲子有事於南郊十二月丁酉侯君集俘高昌王以獻賜酺三日癸卯獵於樊川乙巳至自樊川

十五年正月辛巳如洛陽宮次溫湯衞士崔卿刁文懿謀反伏誅三月戊辰如襄城宮四月辛卯詔以來歲二月有事於泰山乙未免洛州今歲租還戶故給復者加給一年賜民八十以上物惸獨鰥寡疾病不能自存者米二斛慮囚六月己酉有星孛於太微丙辰停封泰山避正殿減膳七月丙寅宥周隋名臣及忠烈子孫貞觀以後流配者十月辛卯獵於伊闕壬辰如洛陽宮十一月癸酉薛延陀寇邊兵部尚書李世勣爲朔州道行軍總管右衞大將軍李大亮爲靈州道行軍總管涼州都督李襲譽爲涼州道行軍總管以伐之十二月戊子至自洛陽宮庚子命三品以上嫡子事東宮辛丑慮囚甲辰李世勣及薛延陀戰

於諾真水敗之乙巳贈戰亡將士官三轉
十六年正月乙丑遣使安撫西州戊辰募戍西州者前犯流死亡匿聽自首以應募辛未徙天下死罪囚實西州中書舍人岑文本爲中書侍郎專典機密六月戊戌太白晝見七月戊午長孫無忌爲司徒房玄齡爲司空十一月丙辰獵於武功壬戌獵於岐山之陽甲子賜所過六縣高年孤疾氊衾粟帛遂幸慶善宮庚午至自慶善宮十二月癸卯幸溫湯甲辰獵於驪山乙巳至自溫湯
十七年正月戊辰魏徵薨代州都督劉蘭謀反伏誅二月己亥慮囚戊申圖功臣於淩煙閣三月壬子禁送終違令式者丙辰齊王祐反李世勣討之甲子以旱遣使覆囚決獄乙丑齊王祐伏誅給復齊州一年四月乙酉廢皇太子爲庶人漢王元昌侯君集等伏誅丙戌立晉王治爲皇太子大赦賜文武官及五品以上子爲父後者爵一級民八十以上粟帛酺三日丁亥楊師道罷己丑特進蕭瑀爲太子太保李世勣爲太子詹事同中書門下三品庚寅謝承乾之過於太廟癸巳降封魏王泰爲東萊郡王六月己卯朔日有食之壬辰葬隋恭帝甲

午以旱避正殿減膳詔京官五品以上言事丁酉高士廉同中書門下三品平章政事閏月丁巳詔皇太子典左右屯營兵丙子徙封泰爲順陽郡王七月丁酉房玄齡罷八月庚戌工部尚書張亮爲刑部尚書參豫朝政十月丁未建諸州邸於京城丁巳房玄齡起復十一月己卯有事於南郊壬午賜酺三日以涼州獲瑞石赦涼州十二月庚申幸温湯庚午至自温湯

十八年正月乙未如鍾官城庚子如鄠壬寅幸温湯二月己酉如零口乙卯至自零口丁巳給復突厥高昌部人隸諸州者二年四月辛亥如九成宮七月甲午營州都督張儉率幽營兵及契丹奚以伐高麗八月壬子安西都護郭孝恪爲西州道行軍總管以伐焉耆甲子至自九成宮丁卯劉洎爲侍中岑文本爲中書令中書侍郎馬周守中書令九月黃門侍郎褚遂良參豫朝政辛卯郭孝恪及焉耆戰敗之十月辛丑朔日有食之癸卯宴雍州父老於上林苑賜粟帛甲寅如洛陽宮己巳獵於天池十一月戊寅慮囚庚辰遣使巡問鄭汝懷澤四州高年宴賜之甲午張亮爲平壤道行軍大總管李世勣馬周爲遼東道行軍

大總管率十六總管兵以伐高麗十二月壬寅庶人承乾卒戊午李思摩部落叛

十九年二月庚戌如洛陽宮以伐高麗癸丑射虎於武德北山乙卯皇太子監國於定州丁巳賜所過高年鰥寡粟帛贈比干太師謚忠烈三月壬辰長孫無忌攝侍中吏部尚書楊師道攝中書令四月癸卯誓師於幽州大饗軍丁未岑文本薨癸亥李世勣克蓋牟城五月己巳平壤道行軍總管程名振克沙卑城庚午次遼澤瘞隋人戰亡者乙亥遼東道行軍總管張君乂有罪伏誅丁丑軍至馬首山甲申克遼東城六月丁酉克白巖城己未大敗高麗於安市城東南山左武衛將軍王君愕死之辛酉賜酺三日七月壬申葬死事官加爵四級以一子襲九月癸未班師十月丙午次營州以太牢祭死事者丙辰皇太子迎謁於臨渝關戊午次漢武臺刻石紀功十一月癸酉大饗軍於幽州庚辰次易州癸未平壤道行軍總管張文幹有罪伏誅丙戌次定州丁亥貶楊師道爲工部尚書十二月戊申次幷州己未薛延陀寇夏州左領軍大將軍執失思力敗之

庚申殺劉洎

二十年正月辛未夏州都督喬師望及薛延陀戰敗之丁丑遣使二十二人以六條黜陟於天下庚辰赦幷州起義時編戶給復三年後附者一年二月甲午從伐高麗無功者皆賜勳一轉庚申賜所過高年鰥寡粟三月己巳至自高麗庚午不豫皇太子聽政己丑張亮謀反伏誅閏月癸巳朔日有食之六月乙亥江夏郡王道宗李世勣伐薛延陀七月辛亥疾愈李世勣及薛延陀戰敗之八月甲子封孫忠爲陳王己巳如靈州庚辰次涇州賜高年鰥寡粟帛丙戌踰隴山關次瓦亭觀牧馬丁亥許陪陵者子孫從葬九月辛卯遣使巡察嶺南甲辰鐵勒諸部請上號爲可汗辛亥靈州地震十月貶蕭瑀爲商州刺史丙戌至自靈州十一月己丑詔祭祀表疏藩客兵馬宿衞行魚契給驛授五品以上官及除解決死罪皆以聞餘委皇太子

二十一年正月壬辰高士廉薨丁酉詔以來歲二月有事於泰山甲寅以鐵勒諸部爲州縣賜京師酺三日慮囚降死罪以下二月丁丑皇太子釋菜於太學

三月戊子左武衛大將軍牛進達爲青丘道行軍大總管李世勣爲遼東道行軍大總管率三總管兵以伐高麗四月乙丑作翠微宮五月戊子幸翠微宮壬辰命百司決事於皇太子庚戌李世勣克南蘇木底城六月丁丑遣使鐵勒諸部購中國人陷沒者七月乙未牛進達克石城丙申作玉華宮庚戌至自翠微宮八月泉州海溢壬戌停封泰山九月丁酉封子明爲曹王十月癸丑褚遂良罷十一月癸卯進封泰爲濮王十二月戊寅左驍衛大將軍契苾何力爲崑丘道行軍大總管率三總管兵以伐龜茲

二十二年正月庚寅馬周薨戊戌幸温湯己亥中書舍人崔仁師爲中書侍郎參知機務丙午左武衛大將軍薛萬徹爲青丘道行軍大總管以伐高麗長孫無忌檢校中書令知尚書門下省事戊申至自温湯二月褚遂良起復乙卯見京城父老勞之蠲今歲半租畿縣三之一丁卯詔度遼水有功未酬勳而犯罪者與成官同乙亥幸玉華宮己卯獵於華原流崔仁師於連州三月丁亥赦宜君給復縣人自玉華宮苑中還者三年四月丁巳松州蠻叛右武侯將軍梁建

方敗之六月丙寅張行成存問河北從軍者家令州縣爲營農丙子薛萬徹及高麗戰於泊灼城敗之七月甲申太白晝見壬辰殺華州刺史李君羨癸卯房玄齡薨八月己酉朔日有食之辛未執失思力伐薛延陀餘部於金山九月庚辰崑丘道行軍總管阿史那社尒及薛延陀餘部處月處密戰敗之己亥褚遂良爲中書令壬寅眉邛雅三州獠反茂州都督張士貴討之十月癸丑至自玉華宮己巳阿史那社尒及龜茲戰敗之十二月辛未降長安萬年徒罪以下閏月癸巳慮囚

二十三年正月辛亥阿史那社尒俘龜茲王以獻三月己未自冬旱至是雨辛酉大赦丁卯不豫命皇太子聽政於金液門四月己亥幸翠微宮五月戊午貶李世勣爲疊州都督己巳皇帝崩于含風殿年五十三庚午奉大行御馬輿還京師禮部尚書于志寧爲侍中太子少詹事張行成兼侍中高季輔兼中書令壬申發喪謚曰文上元元年改謚文武聖皇帝天寶八載謚文武大聖皇帝十三載增謚文武大聖大廣孝皇帝

贊曰甚矣至治之君不世出也禹有天下傳十有六王而少康有中興之業湯有天下傳二十八王而其甚盛者號稱三宗武王有天下傳三十六王而成康之治與宣之功其餘無所稱焉雖詩書所載時有闕略然三代千有七百餘年傳七十餘君其卓然著見於後世者此六七君而已嗚呼可謂難得也唐有天下傳世二十其可稱者三君玄宗憲宗皆不克其終盛哉太宗之烈也其除隋之亂比迹湯武致治之美庶幾成康自古功德兼隆由漢以來未之有也至其牵於多愛復立浮圖好大喜功勤兵於遠此中材庸主之所常爲然春秋之法常責備於賢者是以後世君子之欲成人之美者莫不歎息於斯焉

唐書卷二

唐書卷二考證

太宗紀年五十三〇舊書作五十二 臣酉按太宗生于隋開皇十八年戊午至是年己酉乃五十二當從舊書

唐書卷二考證

唐書卷三

宋 翰 林 學 士 歐 陽 修 撰

本紀第三

高宗天皇大聖大弘孝皇帝諱治字爲善太宗第九子也母曰文德皇后長孫氏始封晉王貞觀七年遙領并州都督十七年太子承乾廢而魏王泰次當立亦以罪黜乃立子治爲皇太子太宗嘗命皇太子遊觀習射太子辭以非所好願得奉至尊居膝下太宗大喜乃營寢殿側爲別院使太子居之太宗每視朝皇太子常侍觀決庶政二十三年太宗有疾詔皇太子聽政於金液門四月從幸翠微宮太宗崩以羽檄發六府甲士四千衞皇太子入于京師六月甲戌卽皇帝位于柩前大赦賜文武官勳一轉民八十以上粟帛給復雍州及比歲供軍所一年癸未長孫無忌爲太尉癸巳檢校洛州刺史李勣爲開府儀同三司參掌機密八月癸酉河東地震乙亥又震庚辰遣使存問河東給復二年賜壓死者人絹三匹庚寅葬文皇帝于昭陵九月甲寅荆王元景爲司徒吳王恪爲

司空乙卯李勣爲尚書左僕射同中書門下三品十一月乙丑晉州地震左翊
衛郎將高偘伐突厥是冬無雪
永徽元年正月辛丑改元丙午立妃王氏爲皇后張行成爲侍中二月辛卯封
子孝爲許王上金杞王素節雍王四月己巳晉州地震五月己未太白晝見六
月高偘及突厥戰于金山敗之庚辰晉州地震詔五品以上言事七月辛酉以
旱慮囚八月戊辰給五品以上解官充侍者半祿加賜帛庚午降死罪以下九
月癸卯高偘俘突厥車鼻可汗以獻十月戊辰李勣罷左僕射十一月己未貶
褚遂良爲同州刺史十二月庚午琰州獠寇邊梓州都督謝萬歲死之
二年正月戊戌開義倉以賑民乙巳黃門侍郎宇文節中書侍郎柳奭同中書
門下三品乙卯瑤池都督阿史那賀魯叛四月乙丑命有司毋進肉食訖于五
月七月丁未賀魯寇庭州左武衛大將軍梁建方右驍衛大將軍契苾何力爲
弓月道行軍總管以伐之八月己巳高季輔爲侍中于志寧爲尚書左僕射張
行成爲右僕射同中書門下三品己卯白水蠻寇邊左領軍將軍趙孝祖爲郎

州道行軍總管以伐之九月癸卯以同州苦泉牧地賜貧民十月辛卯晉州地震十一月辛酉有事于南郊癸酉禁進犬馬鷹鶻戊寅忻州地震甲申雨木冰是月竇州義州蠻寇邊桂州都督劉伯英敗之趙孝祖及白水蠻戰于羅仵候山敗之十二月乙未太白晝見壬子處月朱邪孤注殺招慰使單道惠叛附于賀魯是冬無雪

三年正月癸亥梁建方及處月戰于牢山敗之甲子以旱避正殿減膳降囚罪徒以下原之己巳褚遂良爲吏部尚書同中書門下三品丙子享于太廟丁亥耕籍田三月辛巳雨土宇文節爲侍中柳奭守中書令四月庚寅趙孝祖及白水蠻戰敗之甲午彭王元則薨是月兵部侍郎韓瑗爲黃門侍郎同中書門下三品五月庚申求齊侍中崔季舒給事黃門侍郎裴澤隋儀同三司豆盧毓御史中丞游楚客子孫官之七月丁巳立陳王忠爲皇太子大赦賜五品以上子爲父後者勳一轉民酺三日九月丙辰求周司沐大夫裴融尚書左丞封孝琰子孫官之是月中書侍郎來濟同中書門下三品十二月癸巳濮王泰薨

四年二月甲申駙馬都尉房遺愛薛萬徹柴令武高陽巴陵公主謀反伏誅殺荆王元景吳王恪乙酉流宇文節于桂州戊子廢蜀王愔爲庶人己亥徐王元禮爲司徒李勣爲司空四月壬寅以旱慮囚遣使決天下獄減殿中太僕馬粟詔文武官言事甲辰避正殿減膳六月己丑太白晝見八月己亥隕石于馮翊十有八九月壬戌張行成薨甲戌褚遂良爲尚書右僕射十月庚子幸温湯甲辰赦新豐乙巳至自温湯戊申睦州女子陳碩真反婺州刺史崔義玄討之十一月庚戌陳碩真伏誅癸丑兵部尚書崔敦禮爲侍中丁巳柳奭爲中書令十二月庚子高季輔薨

五年正月丙寅以旱詔文武官朝集使言事三月戊午如萬年宮乙丑次鳳泉湯辛未赦岐州及所過徒罪以下六月癸亥柳奭罷丙寅河北大水遣使慮囚八月己未詔免麟游岐陽今歲課役岐州及供頓縣半歲九月丁酉至自萬年宮十月癸卯築京師羅郭起觀于九門

六年正月壬申拜昭陵赦醴泉及行從免縣今歲租調陵所宿衛進爵一級令

丞加一階癸酉以少牢祭陪葬者甲戌至自昭陵庚寅封子弘爲代王賢潞王
二月乙巳皇太子加元服降死罪以下賜酺三日五品以上爲父後者勳一轉
乙丑營州都督程名振左衞中郎將蘇定方伐高麗五月壬午及高麗戰于貴
端水敗之癸未左屯衞大將軍程知節爲葱山道行軍大總管以伐賀魯壬辰
韓瑗爲侍中來濟爲中書令七月乙酉崔敦禮爲中書令是月中書舍人李義
府爲中書侍郎參知政事九月庚午貶褚遂良爲潭州都督乙酉洛水溢十月
齊州黃河溢己酉廢皇后爲庶人乙卯立宸妃武氏爲皇后丁巳大赦賜民八
十以上粟帛十一月己巳皇后見于太廟戊子停諸州貢珠癸巳詔禁吏酷法
及爲隱名書者是冬皇后殺王庶人
顯慶元年正月辛未廢皇太子爲梁王立代王弘爲皇太子壬申大赦改元賜
五品以上子爲父後者勳一轉民酺三日八十以上粟帛丙戌禁胡人爲幻戲
者甲午放宮人三月辛巳皇后親蠶丙戌戶部侍郎杜正倫爲黃門侍郎同中
書門下三品四月壬寅詔五品以上老疾不以罪者同致仕壬子矩州人謝無

零反伏誅七月癸未崔敦禮爲太子少師同中書門下三品八月丙申崔敦禮薨辛丑程知節及賀魯部歌邏祿處月戰于榆慕谷敗之九月庚辰括州海溢癸未程知節及賀魯戰于怛篤城敗之十一月乙丑以子顯生賜京官朝集使勳一轉自八月霜且雨至於是月是歲龜茲大將羯獵顛附于賀魯左屯衛大將軍楊胄伐之

二年閏正月壬寅如洛陽宮庚戌右屯衛將軍蘇定方爲伊麗道行軍總管以伐賀魯二月癸亥降洛州囚罪徒以下原之免民一歲租調賜百歲以上氈衾粟帛庚午封子顯爲周王壬申徙封素節爲郇王三月戊申禁舅姑拜公主父母拜王妃癸丑李義府兼中書令五月丙申幸明德宮七月丁亥如洛陽宮八月丁卯貶韓瑗爲振州刺史來濟爲台州刺史辛未衛尉卿許敬宗爲侍中九月庚寅杜正倫兼中書令十一月戊戌如許州甲辰遣使慮所過州縣囚乙巳獵于滍南壬子講武于新鄭赦鄭州免一歲租賦賜八十以上粟帛其嘗事高祖任佐史者以名聞十二月乙卯如洛陽宮丁巳蘇定方敗賀魯于金牙山執

之丁卯以洛陽宮爲東都
二年正月戊申楊冑及龜茲羯獵顛戰于泥師城敗之二月甲戌至自東都戊寅慮囚六月壬子程名振及高麗戰于赤烽鎮敗之十一月乙酉貶杜正倫爲橫州刺史李義府普州刺史戊子許敬宗權檢校中書令甲午蘇定方俘賀魯以獻戊戌許敬宗爲中書令大理卿辛茂將兼侍中
四年三月壬午崐陵都護阿史那彌射及西突厥眞珠葉護戰于雙河敗之四月丙辰于志寧爲太子太師同中書門下三品乙丑黃門侍郎許圉師同中書門下三品戊辰流長孫無忌于黔州于志寧罷五月己卯許圉師爲中書侍郎同中書門下三品丙申兵部尚書任雅相度支尚書盧承慶參知政事戊戌殺涼州都督長史趙持滿七月己丑以旱避正殿壬辰慮囚八月壬子李義府爲吏部尚書同中書門下三品十月丙午皇太子加元服大赦賜五品以上子孫爲父祖後者勳一轉民酺三日閏月戊寅如東都皇太子監國辛巳詔所過供頓免今歲租賦之半賜民八十以上氈衾粟帛十一月丙午許圉師爲左散騎

常侍檢校侍中戊午辛茂將薨癸亥賀魯部悉結闕俟斤都曼寇邊左驍衛大將軍蘇定方爲安撫大使以伐之盧承慶同中書門下三品

五年正月癸卯蘇定方俘都曼以獻甲子如幷州己巳次長平賜父老布帛二月丙戌赦幷州及所過州縣義旗初嘗任五品以上葬幷州者祭之加佐命功臣食別封者子孫二階大將軍府僚佐存者一階民年八十以上版授刺史縣令賜酺三日甲午祠舊宅三月丙午皇后宴親族鄰里于朝堂會命婦于內殿賜從官五品以上幷州長史司馬勳一轉婦人八十以上版授郡君賜氈衾粟帛己酉講武于城西辛亥左武衛大將軍蘇定方爲神兵道行軍大總管新羅王金春秋爲嵎夷道行軍總管率三將軍及新羅兵以伐百濟四月癸巳如東都五月辛丑作八關宮戊辰定襄都督阿史德樞賓爲沙磚道行軍總管以伐契丹六月庚午朔日有食之七月乙巳廢梁王忠爲庶人丁卯盧承慶罷八月庚辰蘇定方及百濟戰敗之壬午左武衛大將軍鄭仁泰及悉結拔也固僕骨同羅戰敗之癸未敕神兵道大總管以下軍士及其家賜民酺三日十一月戊

戊蘇定方俘百濟王以獻甲寅如許州十二月辛未獵于安樂川己卯如東都
壬午左驍衛大將軍契苾何力爲浿江道行軍大總管蘇定方爲遼東道行軍
大總管左驍衛將軍劉伯英爲平壤道行軍大總管以伐高麗阿史德樞賓及
奚契丹戰敗之
龍朔元年正月戊午鴻臚卿蕭嗣業爲扶餘道行軍總管以伐高麗二月乙未
改元赦洛州四月庚辰任雅相爲浿江道行軍總管契苾何力爲遼東道行軍
總管蘇定方爲平壤道行軍總管蕭嗣業爲扶餘道行軍總管右驍衛將軍程
名振爲鏤方道行軍總管左驍衛將軍龐孝泰爲沃沮道行軍總管率三十五
軍以伐高麗甲午晦日有食之六月辛巳太白經天八月甲戌蘇定方及高麗
戰于浿江敗之九月癸卯及皇后幸李勣許國師第壬子徙封賢爲沛王十月
丁卯獵于陸渾戊辰獵于非山癸酉如東都鄭仁泰爲鐵勒道行軍大總管蕭
嗣業爲仙蕚道行軍大總管左驍衛大將軍阿史那忠爲長岑道行軍大總管
以伐鐵勒

二年二月甲子大易官名甲戌任雅相薨戊寅龐孝泰及高麗戰于蛇水死之三月庚寅鄭仁泰及鐵勒戰于天山敗之乙巳如河北縣辛亥如蒲州癸丑如同州四月庚申至自同州辛巳作蓬萊宮六月癸亥禁宗戚獻纂組雕鏤七月戊子以子旭輪生滿月大赦賜酺三日右威衛將軍孫仁師爲熊津道行軍總管以伐百濟戊戌李義府罷八月壬寅許敬宗爲太子少師同東西臺三品九月丁丑李義府起復十月丁酉幸温湯皇太子監國丁未至自温湯庚戌西臺侍郎上官儀同東西臺三品十一月辛未貶許圉師爲虔州刺史癸酉封子旭輪爲殷王是歲右衛將軍蘇海政爲鼲海道行軍總管以伐龜茲海政殺崑陵都督阿史那彌射

三年正月乙丑李義府爲右相二月減百官一月俸賦雍同等十五州民錢以作蓬萊宮乙亥殺駙馬都尉韋正矩庚戌慮囚四月戊子流李義府于嶲州五月壬午柳州蠻叛冀州都督長史劉伯英以嶺南兵伐之六月吐蕃攻吐谷渾涼州都督鄭仁泰爲青海道行軍大總管以救之八月癸卯有彗星出于左攝

提戊申詔百寮言事遣按察大使于十道九月戊午孫仁師及百濟戰于白江
敗之十月辛巳詔皇太子五日一至光順門監諸司奏事小事決之十一月甲
戌雨木冰十二月庚子改明年爲麟德元年降京師雍州諸縣死罪以下壬寅
安西都護高賢爲行軍總管以伐弓月

麟德元年二月戊子如福昌宮癸卯如萬年宮四月壬午道王元慶薨五月戊申
許王孝薨丙寅以旱避正殿七月丁未詔以三年正月有事于泰山八月己卯幸
舊第降萬年縣死罪以下壬午至自萬年宮丁亥司列太常伯劉祥道兼右相
大司憲竇德玄爲司元太常伯檢校左相十二月丙戌殺上官儀戊子殺庶人
忠劉祥道罷太子右中護樂彥瑋西臺侍郎孫處約同知軍國政事是冬無雪

二年二月壬午如東都三月甲寅司戎太常伯姜恪同東西臺三品戊午遣使
慮京師諸司及雍洛二州囚閏月癸酉日有食之是春疏勒弓月吐蕃攻于闐
西州都督崔智辯左武衛將軍曹繼叔救之四月丙午赦桂廣黔三都督府丙
寅講武于邙山之陽戊辰左侍極陸敦信檢校右相孫處約樂彥瑋罷七月己

丑鄧王元裕薨十月壬戌帶方州刺史劉仁軌爲大司憲兼知政事丁卯如泰

山大有年

乾封元年正月戊辰封于泰山庚午禪于社首以皇后爲亞獻壬申大赦改元

賜文武官階勳爵民年八十以上版授下州刺史司馬縣令婦人郡縣君七十

以上至八十賜古爵一級民酺七日女子百戶牛酒免所過今年租賦給復齊

州一年半兗州二年辛卯幸曲阜祠孔子贈太師二月己未如亳州祠老子追

號太上玄元皇帝縣人宗姓給復一年四月甲辰至自亳州庚戌陸敦信罷六

月壬寅高麗泉男生請內附右驍衛大將軍契苾何力爲遼東安撫大使率兵

援之左金吾衛將軍龐同善營州都督高侃爲遼東道行軍總管左武衛將軍

薛仁貴左監門衛將軍李謹行爲後援七月乙丑徙封旭輪爲豫王庚午劉仁

軌兼右相八月辛丑竇德玄薨丁未殺始州刺史武惟良淄州刺史武懷運九

月龐同善及高麗戰敗之十二月己酉李勣爲遼東道行臺大總管率六總管

兵以伐高麗

二年正月丁丑以旱避正殿減膳慮囚二月丁酉涪陵郡王愔薨辛丑禁工商乘馬六月乙卯西臺侍郎楊武戴至德東臺侍郎李安期司烈少常伯趙仁本同東西臺三品東臺舍人張文瓘參知政事七月己卯以旱避正殿減膳遣使慮囚八月己丑朔日有食之辛亥李安期罷九月庚申以餌藥皇太子監國辛未李勣及高麗戰于新城敗之是歲嶺南洞獠陷瓊州

總章元年正月壬子劉仁軌爲遼東道副大總管兼安撫大使浿江道行軍總管二月丁巳皇太子釋奠于國學戊寅如九成宮壬午李勣敗高麗克扶餘南蘇木底蒼巖城三月庚寅大赦改元四月乙卯贈顏回太子少師曾參太子少保丙辰有彗星出于五車避正殿減膳撤樂詔內外官言事庚申以太原元從西府功臣爲二等第一功後官無五品者授其子若孫一人有至四品五品者加二階有三品以上加爵三等第二功後官無五品者授其子若孫從六品一人有至五品者加一階六品者二階三品以上爵一等辛巳楊武薨八月癸酉至自九成宮九月癸巳李勣敗高麗王高藏執之十二月丁巳俘高藏以獻丁

卯有事于南郊甲戌姜恪檢校左相司平太常伯閻立本守右相
二年二月辛酉右肅機李敬玄爲西臺侍郎張文瓘爲東臺侍郎同東西臺三品三月丙戌東臺侍郎郝處俊同東西臺三品癸巳皇后親蠶四月己酉如九成宮六月戊申朔日有食之七月癸巳左衛大將軍契苾何力爲烏海道行軍大總管以援吐谷渾九月庚寅括州海溢壬寅如岐州乙巳赦岐州賜高年粟帛十月丁巳至自岐州十一月丁亥徙封旭輪爲冀王改名輪十二月戊申李勣薨是冬無雪
咸亨元年正月丁丑劉仁軌罷二月戊申慮囚丁巳東南有聲若雷三月甲戌大赦改元壬辰許敬宗罷四月癸卯吐蕃陷龜茲撥換城廢安西四鎮己酉李敬玄罷辛亥右威衛大將軍薛仁貴爲邏娑道行軍大總管以伐吐蕃庚午如九成宮雍州大雨雹高麗酋長鉗牟岑叛寇邊左監門衛大將軍高偘爲東州道行軍總管右領軍衛大將軍李謹行爲燕山道行軍總管以伐之六月壬寅朔日有食之七月甲戌以雍華蒲同四州旱遣使慮囚減中御諸廐馬戊子李

敬玄起復薛仁貴及吐蕃戰于大非川敗績八月庚戌以穀貴禁酒丁巳至自九成宮甲子趙王福薨丙寅以旱避正殿減膳九月丁丑給復雍華同岐邠隴六州一年閏月癸卯皇后以旱請避位甲寅姜恪爲涼州道行軍大總管以伐吐蕃十月庚辰詔文武官言事乙未趙仁本罷十二月庚寅復官名是歲大饑

二年正月乙巳如東都皇太子監國二月辛未遣使存問諸州四月戊子大風雨雹六月癸巳以旱慮囚九月地震丙申徐王元禮薨十月丙子求明禮樂之士十一月甲午朔日有食之庚戌如許州遣使存問所過疾老鰥寡慮囚十二月癸酉獵于昆陽丙戌如東都是歲姜恪爲侍中閻立本爲中書令

三年正月辛丑姚州蠻寇邊太子右衞副率梁積壽爲姚州道行軍總管以伐之二月己卯姜恪薨四月壬申校旗于洛水之陰九月癸卯徙封賢爲雍王十月己未皇太子監國十一月戊子朔日有食之甲辰至自東都十二月金紫光祿大夫致仕劉仁軌爲太子左庶子同中書門下三品

四年正月丙辰鄭王元懿薨四月丙子如九成宮閏五月丁卯禁作簺捕魚營

圈取獸者八月辛丑以不豫詔皇太子聽諸司啓事己酉大風落太廟鴟尾十月壬午閻立本薨乙未以皇太子納妃赦岐州賜酺三日乙巳至自九成宮
上元元年二月壬午劉仁軌爲雞林道行軍大總管以伐新羅三月辛亥朔日有食之己巳皇后親蠶八月壬辰皇帝稱天皇皇后稱天后追尊六代祖宣簡公爲宣皇帝妣張氏曰宣莊皇后五代祖懿王爲光皇帝妣賈氏曰光懿皇后增高祖太宗及后謚大赦改元賜酺三日十一月丙午如東都己酉獵于華山曲武原十二月癸未蔣王惲自殺
二年正月己未給復雍同華岐隴五州一年辛未吐蕃請和二月劉仁軌及新羅戰于七重城敗之三月丁巳天后親蠶四月辛巳天后殺周王顯妃趙氏丙戌以旱避正殿減膳撤樂詔百官言事己亥天后殺皇太子五月戊申追號皇太子爲孝敬皇帝六月戊寅立雍王賢爲皇太子大赦七月辛亥杞王上金免官削封邑八月庚寅葬孝敬皇帝于恭陵丁酉詔婦人爲宮官者歲一見其親庚子張文瓘爲侍中郝處俊爲中書令劉仁軌爲尚書左僕射戴至德爲右僕

射十月庚辰雍州兩雹壬午有彗星出于角亢
儀鳳元年正月壬戌徙封輪爲相王丁卯納州獠寇邊二月丁亥如汝州溫湯
遣使慮免汝州輕繫三月癸卯黄門侍郎來恆中書侍郎薛元超同中書門下
三品甲辰如東都免汝州今歲半租賜民八十以上帛閏月己巳吐蕃寇鄯廓
河芳四州左監門衞中郎將令狐智通伐之乙酉周王顯爲洮河道行軍元帥
領左衞大將軍劉審禮等十二總管相王輪爲涼州道行軍元帥領契苾何力
等軍以伐吐蕃四月戊申至自東都甲寅中書侍郎李義琰同中書門下三品
戊午如九成宮六月癸亥黄門侍郎高智周同中書門下三品七月丁亥有彗
星出于東井乙未吐蕃寇疊州八月庚子避正殿減膳撤樂損食粟馬慮囚詔
文武官言事甲子停南北中尚梨園作坊減少府雜匠是月青州海溢十月乙
未至自九成宮丙午降封鄅王素節鄱陽郡王十一月壬申大赦改元庚寅李
敬玄爲中書令十二月戊午來恆薛元超爲河南河北道大使
二年正月乙亥耕籍田庚辰京師地震四月太子左庶子張大安同中書門下

三品五月吐蕃寇扶州八月辛亥劉仁軌爲洮河軍鎮守使十月壬辰徙封顯
爲英王更名哲十二月乙卯募關內河東猛士以伐吐蕃是歲西突厥及吐蕃
寇安西冬無雪
三年正月丙子李敬玄爲洮河道行軍大總管以伐吐蕃癸未遣使募河南河
北猛士以伐吐蕃四月丁亥以旱避正殿慮囚戊申大赦改明年爲通乾元年
癸丑涇州民生子異體連心五月壬戌如九成宮大雨霖九月辛酉至自九成
宮癸亥張文瓘薨丙寅李敬玄劉審禮及吐蕃戰于青海敗績審禮死之十月
丙申停劍南隴右歲貢丙午密王元曉薨閏十一月丙申雨木冰壬子來恆薨
十二月癸丑罷通乾號
調露元年正月戊子如東都庚戌戴至德薨四月辛酉郝處俊爲侍中五月丙
戌皇太子監國戊戌作紫桂宮六月辛亥大赦改元吏部侍郎裴行儉伐西突
厥九月壬午行儉敗西突厥執其可汗都支十月突厥溫傳奉職二部寇邊單
于大都護府長史蕭嗣業伐之十一月戊寅高智周罷甲辰禮部尚書裴行儉

爲定襄道行軍大總管以伐突厥

永隆元年二月癸丑如汝州溫湯丁巳如少室山乙丑如東都三月裴行儉及突厥戰于黑山敗之四月乙丑如紫桂宮戊辰黃門侍郎裴炎崔知溫中書侍郎王德真同中書門下三品五月丁酉太白經天七月己卯吐蕃寇河源辛巳李敬玄及吐蕃戰于湟川敗績左武衞將軍黑齒常之爲河源軍經略大使丙申江王元祥薨突厥寇雲州都督竇懷哲敗之八月丁未如東都丁巳貶李敬玄爲衡州刺史甲子廢皇太子爲庶人乙丑立英王哲爲皇太子大赦改元賜酺三日己巳貶張大安爲普州刺史九月甲申王德真罷十月壬寅降封曹王明爲零陵郡王戊辰至自東都十一月壬申朔日有食之

開耀元年正月乙亥突厥寇原慶二州辛巳賜京官九品以上酺三日癸巳裴行儉爲定襄道行軍大總管以伐突厥己亥減殿中太僕馬省諸方貢獻免雍岐華同四州二歲稅河南河北一年調二月丙午皇太子釋奠于國學三月辛卯郝處俊罷五月乙酉常州人劉龍子謀反伏誅丙戌定襄道副總管曹懷舜

及突厥戰于橫水敗績己丑黑齒常之及吐蕃戰于良非川敗之六月壬子永嘉郡王晫有罪伏誅七月己丑以太平公主下嫁赦京師甲午劉仁軌罷左僕射閏月丁未裴炎爲侍中崔知溫薛元超守中書令庚戌以餌藥皇太子監國庚申裴行儉及突厥戰敗之八月丁卯以河南河北大水遣使賑乏絕室廬壞者給復一年溺死者贈物人三段九月丙申有彗星出于天市壬戌裴行儉俘突厥温傅可汗阿史那伏念以獻乙丑改元赦定襄軍及諸道緣征官吏兵募十月丙寅朔日有食之十一月癸卯徙庶人賢于巴州

永淳元年二月癸未以孫重照生滿月大赦改元賜酺三日是月突厥車薄咽麪寇邊三月戊午立重照爲皇太孫四月甲子朔日有食之丙寅如東都皇太子監國辛未裴行儉爲金牙道行軍大總管率三總管兵以伐突厥安西副都護王方翼及車薄咽麪戰于熱海敗之丁亥黃門侍郎郭待舉兵部侍郎岑長倩祕書員外少監郭正一吏部侍郎魏玄同與中書門下同承受進止平章事五月乙卯洛水溢六月甲子突厥骨咄祿寇邊嵐州刺史王德茂死之是月大

蝗人相食七月作萬泉宮己亥作奉天宮庚申零陵郡王明自殺九月吐蕃寇柘州驍衛郎將李孝逸伐之十月甲子京師地震丙寅黃門侍郎劉齊賢同中書門下平章事

弘道元年正月甲午幸奉天宮二月庚午突厥寇定州刺史霍王元軌敗之三月庚寅突厥寇單于都護府司馬張行師死之庚子李義琰罷丙午有彗星出于五車癸丑崔知溫薨四月己未如東都壬申郭待舉郭正一同中書門下平章事甲申綏州部落稽白鐵余寇邊右武衛將軍程務挺敗之五月乙巳突厥寇蔚州刺史李思儉死之七月甲辰徙封輪爲豫王改名旦薛元超罷八月乙丑皇太子朝于東都皇太孫留守京師丁卯滹沱溢己巳河溢壞河陽城九月乙丑以太平公主子生赦東都十月癸亥幸奉天宮十一月戊戌右武衛將軍程務挺爲單于道安撫大使以伐突厥辛丑皇太子監國丁未如東都戊申裴炎劉齊賢郭正一兼於東宮平章事十二月丁巳改元大赦是夕皇帝崩于貞觀殿年五十六謚曰天皇大帝天寶八載改謚天皇大聖皇帝十三載增謚天

皇大聖大弘孝皇帝

贊曰小雅曰赫赫宗周褒姒滅之此周幽王之詩也是時幽王雖亡而太子宜臼立是爲平王而詩人乃言滅之者以爲文武之業於是蕩盡東周雖在不能復興矣其曰滅者甚疾之之辭也武氏之亂唐之宗室戕殺殆盡其賢士大夫不免者十八九以太宗之治其遺德餘烈在人者未遠而幾於遂絶其爲惡豈一褒姒之比邪以太宗之明昧於知子廢立之際不能自決卒用昏童高宗溺愛衽席不戒履霜之漸而毒流天下貽禍邦家嗚呼父子夫婦之閒可謂難哉可不愼哉

唐書卷三

唐書卷三考證

高宗紀顯慶二年三月癸丑李義府兼中書令○舊書作甲子沈炳震曰按是月無甲子當從新書

咸亨三年十月己未皇太子監國十一月甲辰至自東都○臣酉按二年正月如東都皇太子監國至是月甲辰始書至自東都則自去年至此皆皇太子監國也此處例不應複書豈因舊書之譌未及刪去耶

唐書卷三考證

宋 翰 林 學 士 歐 陽 修 撰

本紀第四

則天順聖皇后武氏諱曌并州文水人也父士彠官至工部尚書荊州都督封應國公后年十四太宗聞其有色選爲才人太宗崩后削髮爲比丘尼居于感業寺高宗幸感業寺見而悅之復召入宮久之立爲昭儀進號宸妃永徽六年高宗廢皇后王氏立宸妃爲皇后高宗自顯慶後多苦風疾百司奏事時時令后決之常稱旨由是參豫國政后既專寵與政乃數上書言天下利害務收人心而高宗春秋高苦疾后益用事遂不能制高宗悔陰欲廢之而謀洩不果上元元年高宗號天皇皇后亦號天后天下之人謂之二聖弘道元年十二月高宗崩遺詔皇太子即皇帝位軍國大務不決者兼取天后進止甲子皇太子即皇帝位尊后爲皇太后臨朝稱制大赦賜九品以下勳官一級庚午韓王元嘉爲太尉霍王元軌爲司徒舒王元名爲司空甲戌劉仁軌爲尚書左僕射裴炎

爲中書令劉齊賢爲侍中同中書門下三品戊寅郭待舉魏玄同岑長倩同中書門下三品癸未郭正一罷

光宅元年正月癸未改元嗣聖癸巳左散騎常侍韋弘敏爲太府卿同中書門下三品二月戊午廢皇帝爲廬陵王幽之己未立豫王旦爲皇帝妃劉氏爲皇后立永平郡王成器爲皇太子大赦改元爲文明賜文武官五品以上爵一等九品以上勳兩轉老人版授官賜粟帛職官五品以上舉所知一人皇太后仍臨朝稱制庚申廢皇太孫重照爲庶人殺庶人賢于巴州甲子皇帝率羣臣上尊號于武成殿丁卯冊皇帝丁丑太常卿王德真爲侍中中書侍郎劉禕之同中書門下三品庚辰贈玉清觀道士大中大夫王遠知金紫光祿大夫三月丁亥徙封上金爲畢王素節葛王四月丁巳滕王元嬰薨辛酉徙封上金爲澤王素節許王癸酉遷廬陵王于房州丁丑又遷于均州五月癸巳以大喪禁射獵閏月甲子禮部尚書武承嗣爲太常卿同中書門下三品七月戊午廣州崑崙殺其都督路元叡乙丑突厥寇朔州左武衛大將軍程務挺敗之辛未有彗星

出于西方八月庚寅葬天皇大帝于乾陵丙午武承嗣罷九月甲寅大赦改元
旗幟尙白易內外官服靑者以碧大易官名改東都爲神都追尊老子母爲先
天太后丙辰左威衞大將軍程務挺爲單于道安撫大使以備突厥己巳追尊
武氏五代祖克己爲魯國公妣裴氏爲魯國夫人高祖居常爲太尉北平郡王
妣劉氏爲王妃曾祖儉爲太尉金城郡王妣宋氏爲王妃祖華爲太尉太原郡
王妣趙氏爲王妃考士彠爲太師魏王妣楊氏爲王妃丁丑柳州司馬李敬業
舉兵于揚州以討亂貶韋弘敏爲汾州刺史十月癸未楚州司馬李崇福以山
陽安宜鹽城三縣歸于敬業甲申左玉鈐衞大將軍梁郡公孝逸爲揚州道行
軍大總管左金吾衞大將軍李知十爲副率兵三十萬以拒李敬業丁亥左肅
政臺御史大夫騫味道檢校內史同鳳閣鸞臺三品鳳閣舍人李景諶同鳳閣
鸞臺平章事壬辰李敬業克潤州丙申殺裴炎追諡五代祖魯國公曰靖高祖
北平郡王曰恭肅曾祖金城郡王曰義康祖太原郡王曰安成考魏王曰忠孝
丁酉曲赦揚楚二州復敬業姓徐氏貶劉齊賢爲辰州刺史李景諶罷右史沈

君諒著作郎崔詧爲正諫大夫同鳳閣鸞臺平章事十一月辛亥左鷹揚衛大將軍黑齒常之爲江南道行軍大總管庚申右監門衛將軍蘇孝祥及徐敬業戰于阿谿死之乙丑徐敬業將王那相殺敬業降丁卯郭待舉罷鸞臺侍郎韋方質爲鳳閣侍郎同鳳閣鸞臺平章事十二月戊子遣御史察風俗癸卯殺程務挺

垂拱元年正月丁未大赦改元庚戌騫味道守內史戊辰劉仁軌薨二月乙巳春官尚書武承嗣秋官尚書裴居道右肅政臺御史大夫韋思謙同鳳閣鸞臺三品突厥寇邊左玉鈐衛中郎將淳于處平爲陽曲道行軍總管以擊之沈君諒罷三月崔詧罷丙辰遷廬陵王于房州辛酉武承嗣罷辛未頒垂拱格四月丙子貶騫味道爲青州刺史癸未淳于處平及突厥戰于忻州敗績五月丙午裴居道爲納言丁未流王德真于象州己酉冬官尚書蘇良嗣守納言封皇帝子成義爲恆王壬戌以旱慮囚壬申韋方質同鳳閣鸞臺三品六月天官尚書韋待價同鳳閣鸞臺三品九月丁卯揚州地生毛十一月癸卯韋待價爲燕然

道行軍大總管以擊突厥
二年正月辛酉大赦賜酺三日內外官勳一轉二月辛未朔日有食之三月戊
申作銅匭四月庚辰岑長倩爲內史五月丙午裴居道爲內史六月辛未蘇良
嗣同鳳閣鸞臺三品己卯韋思謙守納言十月己巳有山出于新豐縣改新豐
爲慶山赦囚給復一年賜酺三日十二月免幷州百姓庸調終其身是冬無雪
三年閏正月丁卯封皇帝子隆基爲楚王隆範衞王隆業趙王二月己亥以旱
避正殿減膳丙辰突厥寇昌平黑齒常之擊之三月乙丑韋思謙罷四月辛丑
追號孝敬皇帝妃裴氏曰哀皇后葬于恭陵癸丑以旱慮囚命京官九品以上
言事壬戌裴居道爲納言五月丙寅夏官侍郎張光輔爲鳳閣侍郎同鳳閣鸞
臺平章事庚午殺劉禕之七月丁卯冀州雌雞化爲雄乙亥京師地震雨金于
廣州八月壬子魏玄同兼檢校納言交趾人李嗣仙殺安南都護劉延祐據交
州桂州司馬曹玄靜敗之是月突厥寇朔州燕然道行軍大總管黑齒常之敗
之九月己卯虢州人楊初成自稱郎將募州人迎廬陵王于房州不果見殺十

月庚子右監門衛中郎將爨寶璧及突厥戰敗績十二月壬辰韋待價爲安息道行軍大總管安西大都護閻温古副之以擊吐蕃是歲大饑

四年正月甲子增七廟立高祖太宗高宗廟于神都庚午毁乾元殿作明堂三月壬戌殺麟臺少監周思茂四月戊戌殺太子通事舍人郝象賢五月庚申得寶圖于洛水乙亥加尊號爲聖母神皇六月丁亥朔日有食之得瑞石于氾水七月丁巳大赦改寶圖爲天授聖圖洛水爲永昌洛水封其神爲顯聖侯加特進禁漁釣改嵩山爲神岳封其神爲天中王太師使持節大都督賜酺五日戊午京師地震八月戊戌神都地震丙午博州刺史瑯邪郡王沖舉兵以討亂遣左金吾衛大將軍丘神勣拒之戊申沖死之庚戌越王貞舉兵于豫州以討亂辛亥曲赦博州九月丙辰左豹韜衛大將軍麴崇裕爲中軍大總管岑長倩爲後軍大總管以拒越王貞張光輔爲諸軍節度削越王貞及瑯邪郡王沖屬籍改其姓爲虺氏貞死之丙寅赦豫州殺韓王元嘉魯王靈夔范陽郡王藹黄國公譔東莞郡公融及常樂公主皆改其姓爲虺氏丁卯左肅政臺御史大夫騫

味道夏官侍郎王本立同鳳閣鸞臺平章事十月辛亥大風拔木十一月辛酉殺濟州刺史薛顗及其弟駙馬都尉紹十二月乙酉殺霍王元軌江都郡王緒及殿中監裴承光大殺唐宗室流其幼者于嶺南己亥殺騫味道己酉拜洛受圖辛亥改明堂爲萬象神宮大赦

永昌元年正月乙卯享于萬象神宮大赦改元賜酺七日丁巳舒王元名爲司徒戊午布政于萬象神宮頒九條以訓百官己未朗州雌雞化爲雄二月丁酉尊考太師魏忠孝王曰周忠孝太皇置崇先府官戊戌追謚妣楊氏曰周忠孝太后太原郡王曰周安成王妣趙氏爲王妃金城郡王曰魏義康王妃宋氏爲王妃北平郡王曰趙肅恭王妃劉氏爲王妃五代祖魯國公曰太原靖王夫人裴氏爲王妃三月甲子張光輔守納言癸酉天官尚書武承嗣爲納言張光輔守內史四月甲辰殺汝南郡王瑋鄱陽郡公諲廣漢郡公謐汶山郡公蓁零陵郡王俊廣都郡公璹徙其家于巂州己酉殺天官侍郎鄧玄挺五月丙辰韋待價及吐蕃戰于寅識迦河敗績己巳白馬寺僧薛懷義爲新平道行軍大總管

以擊突厥七月丁巳流紀王慎于巴州改其姓為虺氏丙子流韋待價于繡州殺閻温古戊寅王本立同鳳閣鸞臺三品八月癸未薛懷義為新平道中軍大總管以擊突厥甲申殺張光輔洛州司馬弓嗣業洛陽令弓嗣明陝州參軍弓嗣古流人徐敬真乙未松州雌雞化為雄辛丑殺陝州刺史郭正一丁未殺相州刺史弓志元蒲州刺史弓彭祖尙方監王令基九月庚戌殺恆山郡王承乾之子厥閏月甲午殺魏玄同夏官侍郎崔詧戊申殺彭州長史劉易從十月癸丑殺梁州都督李光誼丁巳殺陝州刺史劉延景戊午殺右武威衛大將軍黑齒常之右鷹揚衛將軍趙懷節己未殺嗣鄭王璥丁卯春官尙書范履冰鳳閣侍郎邢文偉同鳳閣鸞臺平章事

天授元年正月庚辰大赦改元曰載初以十一月為正月十二月為臘月來歲正月為一月以周漢之後為二王後封舜禹湯之裔為三恪周隋同列國封其嗣乙未除唐宗室屬籍臘月丙寅殺劉齊賢一月戊子王本立罷邢文偉為內史岑長倩武承嗣同鳳閣鸞臺三品鳳閣侍郎武攸寧為納言甲午流韋方質

于儋州二月丁卯殺地官尚書王本立三月乙酉以旱減膳丁亥蘇良嗣薨五月戊子殺范履冰己亥殺梁郡公孝逸六月戊申殺汴州刺史柳明肅七月辛巳流舒王元名于和州頒大雲經于天下壬午殺豫章郡王亶丁亥殺澤王上金許王素節甲午赦承昌縣癸卯殺太常丞蘇踐言八月辛亥殺許王素節之子璟曾江縣令白令言甲寅殺裴居道壬戌殺將軍阿史那惠右司郎中喬知之癸亥殺尚書右丞張行廉泰州刺史杜儒童甲子殺流人張楚金戊辰殺流人元萬頃苗神客辛未殺南安郡王穎鄅國公昭及諸宗室李直李敞李然李勳李策李越李黯李玄李英李志業李知言李玄貞九月乙亥殺鉅鹿郡公晃麟臺郎裴望及其弟司膳丞璉壬午改國號周大赦改元賜酺七日乙酉加尊號曰聖神皇帝降皇帝爲皇嗣賜姓武氏皇太子爲皇孫丙戌立武氏七廟于神都追尊周文王曰始祖文皇帝妣姒氏曰文定皇后四十代祖平王少子武曰睿祖康皇帝妣姜氏曰康惠皇后太原靖王曰嚴祖成皇帝妣曰成莊皇后趙肅恭王曰肅祖章敬皇帝妣曰章敬皇后魏義康王曰烈祖昭安皇帝妣曰

昭安皇后周安成王曰顯祖文穆皇帝妣曰文穆皇后忠孝太皇曰太祖孝明
高皇帝妣曰孝明高皇后追封伯父及兄弟之子爲王堂兄爲郡王諸姑姊爲
長公主堂姊妹爲郡主司賓卿史務滋守納言鳳閣侍郎宗秦客檢校內史給
事中傅游藝爲鸞臺侍郎同鳳閣鸞臺平章事十月丁巳給復并州武興縣百
姓子孫相承如漢豐沛甲午貶宗秦客爲遵化尉丁卯殺流人韋方質己巳殺
許王素節之子瑛琪琬瓚瑒瑗琛唐臣辛未貶邢文偉爲珍州刺史置大雲寺
封周公爲褒德王孔子爲隆道公改唐太廟爲享德廟以武氏七廟爲太廟
二年正月甲戌改置社稷旗幟尚赤戊寅殺雅州刺史劉行實及其弟渠州刺
史行瑜尚衣奉御行感兄子左鷹揚衛將軍虔通戊子武承嗣爲文昌左相庚
寅賜酺乙未殺丘神勣左豹韜衛將軍衛蒲山庚子殺史務滋臘月己未始用
周臘四月壬寅朔日有食之丙午大赦五月丁亥大風折木岑長倩爲武威道
行軍大總管以擊吐蕃六月庚戌左肅政臺御史大夫格輔元爲地官尚書鸞
臺侍郎樂思晦鳳閣侍郎任知古同鳳閣鸞臺平章事七月庚午徙關內七州

戶以實神都八月戊申武攸寧罷夏官尙書歐陽通爲司禮卿兼判納言事庚
申殺右玉鈐衞大將軍張虔勗九月乙亥殺岐州刺史雲弘嗣壬辰殺傅游藝
癸巳左羽林衞大將軍武攸寧守納言冬官侍郎裴行本洛州司馬狄仁傑爲
地官侍郎同鳳閣鸞臺平章事十月己酉殺岑長倩歐陽通格輔元壬戌殺樂
思晦左衞將軍李安靜
長壽元年正月戊辰夏官尙書楊執柔同鳳閣鸞臺平章事庚午貶任知古爲
江夏令狄仁傑彭澤令流裴行本于嶺南乙亥殺右衞大將軍泉獻誠庚辰司
刑卿李游道爲冬官尙書同鳳閣鸞臺平章事二月戊午秋官尙書袁智弘同
鳳閣鸞臺平章事四月丙申朔日有食之大赦改元如意五月洛水溢七月又
溢八月甲戌河溢壞河陽縣戊寅武承嗣武攸寧楊執柔罷秋官侍郎崔元綜
爲鸞臺侍郎夏官侍郎李昭德爲鳳閣侍郎權檢校天官侍郎姚璹爲文昌左
丞檢校地官侍郎李元素爲文昌右丞營繕大匠王璿爲夏官尙書司賓卿崔
神基同鳳閣鸞臺平章事九月戊戌大霧庚子大赦改元改用九月社賜酺七

日癸卯以幷州爲北都癸丑流李遊道袁智弘王璿崔神基李元素于嶺南十月丙戌武威道行軍總管王孝傑敗吐蕃克四鎮

二年臘月癸亥殺皇嗣妃劉氏德妃竇氏丁卯降封皇孫成器爲壽春郡王恆王成義衡陽郡王楚王隆基臨淄郡王衛王隆範巴陵郡王趙王隆業彭城郡王一月庚子夏官侍郎婁師德同鳳閣鸞臺平章事甲寅殺尚方監裴匪躬內常侍范雲仙三月己卯殺左衛員外大將軍阿史那元慶白潤府果毅薛大信五月乙未殺冬官尚書蘇幹相州刺史來同敏癸丑河溢棣州九月丁亥朔日有食之乙未加號金輪聖神皇帝大赦賜酺七日作七寶庚子追尊烈祖昭安皇帝曰渾元昭安皇帝顯祖文穆皇帝曰立極文穆皇帝太祖孝明高皇帝曰無上孝明高皇帝辛丑姚璹罷文昌右丞韋巨源同鳳閣鸞臺平章事秋官侍郎陸元方爲鸞臺侍郎同鳳閣鸞臺平章事司賓卿豆盧欽望守內史

延載元年臘月甲戌突厥默啜寇靈州右鷹揚衛大將軍李多祚敗之一月甲午婁師德爲河源積石懷遠等軍營田大使二月庚午薛懷義爲伐逆道行軍

大總管領十八將軍以擊默啜乙亥以旱慮囚己卯武威道大總管王孝傑及吐蕃戰于冷泉敗之三月甲申鳳閣舍人蘇味道爲鳳閣侍郎同鳳閣鸞臺平章事李昭德檢校內史薛懷義爲朔方道行軍大總管擊默啜昭德爲朔方道行軍長史味道爲司馬四月壬戌常州地震五月甲午加號越古金輪聖神皇帝大赦改元賜酺七日七月癸未嵩嶽山人武什方爲正諫大夫同鳳閣鸞臺平章事八月什方罷戊辰王孝傑爲瀚海道行軍總管己巳司賓少卿姚璹守納言左肅政臺御史大夫楊再思爲鸞臺侍郎洛州司馬杜景佺檢校鳳閣侍郎同鳳閣鸞臺平章事戊寅流崔元綜于振州九月壬午朔日有食之壬寅貶李昭德爲南賓尉十月壬申文昌右丞李元素爲鳳閣侍郎右肅政臺御史中丞周允元檢校鳳閣侍郎同鳳閣鸞臺平章事嶺南獠寇邊容州都督張玄遇爲桂永等州經略大使癸酉雨木冰

天冊萬歲元年正月辛巳加號慈氏越古金輪聖神皇帝改元證聖大赦賜酺三日戊子貶豆盧欽望爲趙州刺史韋巨源鄜州刺史杜景佺溱州刺史蘇味

道集州刺史陸元方綏州刺史丙申萬象神宮火丙午王孝傑爲朔方行軍總管以擊突厥二月己酉朔日有食之壬子殺薛懷義甲子罷慈氏越古號三月丙辰周允元薨四月戊寅建大周萬國頌德天樞七月辛酉吐蕃寇臨洮王孝傑爲肅邊道行軍大總管以擊之九月甲寅祀南郊加號天冊金輪大聖皇帝大赦改元賜酺九日以崇先廟爲崇尊廟

萬歲通天元年臘月甲戌如神岳甲申封于神岳改元曰萬歲登封大赦免今歲租稅賜酺十日丁亥禪于少室山己丑給復洛州二年登封告成縣三年癸巳復于神都一月甲寅婁師德爲肅邊道行軍副總管以擊吐蕃己巳改崇尊廟爲太廟二月辛巳尊神岳天中王爲神岳天中黄帝天靈妃爲天中黄后三月壬寅王孝傑婁師德及吐蕃戰于素羅汗山敗績丁巳復作明堂改曰通天宮大赦改元賜酺七日四月癸酉檢校夏官侍郎孫元亨同鳳閣鸞臺平章事庚子貶婁師德爲原州都督府司馬五月壬子契丹首領松漠都督李盡忠歸誠州刺史孫萬榮陷營州殺都督趙文翽乙丑左鷹揚衛將軍曹仁師右金吾

衛大將軍張玄遇左威衛大將軍李多祚司農少卿麻仁節等擊之七月辛亥春官尚書武三思爲榆關道安撫大使納言姚璹爲副以備契丹八月丁酉張玄遇曹仁師麻仁節等及契丹戰于黃麞谷敗績執玄遇仁節九月庚子同州刺史武攸宜爲清邊道行軍大總管以擊契丹丁巳吐蕃寇涼州都督許欽明死之庚申幷州長史王方慶爲鸞臺侍郎殿中監李道廣同鳳閣鸞臺平章事十月辛卯契丹寇冀州刺史陸寶積死之甲午慮囚

神功元年正月壬戌殺李元素孫元亨洛州錄事參軍綦連耀箕州刺史劉思禮知天官侍郎事石抱忠劉奇給事周譒鳳閣舍人王勮前涇州刺史王勔太子司議郎路敬淳司門員外郎劉順之右司員外郎宇文全志來庭縣主簿柳璆癸亥突厥默啜寇勝州平狄軍副使安道買敗之甲子婁師德守鳳閣侍郎同鳳閣鸞臺平章事二月乙巳慮囚三月庚子王孝傑及孫萬斬戰于東硤石谷敗績孝傑死之戊申赦河南北四月戊辰置九鼎于通天宮癸酉前益州大都督府長史王及善爲內史癸未右金吾衛大將軍武懿宗爲神兵道行軍大

總管及右豹韜衛將軍何迦密以擊契丹五月癸卯婁師德爲清邊道行軍副
大總管右武衛將軍沙吒忠義爲清邊中道前軍總管以擊契丹六月丁卯殺
監察御史李昭德司僕少卿來俊臣己卯尚方少監宗楚客同鳳閣鸞臺平章
事戊子特進武承嗣春官尚書武三思同鳳閣鸞臺三品辛卯婁師德安撫河
北七月丁酉武承嗣武三思罷八月丙戌姚璹罷九月壬寅大赦改元賜酺七
日庚戌婁師德守納言十月甲子給復徇忠立節二縣一年閏月甲寅檢校司
刑卿幽州都督狄仁傑爲鸞臺侍郎司刑卿杜景佺爲鳳閣侍郎同鳳閣鸞臺
平章事
聖曆元年正月甲子大赦改元賜酺九日丙寅宗楚客罷丁亥李道廣罷三月
己巳召廬陵王于房州戊子廬陵王至自房州四月庚寅赦神都及河北辛丑
婁師德爲隴右諸軍大使檢校河西營田事五月庚午禁屠六月乙卯大風拔
木七月辛未杜景佺罷八月突厥寇邊戊子左豹韜衛將軍閻知微降于突厥
寇邊甲午王方慶罷庚子春官尚書武三思檢校內史狄仁傑兼納言司屬卿

武重規爲天兵中道大總管沙吒忠義爲天兵西道前軍總管幽州都督張仁亶爲天兵東道總管左羽林衛大將軍李多祚右羽林衛大將軍閻敬容爲天兵西道後軍總管以擊突厥癸丑突厥寇蔚州乙卯寇定州刺史孫彥高死之九月甲子夏官尚書武攸寧同鳳閣鸞臺三品戊辰突厥寇趙州長史唐波若降于突厥刺史高叡死之突厥寇相州沙吒忠義爲河北道前軍總管將軍陽基副之李多祚爲後軍總管大將軍富福信爲奇兵總管以禦之壬申立廬陵王顯爲皇太子大赦賜酺五日甲戌皇太子爲河北道行軍元帥以擊突厥戊寅狄仁傑爲河北道行軍副元帥檢校納言辛巳試天官侍郎蘇味道爲鳳閣侍郎同鳳閣鸞臺平章事十月癸卯狄仁傑爲河北道安撫大使夏官侍郎姚元崇麟臺少監李嶠同鳳閣鸞臺平章事族閻知微

二年正月壬戌封皇嗣旦爲相王臘月戊子左肅政臺御史中丞吉頊爲天官侍郎檢校右肅政臺御史中丞魏元忠爲鳳閣侍郎同鳳閣鸞臺平章事辛亥賜皇太子姓武氏大赦一月庚申武攸寧罷二月己丑如緱氏辛卯如嵩陽丁

西復于神都三月甲戌以隋唐爲二王後婁師德爲納言四月壬辰魏元忠檢校幷州大都督府長史天兵軍大總管婁師德副之以備突厥辛丑婁師德爲隴右諸軍大使甲辰慮囚七月丙辰神都大雨洛水溢八月庚子王及善爲文昌左相同鳳閣鸞臺平章事太子宮尹豆盧欽望爲文昌右相同鳳閣鸞臺三品楊再思罷丁未試天官侍郎陸元方爲鸞臺侍郎同鳳閣鸞臺平章事婁師德薨戊申武三思爲內史九月乙亥如福昌縣曲赦戊寅復于神都庚辰王及善薨是秋黃河溢十月丁亥吐蕃首領贊婆來

久視元年正月戊午貶吉頊爲琰川尉壬申武三思罷臘月辛巳封皇太子之子重潤爲邵王庚寅陸元方罷司禮卿阿史那斛瑟羅爲平西軍大總管丁酉狄仁傑爲內史庚子文昌左相韋巨源爲納言乙巳如嵩山一月丁卯如汝州温湯戊寅復于神都作三陽宮二月乙未豆盧欽望罷三月癸丑夏官尚書唐奉一爲天兵中軍大總管以備突厥四月戊申如三陽宮五月己酉朔日有食之癸丑大赦改元罷天冊金輪大聖號賜酺五日給復告成縣一年閏七月戊

寅復于神都己丑天官侍郎張錫爲鳳閣侍郎同鳳閣鸞臺平章事李嶠罷丁
酉吐蕃寇涼州隴右諸軍州大使唐休璟敗之于洪源谷八月庚戌魏元忠爲
隴右諸軍州大總管以擊吐蕃庚申斂天下僧錢作大像九月辛丑狄仁傑薨
十月辛亥魏元忠爲蕭關道行軍大總管以備突厥甲寅復唐正月大赦丁巳
韋巨源罷文昌右丞韋安石爲鸞臺侍郎同鳳閣鸞臺平章事丁卯如新安隴
澗山曲赦壬申復于神都十二月甲寅突厥寇隴右
長安元年正月丁丑改元大足二月己酉鸞臺侍郎李懷遠同鳳閣鸞臺平章
事三月丙申流張錫于循州四月丙午大赦癸丑姚元崇檢校并州以北諸軍
州兵馬五月乙亥如三陽宮丁丑魏元忠爲靈武道行軍大總管以備突厥丙
申天官侍郎顧琮同鳳閣鸞臺平章事六月庚申夏官侍郎李迥秀同鳳閣鸞
臺平章事辛未赦告成縣七月甲戌復于神都乙亥揚楚常潤蘇五州地震壬
午蘇味道按察幽平等州兵馬甲申李懷遠罷九月壬申殺邵王重潤及永泰
郡主主壻武延基十月壬寅如京師辛酉大赦改元給復關內三年賜酺三日

丙寅魏元忠同鳳閣鸞臺三品十一月壬申武三思罷戊寅改含元宮爲大明宮

二年正月突厥寇鹽州三月丙戌李迥秀安置山東軍馬檢校武騎兵庚寅突厥寇幷州雍州長史薛季昶持節山東防禦大使以備之七月甲午突厥寇代州八月辛亥劍南六州地震九月乙丑朔日有食之壬申突厥寇忻州己卯吐蕃請和十月甲辰顧琮薨戊申吐蕃寇悉州茂州都督陳大慈敗之甲寅姚元崇同鳳閣鸞臺平章事蘇味道韋安石李迥秀同鳳閣鸞臺三品十一月甲子相王旦爲司徒戊子祀南郊大赦賜酺三日十二月甲午魏元忠爲安東道安撫使

三年三月壬戌朔日有食之四月庚子相王旦罷吐蕃來求婚乙巳以旱避正殿閏月庚午成均祭酒李嶠同鳳閣鸞臺平章事己卯李嶠知納言事七月壬寅正諫大夫朱敬則同鳳閣鸞臺平章事庚戌檢校涼州都督唐休璟爲夏官尚書同鳳閣鸞臺平章事八月乙酉京師大雨雹九月庚寅朔日有食之丁酉

貶魏元忠爲高要尉十月丙寅如神都十二月丙戌天下置關三十
四年正月丁未作興泰宮壬子天官侍郎韋嗣立爲鳳閣侍郎同鳳閣鸞臺三
品三月癸亥貶李迥秀爲廬州刺史壬申朱敬則罷三月丁亥進封皇孫平恩
郡王重福爲譙王己亥夏官侍郎宗楚客同鳳閣鸞臺平章事貶蘇味道爲坊
州刺史四月壬戌韋安石知納言事李嶠知內史事丙子如興泰宮赦壽安縣
給復一年五月丁亥大風拔木六月辛酉姚元之罷乙丑天官侍郎崔玄暐爲
鸞臺侍郎同鳳閣鸞臺平章事丁丑李嶠同鳳閣鸞臺三品壬午相王府長史
姚元之兼知夏官尚書同鳳閣鸞臺三品七月丙戌左肅政臺御史大夫楊再
思守內史甲午復于神都貶宗楚客爲原州都督八月庚申唐休璟兼幽營二
州都督安東都護九月壬子姚元之爲靈武道行軍大總管十月辛酉元之爲
靈武道安撫大使甲戌判秋官侍郎張柬之同鳳閣鸞臺平章事壬午懷州長
史房融爲正諫大夫同鳳閣鸞臺平章事十一月丁亥天官侍郎韋承慶行鳳
閣侍郎同鳳閣鸞臺平章事李嶠罷十二月丙辰韋嗣立罷

五年正月壬午大赦庚寅禁屠癸卯張柬之崔玄暐及左羽林衛將軍敬暉檢校左羽林衛將軍桓彥範司刑少卿袁恕己左羽林衛將軍李湛薛思行趙承恩右羽林衛將軍楊元琰左羽林衛大將軍李多祚職方郎中崔泰之庫部員外郎朱敬則司刑評事冀仲甫檢校司農少卿兼知總監翟世言內直郎王同皎率左右羽林兵以討亂麟臺監張易之春官侍郎張昌宗汴州刺史張昌期司禮少卿張同休通事舍人張景雄伏誅丙午皇帝復于位丁未徙后于上陽宮戊申上后號曰則天大聖皇帝十一月崩諡曰大聖則天皇后唐隆元年改爲天后景雲元年改爲大聖天后延和元年改爲天后聖帝未幾改爲聖后開元四年改爲則天皇后天寶八載加諡則天順聖皇后

中宗大和大聖大昭孝皇帝諱顯高宗第七子也母曰則天順聖皇后武氏高宗崩以皇太子卽皇帝位而皇太后臨朝稱制嗣聖元年正月廢居于均州又遷于房州聖曆二年復爲皇太子太后老且病神龍元年正月張柬之等以羽林兵討亂甲辰皇太子監國大赦改元丙午復于位大赦賜文武官階爵民酺

五日免今歲租賦給復房州三年放宮女三千人相王旦爲安國相王太尉同
鳳閣鸞臺三品庚戌張柬之袁恕己同鳳閣鸞臺三品崔玄暐守內史敬暉爲
納言桓彥範守納言二月甲寅復國號唐貶韋承慶爲高要尉流房融于高州
楊再思同中書門下三品姚元之罷甲子皇后韋氏復于位大赦賜酺三日復
宗室死于周者官爵丙寅太子賓客武三思爲司空同中書門下三品貶譙王
重福爲濮州刺史丁卯右散騎常侍駙馬都尉武攸暨爲司徒辛未安國相王
旦罷甲戌太子少詹事祝欽明同中書門下三品韋安石罷進封子義興郡王
重俊爲衛王北海郡王重茂溫王丁丑武三思武攸暨罷三月甲申詔文明後
破家者昭洗之還其子孫蔭己丑袁恕己守中書令四月辛亥桓彥範爲侍中
袁恕己爲中書令丁卯高要尉魏元忠爲衛尉卿同中書門下平章事辛未敬
暉爲侍中甲戌魏元忠崔玄暐刑部尚書韋安石爲吏部尚書太子右庶子李
懷遠爲左散騎常侍涼州都督唐休璟爲輔國大將軍同中書門下三品乙亥
張柬之爲中書令五月壬午遷武氏神主于崇恩廟乙酉立太廟社稷于東都

戊子復周隋二王後壬辰進封兄成紀郡王千里爲成王甲午敬暉桓彥範張
柬之袁恕己崔玄暐罷韋安石兼檢校中書令魏元忠兼侍中甲辰唐休璟爲
尚書左僕射特進豆盧欽望爲尚書右僕射同中書門下三品六月壬子左驍
衞大將軍裴思諒爲靈武道行軍大總管以備突厥癸亥韋安石爲中書令魏
元忠爲侍中楊再思檢校中書令豆盧欽望平章軍國重事七月辛巳太子賓
客韋巨源同中書門下三品甲辰洛水溢八月戊申給復河南洛陽二縣一年
壬戌追冊妃趙氏爲皇后乙亥祔孝敬皇帝于東都太廟皇后見于廟丁丑幸
洛城南門觀鬬象九月壬午祀天地于明堂大赦賜文武官勳爵民爲父後者
古爵一級酺三日癸巳韋巨源罷十月癸亥幸龍門乙丑獵于新安辛未魏元
忠爲中書令楊再思爲侍中十一月戊寅上尊號曰應天皇帝皇后曰順天皇
后壬午及皇后享于太廟大赦賜文武官階勳爵民酺三日己丑幸洛城南門
觀潑寒胡戲壬寅皇太后崩廢崇恩廟
二年正月戊戌吏部尚書李嶠同中書門下三品中書侍郎于惟謙同中書門

下平章事閏月丙午公主開府置官屬二月乙未禮部尙書韋巨源爲刑部尙書同中書門下三品丙申遣十道巡察使三月甲辰韋安石罷戶部尙書蘇瓌守侍中戊申唐休璟罷庚戌殺光祿卿駙馬都尉王同皎是月置員外官四月己丑李懷遠罷己亥雨毛于鄮縣辛丑洛水溢五月庚申葬則天大聖皇后六月戊寅貶敬暉爲崖州司馬桓彥範瀧州司馬袁恕己竇州司馬崔玄暐白州司馬張柬之新州司馬七月戊申立衛王重俊爲皇太子丙寅魏元忠爲尙書右僕射兼中書令李嶠守中書令辛未左散騎常侍致仕李懷遠同中書門下三品流敬暉于嘉州桓彥範于瀼州袁恕己于環州崔玄暐于古州張柬之于瀧州八月丙子貶祝欽明爲申州刺史九月戊午李懷遠薨十月癸巳蘇瓌爲侍中戊戌至自東都十一月乙巳大赦賜行從官勳一轉十二月己卯靈武軍大總管沙吒忠義及突厥戰于鳴沙敗績丙戌以突厥寇邊京師旱河北水減膳罷土木工蘇瓌存撫河北丙申魏元忠爲尙書左僕射

景龍元年正月丙辰以旱慮囚二月丙戌復武氏廟陵置令丞守戶如昭陵甲

午褒德廟榮先陵置令丞四月庚寅赦雍州五月戊戌右屯衞大將軍張仁亶爲朔方道行軍大總管以備突厥丙午假鴻臚卿臧思言使于突厥死之以旱避正殿減膳六月丁卯朔日有食之庚午雨土于陝州戊子吐蕃及姚州蠻寇邊姚嶲道討擊使唐九徵敗之七月辛丑皇太子以羽林千騎兵誅武三思不克死之癸卯大赦壬戌李嶠爲中書令八月丙戌上尊號曰應天神龍皇帝皇后曰順天翊聖皇后魏元忠罷九月丁酉吏部侍郎蕭至忠爲黃門侍郎兵部尚書宗楚客左衞將軍兼太府卿紀處訥同中書門下三品于惟謙罷庚子大赦改元賜文武官階勳爵辛亥楊再思爲中書令韋巨源紀處訥爲侍中蘇瓌罷十月戊寅殺習藝館內教蘇安恆壬午有彗星出于西方十二月乙丑朔日有食之丁丑雨土

二年二月癸未有星隕于西南庚寅大赦進五品以上母妻封號二等無妻者授其女婦人八十以上版授郡縣鄉君七月癸巳朔方道行軍大總管張仁亶同中書門下三品丁酉有星孛于胃昴十一月庚申西突厥寇邊御史中丞馮

嘉賓使于突厥死之己卯大赦賜酺三日癸未安西都護牛師奬及西突厥戰于火燒城死之是歲皇后妃主昭容賣官行墨勅斜封

三年二月己丑及皇后幸玄武門觀宮女拔河爲宮市以嬉壬寅韋巨源爲尚書左僕射楊再思爲右僕射同中書門下三品壬子及皇后幸太常寺三月戊午宗楚客爲中書令蕭至忠守侍中太府卿韋嗣立守兵部尚書同中書門下三品中書侍郎兼檢校吏部侍郎崔湜守兵部侍郎趙彥昭爲中書侍郎同中書門下平章事戊寅禮部尚書韋温爲太子少保同中書門下三品太常少卿鄭愔守吏部侍郎同中書門下平章事五月丙戌貶崔湜爲瀼州刺史鄭愔江州司馬六月癸巳太白晝見庚子以旱避正殿減膳撤樂詔括天下圖籍壬寅盧懷慎卒癸卯楊再思薨七月丙辰西突厥娑葛降辛酉許婦人非緣夫子封者蔭其子孫癸亥盧懷慎庚辰澧水溢八月乙酉李嶠同中書門下三品特進韋安石爲侍中壬辰有星孛于紫宮九月戊辰吏部尚書蘇瓌爲尚書左僕射同中書門下三品十一月乙丑有事于南郊以皇后爲亞獻大赦賜文武官階爵入品

者減考免關內今歲賦賜酺三日甲戌豆盧欽望薨十二月壬辰前宋國公致
仕唐休璟爲太子少師同中書門下三品甲午如新豐温湯甲辰赦新豐給復
一年賜從官勳一轉乙巳至自新豐
四年正月丙寅及皇后微行以觀燈遂幸蕭至忠第丁卯微行以觀燈幸韋安
石長寧公主第己卯如始平二月壬午赦咸陽始平給復一年癸未至自始平
庚戌及后妃公主觀三品以上拔河三月以河源九曲予吐蕃庚申雨木冰井
溢五月辛酉封嗣虢王邕爲汴王丁卯殺許州司兵參軍燕欽融丁丑剡縣地
震六月皇后及安樂公主散騎常侍馬秦客反壬午皇帝崩年五十五謚曰孝
和皇帝天寶十三年加謚大和大聖大昭孝皇帝
贊曰昔者孔子作春秋而亂臣賊子懼其於弑君篡國之主皆不黜絶之豈以
其盜而有之者莫大之罪也不沒其實所以著其大惡而不隱歟自司馬遷班
固皆作高后紀呂氏雖非篡漢而盜執其國政遂不敢沒其實豈其得聖人之
意歟抑亦偶合於春秋之法也唐之舊史因之列武后于本紀蓋其所從來遠

矣夫吉凶之於人猶影響也而爲善者得吉常多其不幸而罹於凶者有矣爲惡者未始不及於凶其幸而免者亦時有焉而小人之慮遂以爲天道難知爲善未必福而爲惡未必禍也武后之惡不及於大戮所謂幸免者也至中宗韋氏則禍不旋踵矣然其親遭母后之難而躬自蹈之所謂下愚之不移者歟

唐書卷四

唐書卷四考證

則天紀五代祖克己高祖居常○舊書外戚傳五代祖名居常高祖名克己

久視元年正月戊午貶吉頊爲琰川尉○項本傳貶在是年十月　臣酉按表久

視元年三月甲戌吉頊加左控寉內供奉若正月已貶不應三月猶加官也

當以本傳爲是

長安元年十一月壬申武三思罷○沈炳震曰按三思久視元年正月已罷矣

此重出誤

唐書卷四考證

唐書卷五

宋　翰　林　學　士　歐　陽　修　撰

本紀第五

睿宗玄眞大聖大興孝皇帝諱旦高宗第八子也始封殷王領冀州大都督單于大都護長而温恭好學通詁訓工草隸書徙封豫王又封冀王累遷右金吾衞大將軍洛州牧徙封相王復封豫王武后廢中宗立爲皇帝其改國號周以爲皇嗣居于東宮中宗自房州還復爲皇太子武后封皇嗣爲相王授太子右衞率累遷右羽林衞大將軍并州牧安北大都護諸道元帥中宗復位進號安國相王

景雲元年六月壬午韋皇后弑中宗矯詔立温王重茂爲皇太子以刑部尚書裴談工部尚書張錫同中書門下三品吏部尚書張嘉福中書侍郎岑羲吏部侍郎崔湜同中書門下平章事發諸府兵五萬屯京師以韋温總知内外兵馬甲申乃發喪又矯遺詔自立爲皇太后皇太子卽皇帝位以睿宗參謀政事大

赦改元曰唐隆太后臨朝攝政罷睿宗參謀政事以爲太尉封嗣雍王守禮爲邠王壽春郡王成器宋王丁亥温王妃陸氏爲皇后壬辰紀處訥張嘉福岑羲持節巡撫關內河南北庚子臨淄郡王隆基率萬騎兵入北軍討亂誅韋氏安樂公主及韋巨源馬秦客駙馬都尉武延秀光祿少卿楊均辛丑睿宗奉皇帝御安福門大赦賜文武官階勳爵免天下歲租之半進封隆基爲平王朝邑尉劉幽求爲中書舍人苑總監鍾紹京爲中書侍郎參知機務壬寅紹京及黃門侍郎李日知同中書門下三品紀處訥韋温宗楚客將作大匠宗晉卿司農卿趙履温伏誅貶汴王邕爲沁州刺史蕭至忠許州刺史韋嗣立宋州刺史趙彥昭絳州刺史崔湜華州刺史癸卯太白晝見平王隆基同中書門下三品鍾紹京行中書令張嘉福伏誅甲辰安國相王即皇帝位于承天門大赦長流長任及流人未達者還之賜內外官階爵復重茂爲温王乙巳鍾紹京罷丙午太常少卿薛稷爲黃門侍郎參豫機務丁未立平王隆基爲皇太子復則天大聖皇后號曰天后戊申許州刺史姚元之爲兵部尚書同中書門下三品韋嗣立蕭

至忠爲中書令趙彥昭爲中書侍郎崔湜爲吏部侍郎同中書門下平章事七月庚戌進封衡陽郡王成義爲申王巴陵郡王隆範岐王彭城郡王隆業薛王癸丑兵部尚書崔日用爲黃門侍郎參預機務丁巳洛州長史宋璟檢校吏部尚書同中書門下三品岑羲罷壬戌貶蕭至忠爲晉州刺史韋嗣立許州刺史趙彥昭宋州刺史張錫絳州刺史崔湜罷丙寅貶李嶠爲懷州刺史姚元之兼中書令蘇瓌爲尚書左僕射丁卯唐休璟張仁亶罷己巳大赦改元賜內外官及子爲父後者勳一轉崔日用薛稷罷乙亥廢崇恩廟昊陵順陵追廢皇后韋氏爲庶人安樂公主爲悖逆庶人八月庚寅譙王重福及汴州刺史鄭愔反伏誅癸巳罷墨勑斜封官貶裴談爲蒲州刺史九月辛未太子少師致仕唐休璟爲朔方道行軍大總管以備突厥十月乙未追號天后曰大聖天后癸卯出義宗于太廟十一月戊申姚元之爲中書令己酉葬孝和皇帝于定陵壬子蘇瓌韋安石罷宋王成器爲尚書左僕射丁卯赦靈駕所過己巳宋王成器爲司徒二年正月己未太僕卿郭元振中書侍郎張說同中書門下平章事甲子徙封

重茂爲襄王乙丑追冊妃劉氏竇氏爲皇后二月丁丑皇太子監國甲申貶姚元之爲申州刺史宋璟楚州刺史丙戌太子少保韋安石爲侍中劉幽求罷復墨勑斜封官辛卯禁屠三月癸丑作金仙玉真觀四月甲申韋安石爲中書令宋王成器罷辛卯李日知爲侍中壬寅大赦賜文武官階勳爵民酺三日甲辰作玄元皇帝廟五月庚戌復昊陵順陵置官屬壬戌殿中監竇懷貞爲左御史臺大夫同中書門下平章事八月乙卯大赦賜酺三日丁巳皇太子釋奠于國學庚午韋安石爲尚書左僕射同中書門下三品九月乙亥竇懷貞爲侍中十月甲辰吏部尚書劉幽求爲侍中右散騎常侍魏知古太子詹事崔湜爲中書侍郎同中書門下三品中書侍郎陸象先同中書門下平章事韋安石李日知郭元振竇懷貞張說罷十二月丁未作潑寒胡戲

先天元年正月辛未享于太廟甲戌幷汾絳三州地震辛巳有事于南郊戊子耕籍田己丑大赦改元曰太極賜內外官階爵民酺五日版授九十以上下州刺史八十以上上州司馬辛卯幸安福門觀酺三日夜壬辰陸象先同中書門

下三品乙未戶部尚書岑羲左御史臺大夫竇懷貞同中書門下三品二月丁巳皇太子釋奠于國學是春旱五月戊寅有事于北郊辛巳大赦改元曰延和賜內外官陪禮者勳一轉民酺五日六月癸丑岑羲爲侍中乙卯追號大聖天后爲天后聖帝辛酉刑部尚書郭元振爲朔方道行軍大總管以伐突厥甲子幽州都督孫佺左武衛將軍李楷洛左威衛將軍周以悌及奚戰于冷陘山敗績七月辛未有彗星入于太微兵部尚書李迥秀爲朔方道後軍大總管乙亥竇懷貞爲尚書右僕射平章軍國重事己卯幸安福門觀樂三日而止丙戌以旱減膳八月庚子立皇太子爲皇帝以聽小事自尊爲太上皇以聽大事壬寅追號天后聖帝爲聖后甲辰大赦改元賜內外官及五品以上子爲父後者勳爵民酺五日丁未立皇太子妃王氏爲皇后戊申封皇帝子嗣直爲郯王嗣謙郢王己酉宋王成器爲司徒庚戌竇懷貞爲尚書左僕射劉幽求守尚書右僕射同中書門下三品魏知古爲侍中崔湜檢校中書令戊午流劉幽求于封州九月丁卯朔日有食之甲午封皇帝子嗣昇爲陝王十月辛卯獵于驪山十一

月丁亥誥遣皇帝巡邊甲午幽州都督宋璟爲左軍大總管并州長史薛訥爲
中軍大總管兵部尚書郭元振爲右軍大總管
二年正月乙亥吏部尚書蕭至忠爲中書令二月追作先天元年酺六日辛丑
以兩霖避正殿減膳丙辰郭元振同中書門下三品七月甲子大赦乙丑誥歸
政于皇帝開元四年六月崩于百福殿年五十五謚曰天聖眞皇帝天寶十三
載增謚玄眞大聖大興孝皇帝

玄宗至道大聖大明孝皇帝諱隆基睿宗第三子也母曰昭成皇后竇氏性英
武善騎射通音律曆象之學始封楚王後爲臨淄郡王累遷衞尉少卿潞州別
駕景龍四年朝于京師遂留不遣庶人韋氏已弑中宗矯詔稱制玄宗乃與太
平公主子薛崇簡尚衣奉御王崇曄公主府典籤王師虔朝邑尉劉幽求苑總
監鍾紹京長上折衝麻嗣宗押萬騎果毅葛福順李仙鳧道士馮處澄僧普潤
定策討亂或請先啓相王玄宗曰請而從是王與危事不從則吾計失矣乃夜
率幽求等入苑中福順仙鳧以萬騎兵攻玄武門斬左羽林將軍韋播中郎將

高嵩以徇左萬騎由左入右萬騎由右入玄宗率總監羽林兵會兩儀殿梓宮宿衞兵皆起應之遂誅韋氏黎明馳謁相王謝不先啓相王泣曰賴汝以免不然吾且及難乃拜玄宗殿中監兼知內外閑廄檢校隴右羣牧大使押左右萬騎進封平王同中書門下三品睿宗卽位立爲皇太子景雲二年監國聽除六品以下官延和元年星官言帝坐前星有變睿宗曰傳德避災吾意決矣七月壬辰制皇太子宜卽皇帝位太子惶懼入請睿宗曰此吾所以答天戒也皇太子乃御武德殿除三品以下官八月庚子卽皇帝位先天元年十月庚子享于太廟大赦

開元元年正月辛巳皇后親蠶七月甲子太平公主及岑羲蕭至忠竇懷貞謀反伏誅乙丑始聽政丁卯大赦賜文武官階爵庚午流崔湜于竇州甲戌毀天樞乙亥尚書右丞張說檢校中書令庚辰陸象先罷八月癸巳劉幽求爲尚書右僕射知軍國大事壬寅宋王成器爲太尉申王成義爲司徒邠王守禮爲司空九月丙寅宋王成器罷庚午劉幽求同中書門下三品張說爲中書令十月

姚巂蠻寇姚州都督李蒙死之己亥幸温湯癸卯講武于驪山流郭元振于新州給事中唐紹伏誅免新豐來歲稅賜從官帛甲辰獵于渭川同州刺史姚元之爲兵部尚書同中書門下三品乙巳至自渭川十一月乙丑劉幽求兼侍中戊子羣臣上尊號曰開元神武皇帝十二月庚寅大赦改元賜內外官勳改中書省爲紫微省門下省爲黃門省侍中爲監甲午吐蕃請和己亥禁潑寒胡戲壬寅姚崇兼紫微令癸丑劉幽求罷貶張說爲相州刺史甲寅黃門侍郎盧懷愼同紫微黃門平章事

二年正月壬午以關內旱求直諫停不急之務寬繫囚祠名山大川葬暴骸甲申幷州節度大使薛訥同紫微黃門三品以伐契丹二月壬辰避正殿減膳徹樂突厥寇北庭都護郭虔瓘敗之己酉慮囚三月己亥磧西節度使阿史那獻執西突厥都擔四月辛未停諸陵供奉鷹犬五月辛亥魏知古罷六月京師大風拔木甲子以太上皇避暑徙御大明宮七月乙未焚錦繡珠玉于前殿戊戌禁采珠玉及爲刻鏤器玩珠繩帖縚服者廢織錦坊庚子薛訥及奚契丹戰于

灤河敗績丁未襄王重茂薨追冊爲皇帝八月壬戌禁女樂乙亥吐蕃寇邊薛訥攝左羽林軍將軍爲隴右防禦大使右驍衛將軍郭知運爲副以伐之九月庚寅作興慶宮丁酉宴京師侍老于含元殿庭賜九十以上几杖八十以上鳩杖婦人亦如之賜於其家戊申幸温湯十月戊午至自温湯甲子薛訥及吐蕃戰于武階敗之十二月乙丑封子嗣真爲鄫王嗣初鄂王嗣玄郢王

三年正月丁亥立郢王嗣謙爲皇太子降死罪流以下原之賜酺三日癸卯盧懷慎檢校黃門監二月辛酉赦囚非惡逆造僞者四月庚申突厥部三姓葛邏祿來附右羽林軍大將軍薛訥爲源州鎮軍大總管涼州都督楊執一副之右衛大將軍郭虔瓘爲朔州鎮軍大總管并州長史王晙副之以備突厥五月丁未以旱錄京師囚戊申避正殿減膳七月庚辰朔日有食之十月辛酉巂州蠻寇邊右驍衛將軍李玄道伐之壬戌薛訥爲朔方道行軍大總管太僕卿呂延祚靈州刺史杜賓客副之癸亥如郿赦所過徒罪以下賜侍老九十以上及篤疾者物甲子如鳳泉湯戊辰降大理繫囚罪十一月己卯至自鳳泉湯乙酉幸

温湯丁亥相州人崔子嵒反伏誅甲午至自温湯乙未禁白衣長髮會十二月
乙丑降鳳泉湯所過死罪以下
四年正月戊寅朝太上皇于西宮二月丙辰幸温湯辛酉吐蕃寇松州廓州刺史蓋思貴伐之丁卯至自温湯癸酉松州都督孫仁獻及吐蕃戰敗之六月甲子太上皇崩辛未京師華陝二州大風拔木癸酉大武軍子將郝靈佺殺突厥默啜七月丁丑吐蕃請和丁酉洛水溢八月辛未奚契丹降十月庚午葬大聖真皇帝于橋陵十一月己卯盧懷慎罷丁亥還中宗于西廟丙申尚書左丞源乾曜爲黃門侍郎同紫微黃門平章事十二月乙卯定陵寢殿火丙辰幸温湯乙丑至自温湯閏月己亥姚崇源乾曜罷刑部尚書宋璟爲吏部尚書兼黃門監紫微侍郎蘇頲同紫微黃門平章事
五年正月癸卯太廟四室壞遷神主于太極殿素服避正殿輟視朝五日己酉享于太極殿辛亥如東都戊辰大霧二月甲戌大赦賜從官帛給復河南一年免河南北蝗水州今歲租三月丙寅吐蕃請和四月甲申毀拜洛受圖壇己丑

子嗣一卒五月丙辰詔公侯子孫襲封七月壬寅隴右節度使郭知運及吐蕃戰敗之九月壬寅復紫微省爲中書省黃門省爲門下省監爲侍中十月戊寅祔神主于太廟甲申命史官月奏所行事
六年正月辛丑突厥請和二月壬辰朔方道行軍大總管王晙伐突厥六月甲申瀍水溢八月庚辰以旱慮囚十月癸亥賜河南府懷汝鄭三州父老帛十一月辛卯至自東都丙申享于太廟元皇帝以上三祖枝孫失官者授五品京官皇祖妣家子孫在選者甄擇之免知頓及旁州供承者一歲租稅乙巳改傳國璽曰寶是月突厥執單于副都護張知運
七年五月己丑朔日有食之素服徹樂減膳中書門下慮囚六月戊辰吐蕃請和閏七月辛巳以旱避正殿徹樂減膳甲申慮囚八月丙戌慮囚九月甲戌徙封宋王憲爲寧王十月作義宗廟于東都辛卯幸溫湯癸卯至自溫湯十一月乙亥皇太子入學齒胄賜陪位官及學生帛
八年正月辛巳宋璟蘇頲罷京兆尹源乾曜爲黃門侍郎并州都督府長史張

嘉貞爲中書侍郎同中書門下平章事二月戊戌子敏卒三月甲子免水旱州
逋負給復四鎮行人家一年五月丁卯源乾曜爲侍中張嘉貞爲中書令六月
庚寅洛瀍穀水溢九月突厥寇甘源涼州都督楊敬述及突厥戰敗績丙寅降
京城囚罪杖以下原之壬申契丹寇邊王晙檢校幽州都督節度河北諸軍大
使黃門侍郎韋抗爲朔方道行軍大總管以伐之甲戌中書門下慮囚十月辛
巳如長春宮壬午獵于下邽庚寅幸温湯十一月乙卯至自温湯
九年正月括田丙寅幸温湯乙亥至自温湯二月丙戌突厥請和丁亥免天下
七年以前逋負四月庚寅蘭池胡康待賓寇邊五月庚午原見囚死流罪隨軍
効力徒以下未發者七月己酉王晙執康待賓八月蘭池胡康願子寇邊九月
乙巳朔日有食之癸亥天兵軍節度大使張說爲兵部尚書同中書門下三品
十一月庚午大赦賜文武官階爵唐隆先天實封功臣坐事免若死者加贈賜
民酺三日十二月乙酉幸温湯壬辰至自温湯是冬無雪
十年正月丁巳如東都二月丁丑次望春頓賜從官帛四月己亥張說持節朔

方軍節度大使五月戊午突厥請和辛酉伊汝水溢閏月壬申張說巡邊六月丁巳河決博棣二州七月庚辰給復遭水州丙戌安南人梅叔鸞反伏誅九月張說敗康願子于木盤山執之己卯京兆人權梁山反伏誅癸未吐蕃攻小勃律北庭節度使張孝嵩敗之十月甲寅如興泰宮獵于上宜川庚申如東都十二月突厥請和

十一年正月丁卯降東都囚罪杖以下原之己巳如并州降囚罪徒以下原之賜侍老物庚辰次潞州赦因給復五年以故第爲飛龍宮辛卯次并州改并州爲北都癸巳赦太原府給復一年下戶三年元從家五年版授侍老八十以上上縣令婦人縣君九十以上上州長史婦人郡君百歲以上上州刺史婦人郡夫人二月乙酉貶張嘉貞爲幽州刺史壬子如汾陰祠后土賜文武官階勳爵帛癸亥張說兼中書令三月辛未至自汾陰免所過今歲稅赦京城四月甲子張說爲中書令吏部尚書王晙爲兵部尚書同中書門下三品五月乙丑復中宗于太廟己丑王晙持節朔方軍節度大使辛卯遣使分巡天下六月王晙巡

邊八月戊申追號宣皇帝曰獻祖光皇帝曰懿祖十月丁酉幸温湯作温泉宮
甲寅至自温湯十一月戊寅有事于南郊大赦賜奉祠官階勳爵親王公主一
子官高年粟帛孝子順孫終身勿事天下酺三日京城五日十二月甲午如鳳
泉湯戊申至自鳳泉湯庚申貶王晙爲蘄州刺史

十二年四月壬寅詔傍繼國王禮當廢而屬近者封郡王七月己卯廢皇后王
氏爲庶人十月庶人王氏卒十一月庚午如東都庚辰溪州首領覃行章反伏
誅辛巳申王撝薨閏十二月丙辰朔日有食之

十三年正月戊子降死罪流以下原之遣使宣慰天下壬子葬朔方隴右河西
戰亡者三月甲午徙封郯王潭爲慶王陝王浚忠王鄫王洽棣王甄王涺榮王
封子琚爲光王維儀王澐頴王澤永王清壽王洄延王沐盛王溢濟王九月丙
戌罷奏祥瑞十月辛酉如兗州庚午次濮州賜河南北五百里內父老帛十一
月庚寅封于泰山辛卯禪于社首壬辰大赦賜文武官階勳爵致仕官一季祿
公主嗣王郡縣主一子官諸蕃酋長來會者一官免所過一歲兗州二歲租賜

天下酺七日丙申幸孔子宅遣使以太牢祭其墓給復近墓五戶丁酉賜徐曹
亳許仙豫六州父老帛十二月己巳如東都
十四年二月邕州獠梁大海反伏誅四月丁巳戶部侍郎李元紘爲中書侍郎
同中書門下平章事庚申張說罷丁卯岐王範薨六月戊午東都大風拔木壬
戌詔州縣長官言事七月癸未瀍水溢八月丙午河決魏州九月己丑磧西節
度使杜暹檢校黃門侍郎同中書門下平章事十月甲寅太白晝見庚申如廣
成湯己巳如東都十二月丁巳獵于方秀川
十五年正月辛丑河西隴右節度使王君㚟及吐蕃戰于青海敗之七月甲戌
震興教門觀災庚寅洛水溢己亥降都城囚罪徒以下原之八月澗穀溢毀澠
池縣己巳降天下死罪嶺南邊州流人徒以下原之九月丙子吐蕃寇瓜州執
刺史田元獻閏月庚子寇安西副大都護趙頤貞敗之庚申回紇襲甘州王君
㚟死之十月己卯至自東都十一月丁卯獵于城南十二月乙亥幸溫泉宮丙
戌至自溫泉宮

十六年正月壬寅趙頤貞及吐蕃戰于曲子城敗之乙卯瀧州首領陳行範反伏誅庚申許徒以下囚保任營農三月辛丑免營農囚罪七月吐蕃寇瓜州刺史張守珪敗之乙巳隴右節度使張志亮河西節度使蕭嵩克吐蕃大莫門城八月辛卯及吐蕃戰于祁連城敗之九月丙午以久雨降囚罪徒以下原之十月己卯幸温泉宮己丑至自温泉宮十一月癸巳蕭嵩爲兵部尚書同中書門下平章事甲辰弛陂澤禁戊申幸寧王憲第庚戌至自寧王憲第十二月丁卯幸温泉宮丁丑至自温泉宮

十七年二月丁卯巂州都督張審素克雲南昆明城鹽城三月戊戌張守珪及吐蕃戰于大同軍敗之四月癸亥降死罪流以下原之乙亥大風震藍田山崩六月甲戌源乾曜杜暹李元紘罷蕭嵩兼中書令戶部侍郎宇文融爲黃門侍郎兵部侍郎裴光庭爲中書侍郎同中書門下平章事九月壬子貶宇文融爲汝州刺史十月戊午朔日有食之十一月庚寅享于太廟丙申拜橋陵赦奉先縣戊戌拜定陵己亥拜獻陵壬寅拜昭陵乙巳拜乾陵戊申至自乾陵大赦免

今歲稅之半賜文武官階爵侍老帛旌表孝子順孫義夫節婦終身勿事唐隆兩營立功三品以上予一子官免供頓縣今歲稅賜諸軍行人勳兩轉十二月辛酉幸溫泉宮壬申至自溫泉宮是冬無雪

十八年正月辛卯裴光庭爲侍中二月丙寅大雨雷震左飛龍廄災辛未免囚罪杖以下四月乙卯築京師外郭五月己酉奚契丹附于突厥六月甲子有彗星出于五車癸酉有星孛于畢昴乙亥瀍水溢丙子忠王浚爲河北道行軍元帥壬午洛水溢九月丁巳忠王浚兼河東道諸軍元帥十月戊子吐蕃請和庚寅如鳳泉湯癸卯至自鳳泉湯十一月丁卯幸溫泉宮丁丑至自溫泉宮

十九年正月殺瀼州別駕王毛仲丙子耕于興慶宮己卯禁捕鯉魚四月壬午降死罪以下丙申立太公廟六月乙酉大風拔木七月癸丑吐蕃請和八月辛巳以千秋節降死罪流以下原之十月丙申如東都十一月乙卯次洛城南賜從官帛是歲揚州穭稻生

二十年正月乙卯信安郡王禕爲河東河北道行軍副元帥以伐奚契丹二月

甲戌朔日有食之壬午降囚罪徒以下原之三月己巳信安郡王禕及奚契丹戰于薊州敗之五月戊申忠王浚俘奚契丹以獻六月丁丑浚爲司徒八月辛未朔日有食之九月乙巳渤海靺鞨寇登州刺史韋俊死之左領軍衞將軍蓋福愼伐之戊辰以宋滑兗鄆四州水免今歲稅十月壬午如潞州丙戌中書門下慮巡幸所過囚辛卯赦潞州給復三年賜高年粟帛十一月辛丑如北都癸丑赦北都給復三年庚申如汾陰祠后土大赦免供頓州今歲稅賜文武官階勳爵諸州侍老帛武德以來功臣後及唐隆功臣三品以上一子官民酺三日十二月辛未至自汾陰

二十一年正月丁巳幸溫泉宮二月丁亥至自溫泉宮三月乙巳裴光庭薨甲寅尚書右丞韓休爲黃門侍郎同中書門下平章事閏月癸酉幽州副總管郭英傑及契丹戰于都山英傑死之四月乙卯遣宣慰使黜陟官吏決繫囚丁巳寧王憲爲太尉薛王業爲司徒五月戊子以皇太子納妃降死罪流以下原之七月乙丑朔日有食之九月壬午封子沔爲信王泚義王漼陳王澄豐王潓恆

王漩涼王滔深王十月庚戌幸溫泉宮己未至自溫泉宮十二月丁巳蕭嵩韓
休罷京兆尹裴耀卿爲黃門侍郎中書侍郎張九齡同中書門下平章事
二十二年正月己巳如東都二月壬寅秦州地震給復壓死者家一年三人者
三年四月甲辰降死罪以下甲寅北庭都護劉渙謀反伏誅五月戊子裴耀卿
爲侍中張九齡爲中書令黃門侍郎李林甫爲禮部尚書同中書門下三品是
日大風拔木六月壬辰幽州節度使張守珪俘奚契丹以獻七月己巳薛王業
薨十一月甲戌免關內河南八等以下戶田不百畝者今歲租十二月戊子朔
日有食之乙巳張守珪及契丹戰敗之殺其王屈烈
二十三年正月乙亥耕籍田大赦侍老百歲以上版授上州刺史九十以上中
州刺史八十以上上州司馬賜陪位官勳爵征防兵父母年七十者遣還民酺
三日八月戊子免鰥寡惸獨今歲稅米十月戊申突騎施寇邊閏十一月壬午
朔日有食之是冬東都人劉普會反伏誅
二十四年正月丙午北庭都護蓋嘉運及突騎施戰敗之四月丁丑降死罪以

下五月丙午醴泉人劉志誠反伏誅八月甲寅突騎施請和乙亥汴王璥薨十
月戊申京師地震甲子次華州免供頓州今歲稅賜刺史縣令中上考降兩京
死罪流以下原之丁卯至自東都十一月辛丑東都地震壬寅裴耀卿張九齡
罷李林甫兼中書令朔方軍節度副大使牛仙客爲工部尚書同中書門下三
品十二月戊申慶王琮爲司徒
二十五年三月乙酉張守珪及契丹戰于捺祿山敗之辛卯河西節度副大使
崔希逸及吐蕃戰于青海敗之四月辛酉殺監察御史周子諒乙丑廢皇太子
瑛及鄂王瑤光王琚爲庶人皆殺之十一月壬申幸溫泉宮乙酉至自溫泉宮
十二月丙午惠妃武氏薨丁巳追册爲皇后
二十六年正月甲戌潮州刺史陳思挺謀反伏誅乙亥牛仙客爲侍中丁丑迎
氣于東郊降死罪流以下原之以京兆稻田給貧民禁王公獻珍物賜文武官
帛壬辰李林甫兼隴右節度副大使二月乙卯牛仙客兼河東節度副大使三
月丙子有星孛于紫微癸巳京師地震吐蕃寇河西崔希逸敗之鄯州都督杜

希望克其新城四月己亥有司讀時令降死罪流以下原之五月乙酉李林甫兼河西節度副大使六月庚子立忠王璵爲皇太子七月己巳大赦賜文武九品以上及五品以上子爲父後者勳一轉侍老粟帛加版授免京畿下戶今歲租之半賜民酺三日九月丙申朔日有食之庚子益州長史王昱及吐蕃戰于安戎城敗績十月戊寅幸温泉宮壬辰至自温泉宮

二十七年正月壬寅榮王琬巡按隴右二月己巳羣臣上尊號曰開元聖文神武皇帝大赦免今歲稅賜文武階官爵版授侍老百歲以上下州刺史婦人郡君九十以上上州司馬婦人縣君八十以上縣令婦人鄉君賜民酺五日八月乙亥磧西節度使蓋嘉運敗突騎施于賀邏嶺執其可汗吐火仙壬午吐蕃寇邊河西隴右節度使蕭炅敗之十月丙戌幸温泉宮十一月辛丑至自温泉宮

二十八年正月癸巳幸温泉宮庚子至自温泉宮三月丁亥朔日有食之壬子益州司馬章仇兼瓊敗吐蕃克安戎城五月癸卯吐蕃寇安戎城兼瓊又敗之十月甲子幸温泉宮以壽王妃楊氏爲道士號太真戊辰以徐泗二州無蠶免

今歲稅辛巳至自温泉宮十一月牛仙客罷朔方河東節度副大使
二十九年正月癸巳幸温泉宮丁酉立玄元皇帝廟禁厚葬庚子至自温泉宮
五月庚戌求明道德經及莊列文子者降死罪流以下原之七月乙亥伊洛溢
九月丁卯大雨雪十月丙申幸温泉宮戊戌遣使黜陟官吏十一月庚戌邠王
守禮薨辛酉至自温泉宮己巳雨木冰辛未寧王憲薨追冊爲皇帝及其妃元
氏爲皇后十二月癸未吐蕃陷石堡城
天寶元年正月丁未大赦改元詔京文武官材堪刺史者自舉賜侍老八十以
上粟帛九品以上勳兩轉甲寅陳王府參軍田同秀言玄元皇帝降于丹鳳門
通衢二月丁亥羣臣上尊號曰開元天寶聖文神武皇帝辛卯享玄元皇帝于
新廟甲午享于太廟丙申合祭天地于南郊大赦侍老加版授賜文武官階爵
改侍中爲左相中書令爲右相東都爲東京北都爲北京州爲郡刺史爲太守
七月癸卯朔日有食之辛未牛仙客薨八月丁丑刑部尚書李適之爲左相十
月丁酉幸温泉宮十一月己巳至自温泉宮十二月戊戌隴右節度使皇甫惟

明及吐蕃戰于青海敗之庚子河西節度使王倕克吐蕃漁海遊奕軍朔方軍節度使王忠嗣及奚戰于紫乾河敗之遂伐突厥是冬無冰

二年正月乙卯作昇仙宮丙辰加號玄元皇帝曰大聖祖三月壬子享于玄元宮追號大聖祖父周上御大夫敬曰先天大皇咎繇曰德明皇帝涼武昭王曰興聖皇帝改西京玄元宮曰太清宮東京宮曰太微宮四月己卯皇甫惟明克吐蕃洪濟城六月甲戌震東京應天門觀災十月戊寅幸溫泉宮十一月乙卯至自溫泉宮十二月壬午海賊吳令光寇永嘉郡是冬無雪

三載正月丙申改年爲載降死罪流以下原之辛丑幸溫泉宮辛亥有星隕于東南二月庚午至自溫泉宮丁丑河南尹裴敦復晉陵郡太守劉同昇南海郡太守劉巨鱗討吳令光閏月令光伏誅三月壬申降死罪流以下原之八月丙午拔悉蜜攻突厥殺烏蘇米施可汗來獻其首十月甲午幸溫泉宮十一月丁卯至自溫泉宮十二月癸丑祠九宮貴神于東郊大赦詔天下家藏孝經賜文武官階爵侍老粟帛民酺三日

四載正月丙戌王忠嗣及突厥戰于薩河內山敗之三月壬申以外孫獨孤氏女爲靜樂公主嫁于契丹松漠都督李懷節楊氏女爲宜芳公主嫁于奚饒樂都督李延寵八月壬寅立太真爲貴妃九月契丹奚皆殺其公主以叛甲申皇甫惟明及吐蕃戰于石堡城副將褚詡死之十月戊戌幸溫泉宮十二月戊戌至自溫泉宮

五載正月乙亥停六品以下員外官三月丙子遣使黜陟官吏四月庚寅李適之罷丁酉門下侍郎陳希烈同中書門下平章事五月壬子朔日有食之七月殺括蒼郡太守韋堅播川郡太守皇甫惟明十月戊戌幸溫泉宮十一月乙巳至自溫泉宮十二月甲戌殺贊善大夫杜有鄰著作郎王曾左驍衛兵曹參軍柳勣左司禦率府倉曹參軍王脩己右武衛司戈盧寧左威衛參軍徐徵

六載正月辛巳殺北海郡太守李邕淄川郡太守裴敦復丁亥享于太廟戊子有事于南郊大赦流人老者許致仕停立仗餘賜文武官階爵侍老粟帛民酺三日三月甲辰陳希烈爲左相七月乙酉以旱降死罪流以下原之十月戊申

幸華清宮十一月丁酉殺戸部侍郎楊愼矜及其弟少府少監愼餘洛陽令愼
名十二月癸丑至自華清宮是歲安西副都護高仙芝及小勃律國戰敗之
七載五月壬午羣臣上尊號曰開元天寶聖文神武應道皇帝大赦免來載租
庸以魏周隋爲三恪賜京城父老物人十段七十以上版授本縣令婦人縣君
六十以上縣丞天下侍老百歲以上上郡太守婦人郡君九十以上上郡司馬
婦人縣君八十以上縣令婦人鄉君賜文武官勳兩轉民酺三日十月庚戌幸
華清宮十二月辛酉至自華清宮
八載四月殺咸寧郡太守趙奉璋六月乙卯隴右節度使哥舒翰及吐蕃戰于
石堡城敗之閏月丙寅謁太清宮加上玄元皇帝號曰聖祖大道玄元皇帝增
祖宗帝后諡羣臣上尊號曰開元天地大寶聖文神武應道皇帝大赦男子七
十婦人七十五以上皆給一子侍賜文武官階爵民爲戸者占爵酺三日十月
乙丑幸華清宮是月特進何履光率十道兵以伐雲南十一月丁巳幸御史中
丞楊釗莊

九載正月己亥至自華清宮丁巳詔以十一月封華嶽三月辛亥華嶽廟災關內旱乃停封五月庚寅慮囚九月辛卯以商周漢爲三恪十月庚申幸華清宮

太白山人王玄翼言玄元皇帝降于寶仙洞十二月乙亥至自華清宮是歲雲南蠻陷雲南郡都督張虔陀死之

十載正月壬辰朝獻于太清宮癸巳朝享于太廟甲午有事于南郊大赦賜侍老粟帛酺三日丁酉李林甫兼朔方軍節度副大使安北副大都護己亥改傳國寶爲承天大寶戊申安西四鎮節度使高仙芝執突騎施可汗及石國王四月壬午劍南節度使鮮于仲通及雲南蠻戰于西洱河大敗績大將王天運死之陷雲南都護府七月高仙芝及大食戰于恒邏斯城敗績八月范陽節度副大使安祿山及契丹戰于吐護真河敗績乙卯廣陵海溢丙辰武庫災十月壬子幸華清宮十一月乙未幸楊國忠第

十一載正月丁亥至自華清宮二月庚午突厥部落阿布思寇邊三月乙巳改尚書省八部名四月乙酉戸部郎中王銲京兆人邢縡謀反伏誅丙戌殺御史

大夫王鉷李林甫罷安北副大都護五月戊申慶王琮薨甲子東京大風拔木
六月壬午御史大夫兼劍南節度使楊國忠敗吐蕃于雲南克故洪城十月戊
寅幸華清宮十一月乙卯李林甫薨庚申楊國忠爲右相十二月丁亥至自華
清宮
十二載五月己酉復魏周隋爲三恪六月阿布思部落降八月中書門下慮囚
九月甲寅葛邏祿葉護執阿布思十月戊寅幸華清宮
十三載正月丙午至自華清宮二月壬申朝獻于太清宮加上玄元皇帝號曰
大聖祖高上大道金闕玄元天皇大帝癸酉朝享于太廟增祖宗謚甲戌羣臣
上尊號曰開元天地大寶聖文神武證道孝德皇帝大赦左降官遭父母喪者
聽歸賜孝義旌表者勳兩轉侍老百歲以上版授本郡太守婦人郡夫人九十
以上郡長史婦人郡君八十以上縣令婦人縣君太守加賜爵一級縣令勳兩
轉民酺三日丁丑楊國忠爲司空是日雨土三月隴右河西節度使哥舒翰敗
吐蕃復河源九曲辛酉大風拔木五月壬戌觀酺于勤政樓北庭都護程千里

俘阿布思以獻六月乙丑朔日有食之劍南節度留後李宓及雲南蠻戰于西洱河死之八月丙戌陳希烈罷文部侍郎韋見素爲武部尚書同中書門下平章事是秋瀍洛水溢十月乙酉幸華清宮十二月戊午至自華清宮

十四載三月壬午安祿山及契丹戰于潢水敗之五月天有聲于浙西八月辛卯降死罪流以下原之免今載租庸半賜侍老米十月庚寅幸華清宮十一月安祿山反陷河北諸郡范陽將何千年殺河東節度使楊光翽壬申伊西節度使封常清爲范陽平盧節度使以討安祿山丙子至自華清宮九原郡太守郭子儀爲朔方軍節度副大使右羽林軍大將軍王承業爲太原尹衛尉卿張介然爲河南節度採訪使右金吾大將軍程千里爲上黨郡長史以討安祿山丁丑榮王琬爲東討元帥高仙芝副之十二月丁亥安祿山陷靈昌郡辛卯陷陳留郡執太守郭納張介然死之癸巳安祿山陷滎陽郡太守崔無詖死之丙申封常清及安祿山戰于罌子谷敗績丁酉陷東京留守李憕御史中丞盧奕判官蔣清死之河南尹達奚珣叛降于安祿山己亥恆山郡太守顏杲卿敗何千

年執之克趙鉅鹿廣平清河河間景城樂安博平博陵上谷文安信都魏鄴十四郡癸卯封常清高仙芝伏誅哥舒翰持節統領處置太子先鋒兵馬副元帥守潼關甲辰郭子儀及安祿山將高秀巖戰于河曲敗之戊申榮王琬薨壬子濟南郡太守李隨單父尉賈賁濮陽人尚衡以兵討安祿山是月平原郡太守顏真卿饒陽郡太守盧全誠司馬李正以兵討安祿山

十五載正月乙卯東平郡太守嗣吳王祗以兵討安祿山丙辰李隨爲河南節度使以討安祿山壬戌祿山陷恆山郡執顏杲卿袁履謙陷鄴廣平鉅鹿趙上谷博陵文安魏信都九郡癸亥朔方軍節度副使李光弼爲河東節度副大使以討祿山甲子南陽郡太守魯炅爲南陽節度使率嶺南黔中山南東道兵屯于葉縣乙丑安慶緒寇潼關哥舒翰敗之丁丑真源令張巡以兵討安祿山二月己亥嗣吳王祗及祿山將謝元同戰于陳留敗之李光弼克恆山郡郭子儀出井陘會光弼及安祿山將史思明戰敗之庚子賈賁戰于雍丘死之三月顏真卿克魏郡史思明寇饒陽平原乙卯張巡及安祿山將令狐潮戰于雍丘敗

之丙辰殺戶部尚書安思順太僕卿安元貞乙丑李光弼克趙郡四月乙酉北海郡太守賀蘭進明以兵救平原丙午太子左贊善大夫來瑱爲頴川郡太守兼招討使五月丁巳魯炅及安祿山戰于滍水敗績奔于南陽戊辰嗣虢王巨爲河南節度使六月癸未顏真卿及安祿山將袁知泰戰于堂邑敗之賀蘭進明克信都丙戌哥舒翰及安祿山戰于靈寶西原敗績是日郭子儀李光弼及史思明戰于嘉山敗之辛卯蕃將火拔歸仁執哥舒翰叛降于安祿山遂陷潼關上洛郡甲午詔親征京兆尹崔光遠爲西京留守招討處置使丙申行在望賢宮丁酉次馬嵬左龍武大將軍陳玄禮殺楊國忠及御史大夫魏方進太常卿楊暄賜貴妃楊氏死是日張巡及安祿山將翟伯玉戰于白沙堝敗之己亥祿山陷京師辛丑次陳倉閑廏使任沙門叛降于祿山丙午次河池郡劍南節度使崔圓爲中書侍郎同中書門下平章事七月甲子次普安郡憲部侍郎房琯爲文部尚書同中書門下平章事丁卯皇太子爲天下兵馬元帥都統朔方河東河北平盧節度使御史中丞裴冕隴西郡司馬劉秩副之江陵大都督永

王璘爲山南東路黔中江南西路節度使盛王琦爲廣陵郡都督江南東路淮南道節度使豐王珙爲武威郡都督河西隴右安西北庭節度使庚午次巴西郡以太守崔渙爲門下侍郎同中書門下平章事韋見素爲左相庚辰次蜀郡八月壬午大赦賜文武官階爵爲安祿山脅從能自歸者原之癸巳皇太子即皇帝位于靈武以聞庚子上皇天帝誥遣韋見素房琯崔渙奉皇帝册于靈武十一月甲寅憲部尚書李麟同中書門下平章事十二月甲辰永王璘反廢爲庶人至德二載正月庚戌誥求天下孝悌可旌者甲子劍南健兒賈秀反伏誅三月庚午通化郡言玄元皇帝降五月庚申誥追册貴嬪楊氏爲皇后七月庚戌行營健兒李季反伏誅庚午劍南健兒郭千仞反伏誅十月丁巳皇帝復京師以聞誥降劍南因罪流以下原之十二月丁未至自蜀郡居于興慶宮三載上號曰太上至道聖皇天帝上元元年徙居于西內甘露殿元年建巳月崩于神龍殿年七十八

贊曰睿宗因其子之功而在位不久固無可稱者嗚呼女子之禍於人者甚矣

自高祖至于中宗數十年間再罹女禍唐祚既絶而復續中宗不免其身韋氏遂以滅族玄宗親平其亂可以鑒矣而又敗以女子方其勵精政事開元之際幾致太平何其盛也及侈心一動窮天下之欲不足爲其樂而溺其所甚愛忘其所可戒至於竄身失國而不悔考其始終之異性習之相遠也至於如此可不慎哉可不慎哉

唐書卷五

唐書卷五考證

玄宗紀天寶三載正月辛亥有星隕于東南○舊書作閏月辛亥天文志亦作閏月今作正月似誤

十五載三月丙辰殺戸部尙書安思順○舊書在二月 臣酉按二月無丙辰當從新書

唐書卷五考證

唐書卷六

宋　翰　林　學　士　歐　陽　修　撰

本紀第六

肅宗文明武德大聖大宣孝皇帝諱亨玄宗第三子也母曰元獻皇后楊氏初名嗣昇封陜王開元四年爲安西大都護性仁孝好學玄宗尤愛之遣賀知章潘肅呂向皇甫彬邢璹等侍讀左右十五年更名浚徙封忠王爲朔方節度大使單于大都護十八年奚契丹寇邊乃以肅宗爲河北道行軍元帥遣御史大夫李朝隱等八總管兵十萬以伐之居二歲朝隱等敗奚契丹於范陽北肅宗以統帥功遷司徒二十三年又更名璵二十五年皇太子瑛廢死明年立爲皇太子有司行冊禮其儀有中嚴外辦其服絳紗太子曰此天子禮也乃下公卿議太師蕭嵩左丞相裴耀卿請改外辦爲外備絳紗衣爲朱明服乃從之二十八年又更名紹天寶三載又更名亨安祿山來朝太子識其有反相請以罪誅之玄宗不聽祿山反十五載玄宗避賊行至馬嵬父老遮道請留太子討賊玄

宗許之遣壽王瑁及內侍高力士諭太子太子乃還六月丁酉至渭北便橋橋絶募水濱居民得三千餘人涉而濟遇潼關散卒以爲賊與戰多傷既而覺之收其餘以涉後軍多沒者夕次永壽縣吏民稍持牛酒來獻新平郡太守薛羽保定郡太守徐瑴聞賊且至皆棄城走己亥太子次保定捕得羽瑴斬之辛丑次平涼郡得牧馬牛羊兵始振朔方留後支度副使杜鴻漸六城水陸運使魏少游節度判官崔漪支度判官崔簡金關內鹽池判官李涵河西行軍司馬裴冕迎太子治兵于朔方庚戌次豐寧見大河之險將保之會天大風迴趨靈武七月辛酉至于靈武壬戌裴冕等請皇太子卽皇帝位甲子卽皇帝位于靈武尊皇帝曰上皇天帝大赦改元至德賜文武官階勳爵版授侍老太守縣令裴冕爲中書侍郎同中書門下平章事甲戌安祿山寇扶風太守薛景仙敗之八月辛卯張巡及安祿山將李廷望戰于雍丘敗之十月辛巳朔日有食之癸未次彭原郡詔御史諫官論事勿先白大夫及宰相始鬻爵度僧尼房琯爲招討西京防禦蒲潼兩關兵馬元帥兵部尚書王思禮副之南軍入于宜壽中軍入

于武功北軍入于奉天辛卯河南節度副使張巡及令狐潮戰于雍丘敗之辛丑房琯以中軍北軍及安祿山之衆戰于陳濤斜敗績癸卯琯又以南軍戰敗績是月遣永王璘朝上皇天帝于蜀郡璘反丹徒郡太守閻敬之及璘戰于伊婁埭死之十一月辛卯河西地震戊午崔渙爲江南宣慰使郭子儀率回紇及安祿山戰于河上敗之史思明寇太原十二月安祿山陷魯東平濟陰三郡戊子給復平原郡二載安祿山陷潁川執太守薛愿及長史龐堅是歲吐蕃陷巂州嶺南溪獠梁崇牽陷容州

二載正月永王璘陷鄱陽郡乙卯安慶緒弑其父祿山丙寅河西兵馬使孟庭倫殺其節度使周佖以武威郡反乙亥安慶緒將尹子奇寇睢陽郡張巡敗之二月戊子次于鳳翔李光弼及安慶緒之衆戰于太原敗之丁酉關西節度兵馬使郭英乂及安慶緒戰于武功敗績慶緒陷馮翊郡太守蕭賁死之慶緒將蔡希德寇太原戊戌庶人璘伏誅庚子郭子儀及安慶緒戰于潼關敗之壬寅河西判官崔偁克武威郡孟庭倫伏誅甲辰郭子儀及安慶緒戰于永豐倉敗

之大將李韶光王祚死之三月辛酉韋見素裴冕罷憲部尚書致仕苗晉卿爲左相四月戊寅郭子儀爲關內河東副元帥壬午瘞陣亡者庚寅郭子儀及安慶緒將李歸仁戰于劉運橋敗之五月癸丑子儀及慶緒將安守忠戰于清渠敗績丁巳房琯罷諫議大夫張鎬爲中書侍郎同中書門下平章事六月癸未尹子奇寇睢陽丁酉南充郡民何滔執其太守楊齊魯以反劍南節度使盧元裕敗之七月己酉太白經天丁巳安慶緒將安武臣陷陝郡八月丁丑焚長春宮甲申崔渙罷張鎬兼河南節度使都統淮南諸軍事靈昌郡太守許叔冀奔于彭城癸巳大閱閏月甲寅安慶緒寇好畤渭北節度使李光進敗之丁卯廣平郡王俶爲天下兵馬元帥郭子儀副之以朔方安西回紇南蠻大食兵討安慶緒辛未京畿採訪宣慰使崔光遠及慶緒戰于駱谷敗之行軍司馬王伯倫戰于苑北死之九月丁丑慶緒陷上黨郡執節度使程千里壬寅廣平郡王俶及慶緒戰于灃水敗之癸卯復京師慶緒奔于陝郡尚書左僕射裴冕告太清宮郊廟社稷五陵宣慰百姓十月戊申廣平郡王俶及安慶緒戰于新店敗之

克陝郡壬子復東京慶緒奔于河北與平軍兵馬使李奐及慶緒之衆戰于武關敗之克上洛郡吐蕃陷西平郡癸丑安慶緒陷睢陽太守許遠及張巡鄆州刺史姚誾左金吾衞將軍南霽雲皆死之癸亥給復鳳翔五載版授父老官遣太子太師韋見素迎上皇天帝于蜀郡丁卯至自靈武饗于太廟哭三日己巳關內節度使王思禮及安慶緒戰于絳郡敗之十一月丙子張鎬率四鎮伊西北庭行營兵馬使李嗣業陝西節度使來瑱河南都知兵馬使嗣吳王祇克河南郡縣庚子作九廟神主告享于長樂殿十二月丙子上皇天帝至自蜀郡甲寅苗晉卿爲中書侍郎同中書門下平章事戊午大赦靈武元從蜀郡扈從官三品以上予一子官四品以下一子出身瘞陣亡者致祭之給復其家二載免天下租庸來歲三之一禁珠玉寶鈿平脫金泥刺繡復諸州及官名以蜀郡爲南京鳳翔郡爲西京西京爲中京給復潞州五載并鄧許滑宋五州雍丘好時奉先縣二載益州三載賜文武官階勳爵父老八十以上版授加緋衣銀魚民酺五日廣平郡王俶爲太尉進爵楚王苗晉卿爲侍中崔圓爲中書令李麟同

中書門下三品進封子南陽郡王係爲趙王新城郡王僅彭王潁川郡王僩兗
王東陽郡王侹涇王封子傃爲襄王倕杞王偲召王佋興王侗定王乙丑史思
明降壬申達奚珣等伏誅
乾元元年正月戊寅上皇天帝御宣政殿授皇帝傳國受命寶符冊號曰光天
文武大聖孝感皇帝乙酉出宮女三千人庚寅大閱二月癸卯安慶緒將能元
皓以淄青降以元皓爲河北招討使乙巳上上皇天帝冊號曰聖皇天帝丁未
大赦改元贈死事及拒僞命者官成都靈州扈從三品以上予一子官五品以
上一子出身六品以下敘進之免陷賊州三歲稅賜文武官階爵三月甲戌徙
封俶爲成王戊寅立淑妃張氏爲皇后四月辛亥祔神主于太廟甲寅朝享于
太廟有事于南郊乙卯大赦賜文武官階勳爵天下非租庸毋輒役使有能賑
貧窮寵以官爵京官九品以上言事二王三恪予一子官史思明殺范陽節度
副使烏承恩以反五月戊子張鎬罷乙未崔圓李麟罷太常少卿王璵爲中書
侍郎同中書門下平章事七月党項羌寇邊九月丙子招討党項使王仲昇殺

拓拔戎德庚寅郭子儀率李光弼李嗣業王思禮淮西節度使魯炅興平軍節度使李奐滑濮節度使許叔冀平盧兵馬使董秦鄭蔡節度使季廣琛以討安慶緒癸巳大食波斯寇廣州十月甲辰立成王俶爲皇太子大赦賜文武官階爵五品以上子爲父後者勳兩轉舉忠正孝友堪東宮官者十一月壬申王思禮及安慶緒戰于相州敗之十二月庚戌戶部尚書李峘都統淮南江東江西節度使丁卯史思明陷魏州

二年正月己巳羣臣上尊號曰乾元大聖光天文武孝感皇帝郭子儀及安慶緒戰于愁思岡敗之丁丑祠九宮貴神戊寅耕籍田二月壬戌中書門下慮囚三月己巳皇后親蠶壬申九節度之師潰于滏水史思明殺安慶緒東京留守崔圓河南尹蘇震汝州刺史賈至奔于襄鄧郭子儀屯于東京丁亥以旱降死罪流以下原之流民還者給復三年甲午兵部侍郎呂諲同中書門下平章事乙未苗晉卿王璵罷京兆尹李峴爲吏部尚書中書舍人李揆爲中書侍郎戶部侍郎第五琦同中書門下平章事丙申郭子儀爲東畿山南東河南等道諸

節度防禦兵馬元帥四月庚子王思禮及史思明戰于直千嶺敗之壬寅詔減
常膳服御武德中尚作坊非賜蕃客戎祀所須者皆罷之五月辛巳貶李峴爲
蜀州刺史七月辛巳趙王係爲天下兵馬元帥李光弼副之辛卯呂諲罷八月
乙巳襄州防禦將康楚元張嘉延反逐其刺史王政九月甲子張嘉延陷荆州
丁亥太子少保崔光遠爲荆襄招討山南東道處置兵馬使庚寅史思明陷東
京及齊汝鄭滑四州十月乙巳李光弼及史思明戰于河陽敗之壬戌呂諲起
復十一月庚午貶第五琦爲忠州刺史十二月乙巳康楚元伏誅史思明寇陜
州神策軍將衛伯玉敗之
上元元年三月丙子降死罪流以下原之四月戊申山南東道將張維瑾反殺
其節度使史翽丁巳有彗星出于婁胃己未來瑱爲山南東道節度使以討張
維瑾閏月辛酉有彗星出于西方甲戌徙封係爲越王己卯大赦改元賜文武
官爵追封太公望爲武成王復死刑三覆奏是月大饑張維瑾降五月丙午太
子太傅苗晉卿爲侍中壬子呂諲罷六月乙丑鳳翔節度使崔光遠及羌渾党

項戰于涇隴敗之乙酉又敗之于普潤李光弼及史思明戰于懷州敗之七月丁未聖皇天帝遷于西內十一月甲午揚州長史劉展反陷潤州丙申陷昇州壬子李峘淮南節度使鄧景山及劉展戰于淮上敗績是歲吐蕃陷廓州西原蠻寇邊桂州經略使邢濟敗之

二年正月甲寅降死罪流以下原之乙卯劉展伏誅二月己未奴剌党項羌寇寶雞焚大散關寇鳳州刺史蕭愧死之鳳翔尹李鼎敗之戊寅李光弼及史思明戰于北邙敗績思明陷河陽癸未貶李揆爲袁州長史河中節度使蕭華爲中書侍郎同中書門下平章事乙酉來瑱及史思明戰于魯山敗之三月甲午史朝義寇陝州神策軍節度使衛伯玉敗之戊戌史朝義殺其父思明李光弼罷副元帥四月己未吏部侍郎裴遵慶爲黃門侍郎同中書門下平章事乙亥青密節度使尚衡及史朝義戰敗之丁丑兗鄆節度使能元皓又敗之壬午劍南東川節度兵馬使段子璋反陷綿州遂州刺史嗣虢王巨死之節度使李奐奔于成都五月甲午史朝義將令狐彰以滑州降戊戌平盧軍節度使侯希逸

及史朝義戰于幽州敗之庚子李光弼爲河南道副元帥劍南節度使崔光遠克東川段子璋伏誅七月癸未朔日有食之八月辛巳殿中監李國貞都統朔方鎮西北庭興平陳鄭河中節度使九月壬寅大赦去乾元大聖光天文武孝感號去上元號稱元年以十一月爲歲首月以斗所建辰爲名賜文武官階勳爵版授侍老官先授者敘進之停四京號元年建子月癸巳曹州刺史常休明及史朝義將薛㟧戰敗之己亥朝聖皇天帝于西内丙午衛伯玉及史朝義戰于永寧敗之己酉朝獻于太清宮庚戌朝享于太廟及元獻皇后廟建丑月辛亥有事于南郊己未來瑱及史朝義戰于汝州敗之乙亥侯希逸及朝義將李懷仙戰于范陽敗之

寶應元年建寅月甲申追冊靖德太子琮爲皇帝妃竇氏爲皇后乙酉葬王公妃主遇害者丙戌盜發敬陵惠陵甲辰李光弼克許州吐蕃請和戊申史朝義陷營州建卯月辛亥大赦賜文武官階爵五品以上清望及郎官御史薦流人有行業情可矜者停貢鷹鷂狗豹以京兆府爲上都河南府爲東都鳳翔府爲

西都江陵府爲南都太原府爲北都壬子羌渾奴刺寇梁州癸丑河東軍亂殺其節度使鄧景山都知兵馬使辛雲京自稱節度使乙丑河中軍亂殺李國貞及其節度使荔非元禮戊辰淮西節度使王仲昇及史朝義將謝欽讓戰于申州敗績庚午郭子儀知朔方河中北庭潞儀澤沁節度行營與平定國軍兵馬副元帥壬申鄜州刺史成公意及党項戰敗之建辰月壬午大赦官吏聽納贓免罪左降官及流人罰鎮効力者還之甲午奴刺寇梁州戊申蕭華罷戶部侍郎元載同中書門下平章事建巳月庚戌史朝義寇澤州刺史李抱玉敗之壬子楚州獻定國寶玉十有三甲寅聖皇天帝崩乙丑皇太子監國大赦改元年爲寶應元年復以正月爲歲首建巳月爲四月丙寅閑廄使李輔國飛龍廄副使程元振遷皇后于別殿殺越王係兗王僩是夜皇帝崩于長生殿年五十二

代宗睿文孝武皇帝諱豫肅宗長子也母曰章敬皇后吳氏玄宗諸孫百餘人代宗最長爲嫡皇孫聰明寬厚喜慍不形於色而好學強記通易象初名俶封廣平郡王安祿山反玄宗幸蜀肅宗留討賊代宗常從於兵間肅宗已即位郭

子儀等兵討安慶緒未克肅宗在岐至德二載九月以廣平郡王爲天下兵馬元帥率朔方安西回紇南蠻大食等兵二十萬以進討百官送于朝堂過闕而下步出木馬門然後復騎以安西北庭行營節度使李嗣業爲前軍朔方河西隴右節度使郭子儀爲中軍關內行營節度使王思禮爲後軍屯于香積寺敗賊將安守忠斬首六萬級賊將張通儒守長安聞守忠敗棄城走遂克京城乃留思禮屯于苑中代宗率大軍以東安慶緒遣其將嚴莊拒于陝州代宗及子儀嗣業戰陝西大敗之安慶緒奔于河北遂克東都肅宗還京師十二月進封楚王

乾元元年三月徙封成王四月立爲皇太子初太子生之歲豫州獻嘉禾於是以爲祥乃更名豫肅宗去上元三年號止稱元年月以斗所建辰爲名元年建巳月肅宗寢疾乃詔皇太子監國而楚州獻定國寶十有三因曰楚者太子之所封今天降寶於楚宜以建元乃以元年爲寶應元年肅宗張皇后惡李輔國欲圖之召問太子太子不許乃與越王係謀之肅宗疾革四月丁卯皇后與係

將召太子入宮飛龍副使程元振得其謀以告輔國輔國止太子無入率兵入殺係及兗王僩幽皇后于別殿是夕肅宗崩乃迎太子見羣臣於九仙門明日發喪己巳即皇帝位于柩前癸酉始聽政甲戌奉節郡王适爲天下兵馬元帥郭子儀罷副元帥乙亥進封适爲魯王五月壬午李輔國爲司空庚寅追尊母爲皇太后丙申李光弼及史朝義戰于宋州敗之丁酉大赦刺史予一子官賜文武官階爵子爲父後者勳一轉免民逋租宿負進封子益昌郡王邈爲鄭王延慶郡王迥韓王追復庶人王氏爲皇后瑛瑤琚皆復其封號六月辛亥追廢皇后張氏越王係兗王僩皆爲庶人七月乙酉殺山南東道節度使裴茂癸巳劍南西川兵馬使徐知道反八月己未知道伏誅辛未台州人袁鼂反乙亥徙封适爲雍王九月戊子鳳州刺史呂日將及党項羌戰于三嵳谷敗之丙申回紇請助戰壬寅大閱癸卯袁鼂陷信州十月乙卯陷温明二州詔浙江水旱百姓重困州縣勿輒科率民疫死不能葬者爲瘞之辛酉雍王适討史朝義壬戌盜殺李輔國癸酉雍王适克懷州甲戌敗史朝義于橫水克河陽東都史朝義

將張獻誠以汴州降十一月丁亥朝義將薛嵩以相衞洺邢四州降丁酉朝義
將張忠志以趙定深恆易五州降己亥朔方行營節度使僕固懷恩爲朔方河
北副元帥十二月己酉太府左藏庫火戊辰瘞京城內外暴骨甲戌李光弼及
袁鼂戰于衢州敗之是歲舒州人楊昭反殺其刺史劉秋子西原蠻叛吐蕃寇
秦成渭三州
廣德元年正月癸未京兆尹劉晏爲吏部尚書同中書門下平章事甲申史朝
義自殺其將李懷仙以幽州降田承嗣以魏州降壬寅山陵使山南東道節度
使來瑱有罪伏誅三月甲辰山南東道兵馬使梁崇義自南陽入于襄州丁未
李光弼及袁鼂戰敗之辛酉葬至道大聖大明孝皇帝于泰陵甲子党項羌寇
同州郭子儀敗之于黃堆山庚午葬文明武德大聖大宣孝皇帝于建陵六月
同華節度使李懷讓自殺七月壬寅羣臣上尊號曰寶應元聖文武孝皇帝壬
子大赦改元免民逋負戶三丁免其一庸調給復河北三年回紇行營所經免
今歲租賜內外官階勳爵給功臣鐵券藏名于太廟圖形于淩煙閣吐蕃陷隴

右諸州八月僕固懷恩反九月壬寅裴遵慶宣慰僕固懷恩于汾州乙丑涇州刺史高暉叛附于吐蕃十月庚午吐蕃陷邠州辛未寇奉天武功京師戒嚴壬申雍王适爲關內兵馬元帥郭子儀副之癸酉渭北行營兵馬使呂日將及吐蕃戰于盩厔敗之乙亥又戰于盩厔敗績丙子如陝州丁丑次華陰豐王珙有罪伏誅戊寅吐蕃陷京師立廣武郡王承宏爲皇帝辛巳次陝州癸巳吐蕃潰郭子儀復京師南山五谷人高玉反十一月壬寅廣州市舶使呂太一反逐其節度使張休十二月辛未劉晏宣慰上都甲午至自陝州乙未苗晉卿裴遵慶罷檢校禮部尚書李峴爲黃門侍郎同中書門下平章事丙申放承宏于華州吐蕃陷松維二州西原蠻陷道州

二年正月丙午詔舉堪御史諫官刺史縣令者乙卯立雍王适爲皇太子癸亥劉晏李峴罷右散騎常侍王縉爲黃門侍郎太常卿杜鴻漸爲兵部侍郎同中書門下平章事郭子儀兼河東副元帥二月辛未僕固懷恩殺朔方軍節度留後渾釋之癸酉朝獻于太清宮甲戌朝享于太廟乙亥有事于南郊己丑大赦

賜內外官階爵武德功臣子孫予一人官成都靈武元從三品以上加賜爵一級餘加一階寶應功臣三品以上官一子仍賜爵一級餘加階勳兩轉五品以上爲父後者勳兩轉三月辛丑給復河南府二年甲子盛王琦薨四月甲午禁鈿作珠翠五月洛水溢六月丁卯有星隕于汾州七月庚子初稅青苗己酉李光弼薨八月丙寅王縉爲侍中都統河南淮南山南東道節度行營事壬申王縉罷侍中癸巳吐蕃寇邠州邠寧節度使白孝德敗之于宜祿九月己未劍南節度使嚴武及吐蕃戰于當狗城敗之是秋有蝗十月丙寅吐蕃寇邠州丁卯寇奉天京師戒嚴庚午嚴武克吐蕃鹽川城辛未朔方兵馬使郭晞及吐蕃戰于邠西敗之是月突厥寇豐州守將馬望死之十一月乙未吐蕃軍潰京師解嚴河西節度使楊志烈及僕固懷恩戰于靈州敗績癸丑袁鼂伏誅免越州今歲田租之半給復溫台明三州一年十二月乙丑高玉伏誅丙寅衆星隕是歲西原蠻陷邵州

永泰元年正月癸巳大赦改元是月歙州人殺其刺史龐濬二月戊寅党項羌

寇富平庚辰儀王璲薨三月庚子雨木冰庚戌吐蕃請和辛亥大風拔木四月己巳自春不雨至于是而雨是夏盩厔穭麥生七月辛卯平盧淄青兵馬使李懷玉逐其節度使侯希逸八月庚辰王縉爲河南副元帥僕固懷恩及吐蕃回紇党項羌渾奴剌寇邊九月庚寅命百官觀浮屠象于光順門辛卯太白經天甲辰吐蕃寇醴泉奉天党項羌寇同州渾奴剌寇盩厔京師戒嚴己酉屯于苑郭子儀屯于涇陽丁巳同華節度使周智光及吐蕃戰于澄城敗之智光入于鄜州殺其刺史張麟遂焚坊州十月沙陀殺楊志烈己未吐蕃至邠州與回紇寇邊辛酉寇奉天癸亥寇同州乙丑寇興平丁卯回紇党項羌請降癸酉郭子儀及吐蕃戰于靈臺敗之京師解嚴閏月辛卯朔方副將李懷光克靈州辛亥劍南西山兵馬使崔旰反寇成都節度使郭英乂奔于靈池普州刺史韓澄殺之癸丑斂民貲作浮屠供

大曆元年二月吐蕃遣使來朝壬子杜鴻漸爲山南西道劍南東西川邛南西山等道副元帥三月癸未劍南東川節度使張獻誠及崔旰戰于梓州敗績七

月癸酉洛水溢九月辛巳吐蕃陷原州十一月甲子大赦改元給復流民歸業者三年十二月己亥有彗星出于瓠瓜癸卯周智光反殺虢州刺史龐充是冬無雪鄭王邈爲天下兵馬元帥

二年正月丁巳郭子儀討周智光己未同華將李漢惠以同州降甲子周智光伏誅淮西節度使李忠臣入于華州戊寅給復同華二州二年八月壬寅殺駙馬都尉姜慶初九月甲寅吐蕃寇靈州乙卯寇邠州郭子儀屯于涇陽京師戒嚴乙丑晝有星流于南方是秋桂州山獠反十月戊寅朔方軍節度使路嗣恭及吐蕃戰于靈州敗之京師解嚴十一月辛未雨木冰壬申京師地震

三年二月癸巳商州兵馬使劉洽殺其刺史殷仲卿三月乙巳朔日有食之五月乙卯追號齊王倓爲皇帝與信公主女張氏爲皇后癸亥地震六月壬寅幽州兵馬使朱希彩殺其節度使李懷仙自稱留後閏月庚午王縉兼幽州盧龍軍節度使七月壬申瀘州刺史楊子琳反陷成都劍南節度留後崔寬敗之克成都子琳殺夔州別駕張忠戊寅吐蕃遣使來朝八月己酉吐蕃寇靈州丁卯

寇邠州京師戒嚴戊辰邠寧節度使馬璘及吐蕃戰敗之庚午王縉兼河東節度使九月丁丑濟王環薨壬午吐蕃寇靈州朔方將白元光敗之壬辰又敗之于靈武戊辰京師解嚴十二月辛酉涇原兵馬使王童之謀反伏誅

四年正月甲戌殺潁州刺史李岵二月乙卯杜鴻漸罷副元帥丙辰京師地震三月遣御史稅商錢甲戌免京兆今歲稅五月丙戌京師地震六月戊申王縉罷副元帥都統七月癸未降死罪流以下原之十月丁巳大霧十一月辛未禁畿內弋獵壬申杜鴻漸罷癸酉元載權知門下省事甲戌吐蕃寇靈州朔方軍節度留後常謙光敗之丙子左僕射裴冕同中書門下平章事癸巳裴冕兼河南淮西山南東道副元帥十二月戊戌裴冕薨是歲廣州人馮崇道桂州人朱濟時反容管經略使王翃敗之

五年正月辛卯鳳翔節度使李抱玉爲河西隴右山南西道副元帥三月癸酉內侍監魚朝恩有罪自殺丙戌以昭陵皇堂有光赦京兆關輔四月庚子湖南兵馬使臧玠殺其團練使崔灌己未有彗星出于五車五月己卯有彗星出于

北方六月己未以彗星滅降死罪流以下原之錄魏徵王珪李靖李勣房玄齡杜如晦之後是歲湖南將王國良反及西原蠻寇州縣

六年二月壬寅李抱玉罷山南西道副元帥三月王翃敗梁崇牽克容州四月戊寅藍田西原地陷禁大綱竭鑿六破錦及文紗吳綾爲龍鳳麒麟天馬辟邪者五月戊申殺殿中侍御史陸珽成都府司錄參軍事李少良大理評事韋頌

七年二月庚午江水汎溢五月乙酉大雨雹大風拔木乙未以旱大赦減膳撤樂是秋幽州盧龍將李懷瑗殺其節度使朱希彩經略軍副使朱泚自稱留後十月乙亥以淮南旱免租庸三之二十一月庚辰免巴蓬渠集壁充通開八州二歲租庸十二月丙寅雨土有長星出于參

八年正月甲辰詔京官三品以上及郎官御史歲舉刺史縣令一人五月辛卯鄭王邈薨壬寅赦京師癸卯降死罪流以下原之八月己未吐蕃寇靈州郭子儀敗之于七級渠甲子廢華州屯田給貧民九月壬午循州刺史哥舒晃反殺嶺南節度使呂崇賁戊子詔京官五品以上兩省供奉官郎官御史言事十月

庚申吐蕃寇涇邠丙寅朔方兵馬使渾瑊及吐蕃戰于宜祿敗績涇原節度使
馬璘及吐蕃戰于潘原敗之
九年二月辛未徐州兵亂逐其刺史梁乘四月壬辰大赦十月壬申信王瑝薨
乙亥涼王璿薨壬辰降京師死罪流以下原之
十年正月丁酉昭義軍兵馬使裴志清逐其節度使薛㟧叛附于田承嗣壬寅
壽王瑁薨戊申田承嗣反癸丑承嗣陷洺州乙卯劍南西川節度使崔寧及吐
蕃戰于西山敗之二月乙丑田承嗣陷衞州刺史薛雄死之辛未封子述爲睦
王逾郴王連恩王遘鄜王造忻王暹韶王運嘉王遇端王遹循王通恭王逵原
王逸雅王丙子河陽軍亂逐三城使常休明三月甲午陝州軍亂逐其觀察使
李國清四月癸未河東節度使薛兼訓等討田承嗣給復昭義五州二年甲申
大雨雹大風拔木五月乙未魏博將霍榮國以磁州降甲寅大雨雹大風拔木
震闕門六月甲戌成德軍節度使李寶臣及田承嗣戰于冀州敗之七月己未
杭州海溢八月己丑田承嗣寇磁州九月壬寅降京師死罪流以下原之壬子

吐蕃寇臨涇癸丑寇隴州丙辰李抱玉敗之于義寧丁巳馬璘又敗之于百里城十月辛酉朔日有食之甲子昭義軍節度使李承昭及田承嗣戰于清水敗之丙寅貴妃獨孤氏薨丁卯追冊爲皇后十一月丁酉魏博將吳希光以瀛州降丁未嶺南節度使路嗣恭克廣州哥舒晃伏誅

十一年正月庚寅田承嗣降辛亥崔寧及吐蕃戰敗之五月汴宋都虞候李靈耀反殺濮州刺史孟鑒七月庚寅田承嗣寇滑州永平軍節度使李勉敗績八月甲申淮西節度使李忠臣河陽三城使馬燧及李勉討李靈耀閏月丁酉太白晝見九月乙丑李忠臣馬燧及李靈耀戰于鄭州敗績十月乙酉戰于中牟敗之壬辰忠臣又敗之于西梁固壬寅淮南節度使陳少遊及李靈耀戰于汴州敗之丙子田承嗣以兵援靈耀李忠臣敗之于匡城甲寅靈耀伏誅

十二年三月庚午赦田承嗣辛巳元載有罪伏誅貶王縉爲括州刺史四月壬午太常卿楊綰爲中書侍郎禮部侍郎常袞爲門下侍郎同中書門下平章事癸巳詔諫官獻封事勿限時側門論事者隨狀面奏六品以上官言事投匭者

無勸副章丁酉吐蕃寇黎雅二州崔寧敗之是月金州人卓英璘反六月乙巳
英璘伏誅給復金州二年丁未以旱降京師死罪流以下原之七月己巳楊綰
薨丙子詔尚書御史大夫左右丞侍郎舉任刺史者九月庚午吐蕃寇坊州是
秋河溢十一月壬子山南西道節度使張獻恭及吐蕃戰于岷州敗之十二月
丁亥崔寧及吐蕃戰于西山敗之是歲恆定趙三州地震冬無雪
十三年正月戊辰回紇寇幷州癸酉河東節度留後鮑防及回紇戰于陽曲敗
績二月庚辰代州刺史張光晟及回紇戰于羊虎谷敗之四月甲辰吐蕃寇靈
州常謙光敗之十月己丑禁京畿持兵器捕獵是歲郴州黄岑山崩
十四年二月癸未魏博節度使田承嗣卒其兄子悅自稱留後三月丁未汴宋
將李希烈逐其節度使李忠臣自稱留後五月辛酉不豫詔皇太子監國是夕
皇帝崩于紫宸內殿年五十三
贊曰天寶之亂大盜遽起天子出奔方是時肅宗以皇太子治兵討賊真得其
職矣然以僖宗之時唐之威德在人紀綱未壞孰與天寶之際而僖宗在蜀諸

鎮之兵糾合戮力遂破黃巢而復京師由是言之肅宗雖不卽尊位亦可以破

賊矣蓋自高祖以來三遜于位以授其子而獨睿宗上畏天戒發於誠心若高

祖玄宗豈其志哉代宗之時餘孽猶在平亂守成蓋亦中材之主也

唐書卷六

唐書卷六考證

代宗紀乾元元年八月乙亥徙封适爲雍王○舊書作九月丁丑朔 臣酉按德

宗紀當從新書

廣德元年正月甲申史朝義自殺其將李懷仙以幽州降○舊書在寶應元年

十一月

唐書卷六考證

唐書卷七

宋　翰　林　學　士　歐　陽　修　撰

本紀第七

德宗神武聖文皇帝諱适代宗長子也母曰睿真皇太后沈氏初沈氏以開元末選入代宗宮安祿山之亂玄宗避賊于蜀諸王妃妾不及從者皆爲賊所得拘之東都之掖廷代宗克東都得沈氏留之宮中史思明再陷東都遂失所在肅宗元年建丑月封德宗奉節郡王代宗卽位史朝義據東都乃以德宗爲天下兵馬元帥進封魯王八月徙封雍王寶應元年十月屯于陝州諸將進擊史朝義敗之朝義走河北遂克東都十一月史朝義死幽州守將李懷仙斬其首來獻河北平以功兼尚書令與功臣郭子儀李光弼等皆賜鐵券圖形淩煙閣廣德二年二月立爲皇太子大曆十四年五月辛酉代宗崩癸亥卽皇帝位于太極殿閏月甲戌貶常袞爲河南少尹以河南少尹崔祐甫爲門下侍郎同中書門下平章事丙子罷諸州府及新羅渤海貢鷹鷂戊寅罷山南貢枇杷江南

甘橘非供宗廟者辛巳罷邕府歲貢奴婢癸未罷梨園樂工三百人劍南貢生
春酒甲申郭子儀爲尚父兼太尉中書令丙戌罷獻祥瑞貢器以金銀飾者還
之丁亥出宮人放舞象三十有二于荊山之陽六月己亥大赦賜文武官階爵
民爲戶者占爵一級減乘輿服御士庶田宅車服踰制者有司爲立法度禁百
官置邸販鬻武德至德將相有功者子孫予官庚子進封子宣城郡王誦爲宣
王封子謨爲舒王諶通王諒虔王詳肅王謙資王乙巳封弟迺爲益王迅隋王
遂蜀王丙午詔六品以上清望官日二人待制癸丑命皇族五等以上居四方
者家一人赴山陵己未罷揚州貢鏡幽州貢麝癸亥舉可刺史京令者七月戊
辰朔日有食之庚午弛邕州金坑禁辛卯罷榷酤八月甲辰道州司馬楊炎爲
門下侍郎懷州刺史喬琳爲御史大夫同中書門下平章事乙巳還吐蕃俘十
月丁酉吐蕃雲南蠻寇黎茂文扶四州鳳翔節度使朱泚金吾衛大將軍曲環
敗之于七盤城己酉葬睿文孝武皇帝于元陵戊午罷九成宮貢立獸炭襄州
蔗藕工辛酉以沙苑豢豕三千給貧民十一月壬午喬琳罷十二月乙卯立宣

王誦爲皇太子丙寅晦日有食之

建中元年正月丁卯改元羣臣上尊號曰聖神文武皇帝己巳朝獻于太清宮庚午朝享于太廟辛未有事于南郊大赦賜文武官階勳爵遣黜陟使于天下賜子爲父後者勳兩轉二月丙申初定兩稅四月乙未四鎮北庭行軍別駕劉文喜反于涇州伏誅己亥地震六月甲午崔祐甫薨七月丙寅王國良降己丑殺忠州刺史劉晏八月丁巳遙尊母沈氏爲皇太后九月己卯雷庚寅睦王述爲奉迎皇太后使是冬無雪黃河滹沱易水溢

二年正月戊辰成德軍節度使李寶臣卒其子惟岳自稱留後幽州盧龍軍節度使朱滔討之魏博節度使田悅反神策都虞候李晟河東節度使馬燧昭義軍節度使李抱眞河陽節度副使李芃討之永平軍節度使李勉爲汴滑陳懷鄭汝陝河陽三城宋亳潁節度都統二月乙巳御史大夫盧杞爲門下侍郎同中書門下平章事乙卯振武軍亂殺其使彭令芳及監軍劉惠光丁巳發兵屯關東誓師于望春樓山南東道節度使梁崇義反五月京師雨雹庚申置待詔

官三十人六月熒惑太白鬬于東井癸巳淮寧軍節度使李希烈爲漢南漢北兵馬招討使以討梁崇義辛丑郭子儀薨七月庚申楊炎罷檢校尚書右僕射侯希逸爲司空前永平軍節度使張鎰爲中書侍郎同中書門下平章事侯希逸薨癸未馬燧李抱真及田悅戰于臨洺敗之八月劒南西川節度使張延賞東川節度使王叔邕山南東道節度使賈耽荆南節度使李昌巙陳少遊討梁崇義以李希烈爲諸軍都統辛卯平盧軍節度使李正己卒其子納自稱留後壬子梁崇義伏誅九月李納陷宋州李惟岳將張孝忠以易定二州降壬戌賜立功士卒帛稾死事家三歲十月戊申李納將李洧以徐州降十一月辛酉納寇徐州宣武軍節度使劉洽敗之于七里溝丁丑馬燧及田悅戰于雙岡敗之甲申李納將王涉以海州降十二月丁酉馬萬通以密州降馬燧爲魏博招討使是歲殺崖州司馬楊炎

三年正月丙寅朱滔成德軍節度使張孝忠及李惟岳戰于東鹿敗之辛未減常膳及太子諸王食物復榷酤癸未李納陷海密二州閏月乙未李惟岳將康

日知以趙州降甲辰惟岳伏誅其將楊榮國以深州降庚戌馬燧及田悅戰于洹水敗之是月悅將李再春以博州降田昂以洺州降二月戊午李惟岳將楊政義以定州降甲戌給復易定深趙恆冀六州三年赦吏民爲李惟岳迫脅者己卯震通化門四月戊午李納將李士眞以德棣二州降甲子借商錢甲戌昭義軍節度副使盧玄卿爲魏博澶相招討使戊寅張鎰罷壬午殺殿中侍御史鄭詹是月朱滔反陷德棣二州五月辛卯朔方軍節度使李懷光討田悅六月甲子京師地震恆冀觀察使王武俊反辛巳李懷光馬燧李芃李抱眞及朱滔王武俊田悅戰于連篋山敗績七月壬辰殿中丞李雲端謀反伏誅癸巳停借商錢令八月癸丑演州司馬李孟秋峯州刺史皮岸反伏誅九月丁亥初稅商錢茶漆竹木十月丙辰吏部侍郎關播爲中書侍郎同中書門下平章事李希烈反丙子肅王詳薨

四年正月丁亥鳳翔節度使張鎰及吐蕃尚結贊盟于清水庚寅李希烈陷汝州執刺史李元平戊戌東都汝行營節度使哥舒曜討李希烈二月丁卯克汝

州三月辛卯李希烈寇鄂州刺史李兼敗之丁酉荊南節度使張伯儀及李希烈戰于安州敗績四月庚申李勉爲淮西招討處置使哥舒曜副之張伯儀爲淮西應援招討使賈耽江南西道節度使嗣曹王皐副之甲子京師地震生毛丙子哥舒曜及李希烈戰于潁橋敗之五月辛巳京師地震乙酉潁王璬薨乙未劉洽爲淄青兗鄆招討制置使六月庚戌稅屋間架算除陌錢丁卯徙封逾爲丹王遘爲簡王七月馬燧爲魏博澶相節度招討使壬辰盧杞關播李忠臣及吐蕃區頰贊盟于京師八月丁未李希烈寇襄城乙卯希烈將曹季昌以隋州降庚申有星隕于京師九月丙戌神策軍行營兵馬使劉德信及李希烈戰于扈澗敗績庚子舒王謨爲荊襄江西沔鄂節度諸軍行營兵馬都元帥徙封普王十月涇原節度使姚令言反犯京師戊申如奉天朱泚反庚戌泚殺司農卿段秀實及左驍衛將軍劉海賓鳳翔後營將李楚琳殺其節度使張鎰自稱留後癸丑李希烈陷襄城宣武軍兵馬使高翼死之甲寅朱泚殺涇原節度都虞候何明禮乙卯殺尚書右僕射崔寧丁巳戶部尚書蕭復爲吏部尚書吏部郎

中劉從一爲刑部侍郎京兆府戸曹參軍翰林學士姜公輔爲諫議大夫同中書門下平章事朱泚犯奉天禁軍敗績于城東辛酉靈鹽節度留後杜希全鄜坊節度使李建徽及朱泚戰于漠谷敗績癸亥劉德信及泚戰于思子陵敗之甲子行在都虞候渾瑊及泚戰于城下敗之左龍武軍大將軍呂希倩死之乙丑將軍高重傑死之是月商州軍亂殺其刺史謝良輔十一月劍南西川兵馬使張朏逐其節度使張延賞朏伏誅癸巳李懷光及朱泚戰于魯店敗之懷光爲中書令朔方邠寧同華陝虢河中晉絳慈隰行營兵馬副元帥十二月朱泚陷華州壬戌貶盧杞爲新州司馬庚午李希烈陷汴鄭二州

興元元年正月癸酉大赦改元去聖神文武號復李希烈田悅王武俊李納官爵赴奉天收京城將士有罪減三等子孫減二等在行營者賜勳五轉賜文武官階勳爵罷間架竹木茶漆稅及除陌錢給復奉天五年城中十年關播罷丙戌吏部侍郎盧翰爲兵部侍郎同中書門下平章事戊子蕭復爲山南東西荆湖淮南江西鄂岳浙江東西福建嶺南宣慰安撫使戊戌劉洽爲汴滑宋亳都

統副使二月甲子李懷光爲太尉懷光反丁卯如梁州懷光將孟庭保以兵來追左衛大將軍侯仲莊敗之于驛店三月李懷光奪鄜坊京畿金商節度使李建徽神策軍兵馬使楊惠元兵惠元死之癸酉魏博兵馬使田緒殺其節度使田悅自稱留後甲戌李懷光殺左廂兵馬使張名振右武鋒兵馬使石演芬丁亥李晟爲京畿渭北鄜坊丹延節度招討使神策行營兵馬使尚可孤爲神策京畿渭南商州節度招討使壬辰次梁州丁酉劉洽權知汴滑宋亳都統兵馬事己亥渾瑊爲朔方邠寧振武永平奉天行營兵馬副元帥四月李懷光陷坊州甲辰李晟爲京畿渭北商華兵馬副元帥甲寅姜公輔罷涇原兵馬使田希鑒殺其節度使馮河清自稱留後乙丑渾瑊及朱泚戰于武亭川敗之丁卯義王玭薨是月坊州刺史竇覦克坊州五月癸酉涇王侹薨丙子李抱真王武俊及朱滔戰于京城敗之壬辰尚可孤及朱泚戰于藍田之西敗之乙未李晟又敗之于苑北戊戌又敗之于白華復京師六月癸卯姚令言伏誅甲辰朱泚伏誅己酉李晟爲司徒中書令癸丑以梁州爲興元府給復一年耆老加版授甲

寅渾瑊爲侍中乙巳給復洋州一年加給興元一年免鳳州今歲稅父老加版
授七月丙子攻鳳翔免今歲秋稅八十以上版授刺史餘授上佐丁丑葬宗室
遇害者壬午至自興元丁亥李懷光殺宣慰使孔巢父辛卯大赦賜百官將士
階勳爵收京城者升八資給復京兆府一年是月嗣曹王皐及李希烈戰于應
山敗之八月癸卯李晟爲鳳翔隴右諸軍涇源四鎮北庭行營兵馬副元帥馬
燧爲晉慈隰諸軍行營兵馬副元帥渾瑊爲河中同絳陝虢諸軍行營兵馬副
元帥丙午渾瑊兼朔方行營兵馬副元帥己酉延王玢隋王迅薨十月辛丑李
勉檢校司徒同中書門下平章事閏月戊子李希烈將李澄以滑州降十一月
癸卯劉洽邠隴行營節度使曲環及李希烈戰于陳州敗之戊午克汴州乙丑
蕭復罷十二月乙酉渾瑊及李懷光戰于乾坑敗績是歲陳王珪薨
貞元元年正月丁酉大赦改元罷榷稅三月李懷光殺步軍兵馬使田仙浩都
虞候呂鳴岳丁未李希烈陷鄧州殺唐鄧隋招討使黃金岳是春旱四月乙丑
徙封誼爲舒王壬午渾瑊及李懷光戰于長春宮敗之丙戌馬燧渾瑊爲河中

招撫使六月己丑幽州盧龍軍節度使朱滔卒涿州刺史劉怦自稱留後辛卯劍南西川節度使張延賞爲中書侍郎同中書門下平章事戊子馬燧及李懷光戰于陶城敗之七月灞滻竭庚子大風拔木八月襲封配饗功臣子孫甲子以旱避正殿減膳甲戌李懷光伏誅己卯給復河中同絳二州一年馬燧爲侍中張延賞罷丙戌李希烈殺宣慰使顏真卿九月辛亥劉從一罷庚申幽州盧龍軍節度使劉怦卒其子濟自稱留後是秋雨木冰十一月癸卯有事于南郊大赦賜奉天興元扈從百官收京將士階勳爵

二年正月丙申詔減御膳之半賙貧乏者授以官壬寅盧翰罷吏部侍郎劉滋爲左散騎常侍給事中崔造中書舍人齊映同中書門下平章事二月癸亥山南東道節度使樊澤及李希烈戰于泌河敗之四月丙寅希烈伏誅甲戌雨土甲申給復淮西二年五月李希烈將李惠登以隨州降己酉地震六月癸未滄州刺史程日華卒其子懷直自稱觀察留後是月淮西兵馬使吳少誠殺其節度使陳仙奇自稱留後七月李希烈將薛翼以唐州降侯召以光州降八月丙

子大兩雹丙戌吐蕃寇邠寧涇隴四州九月乙巳寇好時李晟敗之于汧陽十月癸酉邠寧節度使韓游瓌又敗之于平川十一月甲午立淑妃王氏爲皇后丁酉皇后崩辛丑吐蕃陷鹽州十二月丁巳陷夏州馬燧爲綏銀麟勝招討使庚申崔造罷甲戌以吐蕃寇邊避正殿

三年正月壬寅尚書左僕射張延賞同中書門下平章事壬子劉滋罷貶齊映爲夔州刺史兵部侍郎柳渾同中書門下平章事二月己卯華州潼關節度使駱元光克鹽夏二州甲申葬昭德皇后于靖陵三月丁未李晟爲太尉辛亥馬燧罷副元帥五月揚州江溢吳少誠殺申州刺史張伯元殿中侍御史鄭常閏月辛未渾瑊及吐蕃盟于平涼吐蕃執會盟副使兵部尚書崔漢衡殺判官殿中侍御史韓弇戊寅太白晝見六月吐蕃寇鹽夏二州丙戌馬燧爲司徒前陝虢觀察使李泌爲中書侍郎同中書門下平章事七月甲子朔方節度使杜希全爲朔方靈鹽豐夏綏銀節度都統壬申張延賞薨八月辛巳朔日有食之己丑柳渾罷戊申吐蕃寇青石嶺隴州刺史蘇清沔敗之庚戌禁大馬出蒲潼武

闕九月丁巳吐蕃寇汧陽丙寅陷華亭及連雲堡十月甲申寇豐義韓游瓌敗之乙酉寇長武城城使韓全義敗之壬辰射生將韓欽緒謀反伏誅十一月己卯京師東都河中地震十二月庚辰獵于新店

四年正月庚戌朔京師地震大赦刺史予一子官增戶墾田者加階縣令減選九品以上官言事壬申劉玄佐爲四鎮北庭行營涇原節度副元帥是月金房二州地震江溢山裂雨木冰于陳留四月河南淮海地生毛己亥福建軍亂逐其觀察使吳詵大將郝誠溢自稱留後五月吐蕃寇涇邠寧慶鄜五州六月己亥封子謜爲邕王七月庚戌渾瑊爲邠寧慶副元帥癸丑寧州軍亂邠寧都虞候楊朝晟敗之己未奚室韋寇振武是月河水黑八月灞水溢九月庚申吐蕃寇寧州邠寧節度使張獻甫敗之冬築夾城是歲京師地震二十

五年正月甲辰朔日有食之二月庚子大理卿董晉爲門下侍郎御史大夫竇參爲中書侍郎同中書門下平章事三月甲辰李泌薨夏吐蕃寇長武城韓全義敗之于佛堂原九月丙午劍南西川節度使韋皐敗吐蕃于臺登北谷克巂

州十月嶺南節度使李復克瓊州
六年春旱閏四月乙卯詔常參官畿縣令言事免京兆府夏稅八月辛卯殺皇
太子妃蕭氏十一月戊辰朝獻于太清宮己巳朝享于太廟庚午有事于南郊
賜文武官階爵降因罪徒以下原之葬戰亡暴骨者是歲吐蕃陷北庭都護府
節度使楊襲古奔于西州
七年正月己巳襄王僙薨四月安南首領杜英翰反伏誅五月甲申端王遇薨
九月回鶻殺楊襲古十一月戊戌睦王述薨是冬無雪
八年二月庚子雨土三月甲申宣武軍節度使劉玄佐卒其子士寧自稱留後
四月吐蕃寇靈州丁亥殺左諫議大夫知制誥吳通玄乙未貶竇參爲郴州別
駕尚書左丞趙憬兵部侍郎陸贄爲中書侍郎同中書門下平章事五月己未
大風發太廟屋瓦癸酉平盧軍節度使李納卒其子師古自稱留後六月淮水
溢吐蕃寇連雲堡大將王進用死之九月丁巳韋皐及吐蕃戰于維州敗之十
一月壬子朔日有食之庚午山南西道節度使嚴震及吐蕃戰于黑水堡敗之

是月幽州盧龍軍節度使劉濟及其弟瀛州刺史澭戰于瀛州澭敗奔于京師

十二月甲辰獵于城東

九年正月癸卯復稅茶四月辛酉關輔河中地震五月甲辰義成軍節度使賈耽爲尚書右僕射尚書右丞盧邁同中書門下平章事丙午董晉罷八月庚戌李晟薨十一月癸未朝獻于太清宮甲申朝享于太廟乙酉有事于南郊大赦

十二月丙辰宣武軍將李萬榮逐其節度使劉士寧自稱留後

十年正月壬辰南詔蠻敗吐蕃于神川來獻捷四月癸卯朔赦京城戊申地震癸丑又震是月太白晝見六月丙寅韋皐敗吐蕃克峨和城自春不雨至于是月辛未雨大風拔木七月西原蠻叛八月陷欽橫潯貴四州十月昭義軍節度留後王虔休及攝洺州刺史元誼戰于雞澤敗之十二月丙辰獵于城南壬戌貶陸贄爲太子賓客

十一年四月丙寅奚寇平州劉濟敗之于青都山五月庚午中書門下慮囚八月辛亥馬燧薨九月橫海軍兵馬使程懷信逐其兄節度使懷直自稱留後十

月朗蜀二州江溢十二月戊辰獵于苑中
十二年二月己卯吐蕃寇嶲州刺史曹高仕敗之三月丙辰韶王暹薨四月庚午魏博節度使田緒卒其子季安自稱留後六月己丑宣武軍節度使李萬榮卒其子迺自稱兵馬使伏誅七月戊戌韓王迥薨八月己未朔日有食之丙戌趙憬薨九月吐蕃寇慶州十月甲戌右諫議大夫崔損給事中趙宗儒同中書門下平章事
十三年正月壬寅吐蕃請和四月辛酉以旱慮囚壬戌雩于興慶宮五月壬寅吐蕃寇嶲州曹高仕敗之庚戌義寧軍亂殺其將常楚客七月乙未京師地震九月己丑盧邁罷
十四年三月丙申鳳翔監軍使西門去奢殺其將夏侯衍五月己酉始雷閏月辛亥有星隕于西北辛酉長武城軍亂逐其使韓全義六月丙申歸化堡軍亂逐其將張國誠涇原節度使劉昌敗之七月壬申趙宗儒罷工部侍郎鄭餘慶爲中書侍郎同中書門下平章事九月丁卯杞王倕薨十二月壬寅明州將栗

鍠殺其刺史盧雲以反是冬無雪京師饑
十五年正月甲寅雅王逸薨壬戌郴州藍山崩二月乙酉宣武軍亂殺節度行
軍司馬陸長源宋州刺史劉逸準自稱留後三月甲寅彰義軍節度使吳少誠
反陷唐州守將張嘉瑜死之四月乙未栗鍠伏誅九月乙巳陳許節度留後上
官涗及吳少誠戰于臨頴敗績丙午少誠寇許州庚戌宣武軍節度使劉全諒
卒都知兵馬使韓弘自稱留後丙辰宣武河陽鄭滑東都汝成德幽州淄青魏
博易定澤潞河東淮南徐泗山南東西鄂岳軍討吳少誠十月己丑邕王謜薨
十一月丁未山南東道節度使于頔及吳少誠戰于吳房敗之陳許節度使上
官涗又敗之于柴籬辛亥安黃節度使伊慎又敗之于鍾山十二月庚午壽州
刺史王宗又敗之于秋柵辛未渾瑊薨乙未諸道兵潰于小溵河
十六年正月乙巳易定兵及吳少誠戰敗績二月乙酉鹽夏綏銀節度使韓全
義爲蔡州行營招討處置使上官涗副之四月丁亥黔中宴設將傅近逐其觀
察使吳士宗五月庚戌韓全義及吳少誠戰于廣利城敗績壬子徐泗濠節度

使張建封卒其子愔自稱知軍事七月丁巳伊愼及吳少誠戰于申州敗之己未韋臯克吐蕃末恭城丙寅韓全義及吳少誠戰于五樓敗績八月劉濟及其弟涿州刺史源戰于涿州源敗執之己丑殺遂州別駕崔位韋臯克吐蕃顯城九月庚戌貶鄭餘慶爲郴州司馬庚申太常卿齊抗爲中書侍郎同中書門下平章事十月辛未殺通州別駕崔河圖是歲京師饑

十七年二月丁酉大雨雹己亥霜乙巳韋臯及吐蕃戰于鹿危山敗之戊申大雨雹震雷庚戌大雪雨雹五月壬戌朔日有食之六月丙申寧州軍亂殺其刺史劉南金己亥浙西觀察使李錡殺上封事人崔善貞丁巳成德軍節度使王武俊卒其子士眞自稱留後七月隕霜殺菽戊寅吐蕃寇鹽州己丑陷麟州刺史郭鋒死之九月乙亥韋臯敗吐蕃于雅州克末波城是歲嘉王運薨

十八年七月乙亥罷正衙奏事十二月環王陷驩愛二州

十九年二月己亥安南將王季元逐其經略使裴泰兵馬使趙均敗之三月壬子淮南節度使杜佑檢校司空同中書門下平章事七月己未齊抗罷自正月

不雨至于是月甲戌雨閏十月庚戌鹽州將李庭俊反伏誅丁巳崔損薨十二月庚申太常卿高郢爲中書侍郎吏部侍郎鄭珣瑜爲門下侍郎同中書門下平章事

二十年二月庚戌大雨雹七月癸酉大雨雹冬雨木冰

二十一年正月癸巳皇帝崩于會寧殿年六十四

順宗至德弘道大聖大安孝皇帝諱誦德宗長子也母曰昭德皇后王氏始封宣城郡王大曆十四年六月進封宣王十二月乙卯立爲皇太子爲人寬仁喜學藝善隸書禮重師傅見輒先拜從德宗幸奉天常執弓矢居左右郜國公主以蠱事得罪太子妃其女也德宗疑之幾廢者屢矣賴李泌保護乃免後侍宴魚藻宮張水嬉綵艦宮人爲擢歌衆樂間發德宗驩甚顧太子曰今日何如太子誦詩好樂無荒以爲對及裴延齡韋渠牟用事世皆畏其爲相太子每候顏色陳其不可故二人者卒不得用貞元二十年太子病風且瘖二十一年正月不能朝是時德宗不豫諸王皆侍左右惟太子臥病不能得見德宗悲傷涕泣

疾有加癸巳德宗崩丙申卽皇帝位于太極殿二月癸卯朝羣臣于紫宸門辛亥吏部侍郎韋執誼爲尚書左丞同中書門下平章事甲子大赦罷宮市民百歲版授下州刺史婦人郡君九十以上上佐婦人縣君乙丑罷鹽鐵使月進三月庚午放後宮三百人癸酉放後宮及教坊女妓六百人癸巳立廣陵郡王純爲皇太子四月壬寅封弟諤爲欽王誠珍王進封子建康郡王經郯王洋川郡王緯均王臨淮郡王縱漵王弘農郡王紓莒王漢東郡王綱密王晉陵郡王總郇王高平郡王約邵王雲安郡王結宋王宣城郡王緗集王德陽郡王絿冀王河東郡王綺和王封子絢爲衡王纁會王綰福王紘撫王緄岳王紳袁王綸桂王縡翼王戊申以冊皇太子降死罪以下賜文武官子爲父後者勳兩轉七月辛卯橫海軍節度使程懷信卒其子執恭自稱留後乙未皇太子權句當軍國政事太常卿杜黃裳爲門下侍郎左金吾衛大將軍袁滋爲中書侍郎同中書門下平章事鄭珣瑜高郢罷

永貞元年八月庚子立皇太子爲皇帝自稱曰太上皇辛丑改元降死罪以下

立良娣王氏爲太上皇后元和元年正月皇帝率羣臣上尊號曰應乾聖壽太
上皇是月崩于咸寧殿年四十六謚曰至德大聖大安孝皇帝大中三年增謚
至德弘道大聖大安孝皇帝

憲宗昭文章武大聖至神孝皇帝諱純順宗長子也母曰莊憲皇太后王氏貞
元四年六月己亥封廣陵郡王二十一年三月立爲皇太子永貞元年八月順
宗詔立爲皇帝乙巳卽皇帝位于太極殿丁未始聽政庚戌罷獻祥瑞癸丑劍
南西川節度使韋皐卒行軍司馬劉闢自稱留後戊午天有聲于西北己未袁
滋爲劍南西川山南西道安撫大使癸亥尙書左丞鄭餘慶同中書門下平章
事九月己巳罷教坊樂工正員官十月丁酉爲曾太皇太后舉哀賈耽薨戊戌
舒王誼薨袁滋罷己酉葬神武聖文皇帝于崇陵十一月己巳祔睿真皇后于
元陵寢宮壬申貶韋執誼爲崖州司馬夏綏銀節度留後楊惠琳反十二月壬
戌中書舍人鄭絪爲中書侍郎同中書門下平章事
元和元年正月丁卯大赦改元賜文武官階勳爵民高年者米帛羊酒癸未長

武城使高崇文爲左神策行營節度使率左右神策京西行營兵馬使李元奕山南西道節度使嚴礪劍南東川節度使李康以討劉闢甲申太上皇崩劉闢陷梓州執李康三月丙子高崇文克梓州辛巳楊惠琳伏誅四月丁未杜佑爲司徒王戌邵王約薨初令尚書省六品諸司四品以上職事官太子師傅賓客詹事王府傅日二人待制五月辛卯尊母爲皇太后六月癸巳降死罪以下賜百姓有父母祖父母八十以上者粟二斛物二段九十以上粟三斛物三段丙申大風拔木丁酉高崇文及劉闢戰于鹿頭柵敗之癸卯嚴礪又敗之于石碑谷閏月壬戌平盧軍節度使李師古卒其弟師道自稱留後七月壬寅葬至德大聖大安孝皇帝于豐陵癸丑高崇文及劉闢戰于玄武敗之八月丁卯進封子平原郡王寧爲鄧王同安郡王寬澧王延安郡王宥遂王彭城郡王察深王高密郡王寰洋王文安郡王寮絳王封子審爲建王九月丙午嚴礪及劉闢戰于神泉敗之辛亥高崇文克成都十月甲子減劍南東西川山南西道今歲賦釋脅從將吏葬陣亡者廩其家五歲戊子劉闢伏誅十一月庚戌鄭餘慶罷是

歲召王偲薨
二年正月己丑朝獻于太清宮庚寅朝享于太廟辛卯有事于南郊大赦賜文武官勳爵文宣公二王後三恪公主諸王一子官高年米帛羊酒加版授乙巳杜黃裳罷己酉御史中丞武元衡爲門下侍郎中書舍人李吉甫爲中書侍郎同中書門下平章事二月己巳罷兩省官次對癸酉邕管經略使路恕敗黃洞蠻執其首領黃承慶九月乙酉密王綢薨十月鎭海軍節度使李錡反殺留後王澹乙丑淮南節度使王鍔爲諸道行營兵馬招討使以討之丁卯武元衡罷癸酉鎭海軍兵馬使張子良執李錡己卯免潤州今歲稅十一月甲申李錡伏誅十二月丙寅劍南西川節度使高崇文爲邠寧節度京西諸軍都統
三年正月癸巳羣臣上尊號曰睿聖文武皇帝大赦罷諸道受代進奉錢三月癸巳郇王總薨四月壬申大風壞含元殿西鴟檻六月西原蠻首領黃少卿降七月辛巳朔日有食之九月庚寅山南東道節度使于頔爲司空同中書門下平章事丙申戶部侍郎裴垍爲中書侍郎同中書門下平章事戊戌李吉甫罷

四年正月壬午免山南東道淮南江西浙東湖南荊南今歲稅戊子節王遘薨二月丁卯鄭絪罷給事中李藩爲門下侍郎同中書門下平章事三月乙酉成德軍節度使王士真卒其子承宗自稱留後閏月己酉以旱降京師死罪非殺人者禁刺史境內權率諸道旨條外進獻嶺南黔中福建掠良民爲奴婢者省飛龍廄馬己未雨丁卯立鄧王寧爲皇太子七月癸亥吐蕃請和八月丙申環王寇安南都護張舟敗之十月辛巳成德軍節度使王承宗反執保信軍節度使薛昌朝癸未左神策軍護軍中尉吐突承璀爲左右神策河陽浙西宣歙鎮州行營兵馬招討處置使以討之戊子承璀爲鎮州招討宣慰使癸巳降死罪以下賜文武官子爲父後者勳兩轉十一月己巳彰義軍節度使吳少誠卒其弟少陽自稱留後

五年正月己巳左神策軍大將軍酈定進及王承宗戰死之三月甲子大風拔木四月丁亥河東節度使范希朝義武軍節度使張茂昭及王承宗戰于木刀溝敗之七月丁未赦王承宗乙卯幽州盧龍軍節度使劉濟卒其子總自稱留

後九月丙寅太常卿權德輿爲禮部尚書同中書門下平章事十月張茂昭以
易定二州歸于有司辛巳義武軍都虞候楊伯玉反伏誅是月義武軍兵馬使
張佐元反伏誅十一月甲辰會王纁薨庚申裴垍罷
六年正月庚申淮南節度使李吉甫爲中書侍郎同中書門下平章事二月壬
申李藩罷己丑忻王造薨三月戊戌有星隕于鄆州十二月己丑戶部侍郎李
絳爲中書侍郎同中書門下平章事閏月辛卯辰漵州首領張伯靖反寇播費
二州辛亥皇太子薨
七年正月癸酉振武河溢毀東受降城四月癸巳詔民田晦樹桑二六月癸巳
杜佑罷七月乙亥立遂王宥爲皇太子八月戊戌魏博節度使田季安卒其子
懷諫自稱知軍府事九月京師地震十月乙未魏博軍以田季安之將田興知
軍事庚戌降死罪以下賜文武官子爲父後者勳兩轉是月魏博節度使田興
以六州歸于有司十一月辛酉赦魏博貝衞澶相六州給復一年賜高年孤獨
廢疾粟帛賞軍士

八年正月辛未權德輿罷二月丁酉貶于頔爲恩王傅三月甲子劍南西川節度使武元衡爲門下侍郎同中書門下平章事四月己亥黔中經略使崔能討張伯靖五月癸亥荆南節度使嚴綬討伯靖丁丑大隗山崩六月辛卯渭水溢辛丑出宮人七月己巳劍南東川節度使潘孟陽討張伯靖八月辛巳湖南觀察使柳公綽討伯靖丁未伯靖降十二月庚寅振武將楊遵憲反逐其節度使李進賢

九年二月癸卯李絳罷三月丙辰嶲州地震丁卯隕霜殺桑五月乙丑桂王綸薨癸酉以旱免京畿夏稅六月壬寅河中節度使張弘靖爲刑部尚書同中書門下平章事閏八月丙辰彰義軍節度使吴少陽卒其子元濟自稱知軍事九月丁亥山南東道節度使嚴綬忠武軍都知兵馬使李光顏壽州團練使李文通河陽節度使烏重胤討之十月太白晝見丙午李吉甫薨甲子嚴綬爲申光蔡招撫使十一月戊子罷京兆府獵獻狐兎十二月詔刑部大理官朔望入對戊辰尚書右丞韋貫之同中書門下平章事

十年正月乙酉宣武軍節度使韓弘爲司徒二月甲辰嚴綬及吳元濟戰于磁丘敗績自冬不雨至于是月丙午雪壬戌河東戍將劉輔殺豐州刺史燕重旰伏誅三月庚子忠武軍節度使李光顏及吳元濟戰于臨潁敗之四月甲辰又敗之于南頓五月丙申又敗之于時曲六月癸卯盜殺武元衡戊申京師大索乙丑御史中丞裴度爲中書侍郎同中書門下平章事七月甲戌王承宗有罪絶其朝貢八月己亥朔日有食之丁未李師道將訾嘉珍反于東都留守呂元膺敗之乙丑李光顏及吳元濟戰于時曲敗績九月癸酉韓弘爲淮西行營兵馬都統十月地震十一月壬申李光顏烏重胤及吳元濟戰于小溵河敗之丁丑李文通又敗之于固始戊寅盜焚獻陵寢宮十二月甲辰武寧軍都押衙王智興及李師道戰于平陰敗之是歲丹王逾薨

十一年正月己巳張弘靖罷乙亥幽州盧龍軍節度使劉總及王承宗戰于武彊敗之癸未免鄰賊州二歲稅甲申盜斷建陵門戟二月庚子王承宗焚蔚州乙巳中書舍人李逢吉爲門下侍郎同中書門下平章事乙丑地震三月庚午

皇太后崩四月庚子李光顏烏重胤及吳元濟戰于淩雲柵敗之乙卯劉總及
王承宗戰于深州敗之己未免京畿二歲逋稅五月丁卯宥州軍亂逐其刺史
駱怡夏綏銀節度使田縉敗之丁亥雲南蠻寇安南六月密州海溢甲辰唐鄧
節度使高霞寓及吳元濟戰于鐵城敗績七月壬午韓弘及元濟戰于郾城敗
之丙戌免淮西鄰賊州夏稅八月甲午渭水溢壬寅韋貫之罷戊申西原蠻陷
賓巒二州己未昭義軍節度使郗士美及王承宗戰于柏鄉敗之庚申葬莊憲
皇太后于豐陵十一月乙丑邕管經略使韋悅克賓巒二州甲戌元陵火十二
月丁未翰林學士工部侍郎王涯爲中書侍郎同中書門下平章事己未西原
蠻陷巖州是冬桃李華

十二年正月丁丑地震戊子有彗星出于畢四月辛卯唐鄧隋節度使李愬及
吳元濟戰于嵖岈山敗之乙未李光顏又敗之于郾城五月辛酉李愬又敗之
于張柴七月丙辰裴度爲淮西宣慰處置使戶部侍郎崔羣爲中書侍郎同中
書門下平章事八月癸亥烏重胤及吳元濟戰于賈店敗績九月丁未李逢吉

罷甲寅李愬及吳元濟戰于吳房敗之十月癸酉克蔡州甲戌淮南節度使李
鄘爲門下侍郎同中書門下平章事甲申給復淮西二年免旁州來歲夏稅葬
戰士槀其家五年十一月丙戌吳元濟伏誅甲午恩王連薨是歲容管經略使
陽旻克欽橫潯貴四州
十三年正月乙酉大赦免元和二年以前逋負賜高年米帛羊酒三月戊戌御
史大夫李夷簡爲門下侍郎同中書門下平章事李鄘罷己酉橫海軍節度使
程權以滄景二州歸于有司權朝于京師四月甲寅王承宗獻德棣二州庚辰
赦承宗六月癸丑朔日有食之癸亥給復德棣滄景四州一年辛未淮水溢七
月乙酉宣武魏博義成橫海軍討李師道辛丑李夷簡罷八月壬子王涯罷九
月甲辰戶部侍郎皇甫鎛諸道鹽鐵轉運使程异爲工部侍郎同中書門下平
章事十月壬戌吐蕃寇宥州靈武節度使杜叔良敗之于定遠城十一月丁亥
命山人柳泌爲台州刺史以求藥十二月庚戌迎佛骨于鳳翔
十四年正月丙午田弘正及李師道戰于陽穀敗之二月戊午師道伏誅四月

辛未程异罷丙子裴度罷七月戊寅韓弘以汴宋亳穎四州歸于有司弘朝于京師己丑羣臣上尊號曰元和聖文神武法天應道皇帝大赦賜文武官階勳爵遣黜陟使于天下辛卯沂海將王弁殺其觀察使王遂自稱留後丁酉河陽節度使令狐楚爲中書侍郎同中書門下平章事八月己酉韓弘爲中書令九月戊寅王弁伏誅十月壬戌安南將楊清殺其都護李象古以反癸酉吐蕃寇鹽州十一月辛卯朔方將史敬奉及吐蕃戰于瓠蘆河敗之十二月乙卯崔羣罷

十五年正月宦者陳弘志等反庚子皇帝崩年四十三諡曰聖神章武孝皇帝

大中三年加諡昭文章武大聖至神孝皇帝

贊曰德宗猜忌刻薄以彊明自任恥見屈於正論而忘受欺於姦諛故其疑蕭復之輕己謂姜公輔爲賣直而不能容用盧杞趙贊則至於敗亂而終不悔及奉天之難深自懲艾遂行姑息之政由是朝廷益弱而方鎮愈彊至於唐亡其患以此憲宗剛明果斷自初即位慨然發憤志平僭叛能用忠謀不惑羣議卒

收成功自吳元濟誅彊藩悍將皆欲悔過而効順當此之時唐之威令幾於復
振則其爲優劣不待較而可知也及其晚節信用非人不終其業而身罹不測
之禍則尤甚於德宗嗚呼小人之能敗國也不必愚君暗主雖聰明聖智苟有
惑焉未有不爲患者也昔韓愈言順宗在東宮二十年天下陰受其賜然享國
日淺不幸疾病莫克有爲亦可以悲夫

唐書卷七

唐書卷七考證

德宗紀貞元元年八月丙戌李希烈殺宣慰使顏真卿○臣酉按舊書在元年正月本傳在興元元年八月

憲宗紀元和九年閏八月丙辰吳少陽卒其子元濟自稱知軍事九月丁亥山南東道節度使嚴綬忠武軍都知兵馬使李光顏壽州團練使李文通河陽節度使烏重胤討之○臣酉按本傳少陽之死亦在九月且討淮西之詔在十月甲子不應九月先命將也新書少陽之死在閏八月及此丁亥命嚴綬之文疑皆誤

唐書卷七考證

唐書卷八

宋 翰 林 學 士 歐 陽 修 撰

本紀第八

穆宗睿聖文惠孝皇帝諱恆憲宗第三子也母曰懿安皇太后郭氏始封建安郡王進封遂王遙領彰義軍節度使元和七年惠昭太子薨左神策軍中尉吐突承璀欲立澧王惲而惲母賤不當立乃立遂王爲皇太子十五年正月庚子憲宗崩陳弘志殺吐突承璀及澧王辛丑遺詔皇太子卽皇帝位于柩前司空兼中書令韓弘攝冢宰閏月丙午皇太子卽皇帝位于太極殿丁未貶皇甫鎛爲崖州司戶參軍戊申始聽政辛亥御史中丞蕭俛中書舍人翰林學士段文昌爲中書侍郎同中書門下平章事乙卯尊母爲皇太后戊辰京師地震二月丁丑大赦賜文武官階爵高年粟帛二王後三恪文宣公嗣王公主縣主武德配饗及第一等功臣家予一子官放沒掖庭者幸丹鳳門觀俳優丁亥幸左神策軍觀角觝倡戲乙未吐蕃寇靈州丙申丹王逾薨三月乙巳杜叔良及吐蕃

戰敗之戊辰大風雨雹辛未楊清伏誅五月庚申葬聖神章武孝皇帝于景陵六月丁丑韓弘罷七月丁卯令狐楚罷八月乙酉容管經略留後嚴公素及黃洞蠻戰于神步敗之戊戌御史中丞崔植爲中書侍郎同中書門下平章事九月辛丑觀競渡角觝于魚藻宮用樂十月庚辰王承宗卒辛巳成德軍觀察支使王承元以鎭趙深冀四州歸于有司癸未吐蕃寇涇州右神策軍中尉梁守謙爲左右神策京西京北行營都監以禦之丙戌吐蕃遁十一月癸卯赦鎭趙深冀四州死罪以下賜成德軍將士錢十二月庚辰獵于城南壬午擊鞠于右神策軍遂獵于城西甲申獵于苑北

長慶元年正月己亥朝獻于太清宮庚子朝享于太廟辛丑有事于南郊大赦改元賜文武官階勳爵己未有星孛于翼壬戌蕭俛罷丁卯有星孛于太微二月乙亥觀樂于麟德殿丙子觀神策諸軍雜伎己卯劉總以盧龍軍八州歸于有司壬午段文昌罷翰林學士戶部侍郎杜元穎同中書門下平章事辛卯擊鞠于麟德殿三月庚戌太白晝見丁巳赦幽涿檀順瀛莫營平八州死罪以下

給復一年賜盧龍軍士錢戊午封弟憬爲鄜王悅瓊王恂沔王懌婺王愔茂王怡光王協淄王憺衢王㤝澶王子湛爲鄂王涵江王湊漳王溶安王瀍潁王是月徙封湛爲景王五月丙辰建王審薨六月有彗星出于昴辛未吐蕃寇青塞烽鹽州刺史李文悅敗之七月甲辰幽州盧龍軍都知兵馬使朱克融囚其節度使張弘靖以反壬子羣臣上尊號曰文武孝德皇帝大赦賜文武官階勳爵壬戌成德軍大將王廷湊殺其節度使田弘正以反八月壬申朱克融陷莫州癸酉王廷湊陷冀州刺史王進岌死之丙子瀛州軍亂執其觀察使盧士玫叛附于朱克融王廷湊寇深州丁丑魏博橫海昭義河東義武兵討王廷湊己丑裴度爲幽鎮招撫使九月乙巳相州軍亂殺其刺史邢濋十月丙寅諸道鹽鐵轉運使刑部尚書王播爲中書侍郎同中書門下平章事裴度爲鎮州西面行營都招討使左領軍衛大將軍杜叔良爲深州諸道行營節度使戊寅王廷湊陷貝州己卯易州刺史柳公濟及朱克融戰于白石敗之庚辰橫海軍節度使烏重胤及王廷湊戰于饒陽敗之辛卯靈武節度使李進誠及吐蕃戰于大石

山敗之十一月甲午裴度及王廷湊戰于會星敗之丙申朱克融寇定州義武軍節度使陳楚敗之十二月庚午杜叔良及王廷湊戰于博野敗績丁丑陳楚及朱克融戰于望都敗之乙酉赦朱克融己丑陳楚及克融戰于清源敗之

二年正月庚子魏博軍潰于南宮癸卯魏博節度使田布自殺兵馬使史憲誠自稱留後海州海冰二月甲子赦王廷湊辛巳崔植罷工部侍郎元稹同中書門下平章事戊子昭義軍節度使劉悟囚其監軍使劉承偕二月乙巳武寧軍節度副使王智興逐其節度使崔羣戊午守司徒淮南節度使裴度同中書門下平章事王播罷四月辛酉朔日有食之壬戌成德軍節度使牛元翼奔于京師王廷湊陷深州五月壬寅邕州刺史李元宗叛奔于黄洞蠻六月癸亥宣武軍宿直將李臣則逐其節度使李愿衙門都將李㝏反甲子裴度元稹罷兵部尚書李逢吉爲門下侍郎同中書門下平章事乙丑大風落太廟鴟尾癸酉吐蕃寇靈州鹽州刺史趙旰敗之七月丙申宋王結薨戊申李㝏陷宋州丙辰兗鄆節度使曹華及李㝏戰于宋州敗之丁巳忠武軍節度使李光顔又敗之于

尉氏八月壬申宣武軍節度使韓充又敗之于郭橋丙子李汴伏誅癸未詔瘞汴宋鄭三州戰亡者稟其家三歲九月戊子鎮海軍將王國清謀反伏誅丙申德州軍亂殺其刺史王稷十月己卯獵于咸陽十一月庚午皇太后幸華清宮癸酉迎皇太后遂獵于驪山丙子集王緗薨十二月丁亥不豫放五坊鷹隼及供獵狐兔癸巳立景王湛爲皇太子癸丑降死罪以下賜文武常參及州府長官子爲父後者勳兩轉宗子諸親一轉是冬無冰草木萌

三年三月壬戌御史中丞牛僧孺爲戶部侍郎同中書門下平章事癸亥淮南浙東西江西宣歙旱遣使宣撫理繫囚察官吏四月甲午陸州獠反五月壬申京師雨雹七月丙寅黃洞蠻陷欽州九月壬子朔日有食之十月己丑杜元穎罷辛卯黃洞蠻寇安南

四年正月辛亥降死罪以下減流人一歲賜文武官及宗子賀正使階勳爵詔百官言事辛未以皇太子權句當軍國政事壬申皇帝崩于清思殿年三十

敬宗睿武昭愍孝皇帝諱湛穆宗長子也母曰恭僖皇太后王氏始封鄂王徙

封景王長慶二年十二月穆宗因擊毬暴得疾不見羣臣者三日左僕射裴度三上疏請立皇太子而翰林學士兩省官相次皆以爲言居數日穆宗疾少間宰相李逢吉請立景王爲皇太子四年正月穆宗崩癸酉門下侍郎平章事李逢吉攝冢宰丙子皇太子即皇帝位于太極殿二月辛巳始聽政癸未尊母爲皇太后皇太后爲太皇太后辛卯放掖庭內園沒入者丁未擊鞠于中和殿戊申擊鞠于飛龍院黃洞蠻降己酉擊鞠用樂三月壬子大赦免京畿河南青苗稅減宮禁經費乘輿服膳罷貢鷹犬元和以來兩河藩鎮歸地者予一子官庚午太白經天四月丙申擊鞠于清思殿染坊匠張韶反幸左神策軍詔伏誅丁酉還宮五月乙卯吏部侍郎李程戶部侍郎判度支竇易直同中書門下平章事六月庚辰大風壞延喜景風門是夏漢水溢八月丁亥太白晝見丁酉中官李文德謀反伏誅黃洞蠻寇安南十一月戊午環王反黃洞蠻陷陸州刺史葛維死之庚申葬睿聖文惠孝皇帝于光陵

寶曆元年正月己酉朝獻于太清宮庚戌朝享于太廟辛亥有事于南郊大赦

改元乙卯牛僧孺罷四月癸巳羣臣上尊號曰文武大聖廣孝皇帝大赦賜文
武官階爵五月庚戌觀競渡于魚藻宮九月壬午昭義軍節度使劉悟卒其子
從諫自稱留後十一月丙申封子普爲晉王
二年正月甲戌發神策六軍穿池于禁中二月丁未山南西道節度使裴度守
司空同中書門下平章事三月戊寅觀競渡于魚藻宮四月戊戌橫海軍節度
使李全略卒其子同捷反五月戊寅觀競渡于魚藻宮庚辰幽州盧龍軍亂殺
其節度使朱克融其子廷湊自稱節度使六月辛酉觀漁于臨碧池甲子觀驢
鞠角觝于三殿七月癸未衡王絢薨以漢陂隸尙食禁民漁八月丙午觀競渡
于新池九月甲戌觀百戲于宣和殿三日而罷戊寅幽州盧龍軍兵馬使李載
義殺朱延嗣自稱留後壬午李程罷十一月甲申李逢吉罷己丑禁朝官方鎮
置私白身十二月中官劉克明反辛丑皇帝崩年十八
文宗元聖昭獻孝皇帝諱昂穆宗第二子也母曰貞獻皇太后蕭氏始封江王
寶曆二年十二月敬宗崩劉克明等矯詔以絳王悟句當軍國事壬寅內樞密

使王守澄楊承和神策護軍中尉魏從簡梁守謙奉江王而立之率神策六軍

飛龍兵誅克明殺絳王乙巳江王即皇帝位于宣政殿戊申始聽政尊母爲皇

太后庚戌兵部侍郎翰林學士韋處厚爲中書侍郎同中書門下平章事庚申

出宮人三千省教坊樂工翰林伎術冗員千二百七十人縱五坊鷹犬停貢纂

組雕鏤金筐寶飾牀榻

太和元年二月乙巳大赦改元免京兆今歲夏稅半賜九廟陪位者子孫二階

立功將士階爵始封諸王後予一子出身五月戊辰罷宰臣奏事監搜丙子橫

海軍節度使烏重胤討李同捷六月癸巳淮南節度副大使王播爲尚書左僕

射同中書門下平章事乙卯以旱降京畿死罪以下七月癸酉葬睿武昭愍孝

皇帝于莊陵十一月庚辰橫海軍節度使李寰討李同捷十二月庚戌王智興

爲滄州行營招撫使

二年正月壬申地震六月乙卯晉王普薨己巳大風拔木乙亥峰州刺史王昇

朝反伏誅是夏河溢壞棣州城越州海溢七月辛丑魏博節度使史憲誠及同

捷戰于平原敗之甲辰有彗星出于右攝提八月己巳王廷湊反壬申義武軍節度使柳公濟及廷湊戰于新樂敗之己卯劉從諫又敗之于臨城辛巳史憲誠及李同捷戰于平原敗之癸未劉從諫及王廷湊戰于昭慶敗之九月癸卯柳公濟又敗之于博野丁未岳王緄薨庚戌安南軍亂逐其都護韓約十月庚申史憲誠及李同捷戰于平原敗之丁卯洋王忻薨癸酉竇易直罷戊寅史憲誠及李同捷戰于平原敗之壬午幽州盧龍軍節度使李載義又敗之于長蘆十一月壬辰給復棣州一年稟戰士創廢者終身甲辰昭德寺火十二月乙丑魏博行營兵馬使丌志沼反壬申韋處厚薨戊寅兵部侍郎翰林學士路隋爲中書侍郎同中書門下平章事

三年正月丁亥宣武河陽兵討丌志沼庚子志沼奔于鎮州三月乙酉罷教坊日直樂工乙巳以太原兵馬使傅毅爲義武軍節度使義武軍不受命都知兵馬使張璠自稱節度使戊申以璠爲義武軍節度使四月戊辰滄景節度使李祐克德州李同捷降乙亥滄德宣慰使柏耆以同捷歸于京師殺之于將陵五

月辛卯給復滄景德棣四州一年六月甲戌魏博軍亂殺其節度使史憲誠都知兵馬使何進滔自稱留後八月辛亥以相衞澶三州隸相衞節度使進滔不受命辛酉以旱免京畿九縣今歲租壬申赦王廷湊甲戌吏部侍郎李宗閔同中書門下平章事十月癸丑仗內火十一月壬辰朝獻于太清宮癸巳朝享于太廟甲午有事于南郊大赦詔毋獻難成非常之物焚絲布撩綾機杼是月雲南蠻陷巂邛二州十二月丁未鄂岳襄鄧忠武軍伐雲南蠻庚戌雲南蠻寇成都右領軍衞大將軍董重質爲左右神策及諸道行營西川都知兵馬使以伐之己未雲南蠻寇梓州壬戌寇蜀州

四年正月戊子封子永爲魯王辛卯武昌軍節度使牛僧孺爲兵部尚書同中書門下平章事甲午王播薨二月乙卯興元軍亂殺其節度使李絳三月癸卯禁京畿弋獵四月丁未奚寇邊李載義敗之六月丁未裴度平章軍國重事是夏舒州江溢七月癸未尚書右丞宋申錫同中書門下平章事九月壬午裴度罷

五年正月庚申幽州盧龍軍亂逐其節度使李載義殺莫州刺史張慶初兵馬使楊志誠自稱留後三月庚子貶宋申錫爲太子右庶子癸卯降封漳王湊爲巢縣公六月甲午梓州玄武江溢

六年正月壬子降死罪以下二月蘇州地震生白毛五月庚申給民疫死者棺十歲以下不能自存者二月糧七月戊申原王逵薨十一月甲子立魯王永爲皇太子十二月乙丑牛僧孺罷己巳珍王誠薨

七年正月壬辰罷吳蜀冬貢茶二月丙戌兵部尚書李德裕同中書門下平章事三月辛卯幽州盧龍軍節度使楊志誠執春衣使邊奉鸞送奚契丹使尹士恭辛丑和王綺薨六月甲戌地震乙亥李宗閔罷七月壬寅尚書右僕射諸道鹽鐵轉運使王涯同中書門下平章事閏月乙卯以旱避正殿減膳徹樂出宮女千人縱五坊鷹犬八月庚寅降死罪以下賜文武及州府長官子爲父後者勳兩轉十二月庚子不豫

八年二月壬午朔日有食之庚寅以疾愈降死罪以下四月丙戌詔笞罪毋鞭

背五月己巳飛龍神駒中廄火六月丙戌莒王紓薨七月辛酉震定陵寢宮癸
亥郢王經薨九月辛亥有彗星出于太微十月辛巳幽州盧龍軍大將史元忠
逐其節度使楊志誠自稱權句當節度兵馬庚寅山南西道節度使李宗閔爲
中書侍郎同中書門下平章事甲午李德裕罷十一月癸丑成德軍節度使王
廷湊卒其子元逵自稱權句當節度事丙子莫州軍亂逐其刺史張惟汎十二
月己卯降京畿死罪以下
九年正月癸亥巢縣公湊薨三月辛亥冀王絿薨乙卯京師地震四月丙申路
隋罷戊戌浙江東道觀察使賈餗爲中書侍郎同中書門下平章事辛丑大風
拔木落含元殿鴟尾壞門觀五月辛未王涯爲司空六月壬寅貶李宗閔爲明
州刺史七月辛亥御史大夫李固言爲門下侍郎同中書門下平章事九月癸
亥殺陳弘志丁卯李固言罷己巳御史中丞舒元輿爲刑部侍郎翰林學士兵
部郎中李訓爲禮部侍郎同中書門下平章事十月辛巳殺觀軍容使王守澄
十一月乙巳殺武寧軍監軍使王守涓壬戌李訓及河東節度使王璠邠寧節

度使郭行餘御史中丞李孝本京兆少尹羅立言謀誅中官不克訓奔于鳳翔甲子尚書右僕射鄭覃同中書門下平章事乙丑權知戶部侍郎李石同中書門下平章事左神策軍中尉仇士良殺王涯賈餗舒元輿李孝本羅立言王璠郭行餘鳳翔少尹魏逢戊辰晝晦鳳翔監軍使張仲清殺其節度使鄭注己巳仇士良殺右金吾衛大將軍韓約十二月壬申殺左金吾衛將軍李貞素翰林學士顧師邕丁亥降京師死罪以下

開成元年正月辛丑朔日有食之大赦改元免太和五年以前逋負京畿今歲稅賜文武官階爵二月乙亥停獻鷙鳥畋犬三月京師地震四月辛卯淄王協薨甲午山南西道節度使李固言爲門下侍郎同中書門下平章事七月滹沱溢乙亥雨土十二月己未漵王縱薨

二年二月丙午有彗星出于東方己未均王緯薨三月丙寅以彗見減膳壬申素服避正殿徹樂降死罪流以下原之縱五坊鷹隼禁京畿採捕四月戊戌工部侍郎陳夷行同中書門下平章事乙卯以旱避正殿六月丙午河陽軍亂逐

其節度使李泳己未綿州獠反七月癸亥党項羌寇振武八月庚戌封兄子休復爲梁王執中襄王言揚杞王成美陳王癸丑封子宗儉爲蔣王十月戊申李固言罷十一月乙丑京師地震丁丑有星隕于興元

三年正月甲子盜傷李石戊申大風拔木諸道鹽鐵轉運使戸部尚書楊嗣復戸部侍郎李珏同中書門下平章事丙子李石罷夏漢水溢八月己亥嘉王運薨十月乙酉義武軍節度使張璠卒其子元益自稱留後庚子皇太子薨乙巳有彗星出于軫十一月壬戌降死罪以下

四年正月癸酉有彗星出于羽林閏月丙午出于卷舌五月丙申鄭覃陳夷行罷七月甲辰太常卿崔鄲同中書門下平章事八月辛亥鄜王憬薨十月丙寅立陳王成美爲皇太子甲戌地震十一月己亥降京畿死罪以下十二月乙卯乾陵寢宮火

五年正月戊寅不豫己卯左右神策軍護軍中尉魚弘志仇士良立穎王瀍爲皇太弟權句當軍國事廢皇太子成美爲陳王庚辰仇士良殺仙韶院副使尉

暹璋辛巳皇帝崩于太和殿年三十三

武宗至道昭肅孝皇帝諱炎穆宗第五子也母曰宣懿皇太后韋氏始封潁王累加開府儀同三司檢校吏部尚書開成五年正月文宗疾大漸神策軍護軍中尉仇士良魚弘志矯詔廢皇太子成美復爲陳王立潁王爲皇太弟辛巳即皇帝位于柩前辛卯殺陳王成美及安王溶賢妃楊氏甲午始聽政追尊母爲皇太后二月乙卯大赦庚申有彗星出于室壁四月甲子大風拔木五月己卯楊嗣復罷諸道鹽鐵轉運使刑部尚書崔珙同中書門下平章事壬寅大風拔木六月丙寅以旱避正殿理囚河北河南淮南浙東福建蝗疫州除其徭七月戊寅大風拔木八月甲寅爾壬戌葬元聖昭獻孝皇帝于章陵內樞密使劉弘逸薛季稜以兵殺仇士良不克伏誅庚午李珏罷九月丁丑淮南節度副大使李德裕爲門下侍郎同中書門下平章事十月癸卯回鶻寇天德軍十一月戊寅有彗星出于東方魏博節度使何進滔卒其子重霸自稱留後十二月封子峻爲杞王

會昌元年正月己卯朝獻于太清宮庚辰朝享于太廟辛巳有事于南郊大赦改元三月御史大夫陳夷行爲門下侍郎同中書門下平章事七月有彗星出于羽林壬辰漢水溢九月癸巳幽州盧龍軍將陳行泰殺其節度使史元忠自稱知留務閏月幽州盧龍軍將張絳殺行泰自稱主軍務十月幽州盧龍軍逐絳雄武軍使張仲武入于幽州十一月壬寅有彗星出于營室辛亥避正殿減膳理囚罷興作癸亥崔鄲罷

二年正月宋亳二州地震己亥李德裕爲司空回鶻寇橫水柵略天德振武軍二月丁丑淮南節度副大使李紳爲中書侍郎同中書門下平章事三月回鶻寇雲朔四月丁亥羣臣上尊號曰仁聖文武至神大孝皇帝大赦賜文武官階勳爵五月丙申回鶻嗢沒斯降六月陳夷行罷河東節度使劉沔及回鶻戰于雲州敗績七月幸左神策軍閱武尚書右丞兼御史中丞李讓夷爲中書侍郎同中書門下平章事嵐州民田滿川反伏誅回鶻可汗寇大同川九月劉沔爲回鶻南面招撫使幽州盧龍軍節度使張仲武爲東面招撫使右金吾衛大將

軍李思忠爲河西党項都將西南面招討使十月丁卯封子峴爲益王岐兗王
十一月獵于白鹿原十二月封子嶧爲德王嵯昌王癸未京師地震
三年正月庚子天德軍行營副使石雄及回鶻戰于殺胡山敗之二月庚申朔
日有食之辛未崔珙罷是春大雨雪四月乙丑昭義軍節度使劉從諫卒其子
稹自稱留後五月甲午震東都廣運樓災辛丑成德軍節度使王元逵爲北面
招討澤潞使魏博節度使何弘敬爲東面招討澤潞使及河中節度使陳夷行
河陽節度使王茂元劉沔以討劉稹戊申翰林學士承旨中書舍人崔鉉爲中
書侍郎同中書門下平章事武寧軍節度使李彥佐爲晉絳行營諸軍節度招
討使六月西内神龍寺火辛酉李德裕爲司徒是夏作望仙觀于禁中七月庚
子免河東今歲秋稅九月辛卯忠武軍節度使王宰兼河陽行營攻討使丁未
以雨霖理囚免京兆府秋稅十月己巳晉絳行營節度使石雄及劉稹戰于烏
嶺敗之壬午日中月食太白是月党項羌寇鹽州十一月寇邠寧兗王岐爲靈
夏六道元帥安撫党項大使御史中丞李回副之安南軍亂逐其經略使武渾

十二月丁巳王宰克天井關
四年正月乙酉河東將楊弁逐其節度使李石二月甲寅朔日有食之辛酉楊弁伏誅三月石雄兼冀氏行營攻討使晉州刺史李丕副之六月己未中書門下御史臺慮囚閏七月壬戌李紳罷淮南節度副大使杜悰爲尙書右僕射兼中書侍郎同中書門下平章事丙子昭義軍將裴問及邢州刺史崔嘏以城降是月洺州刺史王釗磁州刺史安玉以城降八月乙未昭義軍將郭誼殺劉稹以降戊戌給復澤潞邢洺磁五州一歲免太原河陽及懷陝晉絳四州秋稅戊申李德裕爲太尉十月獵于鄠縣十二月獵于雲陽
五年正月己酉羣臣上尊號曰仁聖文武章天成功神德明道大孝皇帝是日朝獻于太清宮庚戌朝享于太廟辛亥有事于南郊大赦賜文武官階勳爵文宣公二王三恪子一子出身作仙臺于南郊庚申皇太后崩三月旱五月壬子葬恭僖皇太后于光陵壬戌杜悰崔鉉罷乙丑戶部侍郎李回爲中書侍郎同中書門下平章事六月甲申作望仙樓于神策軍七月丙午朔日有食之是月

山南東道節度使鄭肅校檢尚書右僕射同中書門下平章事八月壬午大毀佛寺復僧尼爲民十月作昭武廟于虎牢關

六年二月癸酉以旱降死罪以下免今歲夏稅庚辰夏綏銀節度使米暨爲東北道招討党項使三月壬戌不豫左神策軍護軍中尉馬元贄立光王怡爲皇太叔權句當軍國政事甲子皇帝崩于大明宮年三十三

宣宗元聖至明成武獻文睿智章仁神聰懿道大孝皇帝諱忱憲宗第十三子也母曰孝明皇太后鄭氏始封光王性嚴重寡言宮中或以爲不惠會昌六年武宗疾大漸左神策軍護軍中尉馬元贄立光王爲皇太叔三月甲子卽皇帝位于柩前四月乙亥始聽政尊母爲皇太后丙子李德裕罷辛卯李讓夷爲司空五月乙巳大赦翰林學士承旨兵部侍郎白敏中同中書門下平章事辛酉封子溫爲鄆王渼雍王涇雅王滋夔王沂慶王七月李讓夷罷八月辛未大行宮火壬申葬至道昭肅孝皇帝于端陵九月鄭肅罷兵部侍郎判度支盧商爲中書侍郎同中書門下平章事雲南蠻寇安南經略使裴元裕敗之十二月戊

辰朔日有食之
大中元年正月壬子朝獻于太清宮癸丑朝享于太廟甲寅有事于南郊大赦改元復左降官死者官爵賜文武官階勳父老帛文宣王後及二王後三恪子一子官二月癸未以旱避正殿減膳理京師囚罷太常教坊習樂損百官食出宮女五百人放五坊鷹犬停飛龍馬粟三月盧商罷刑部尚書判度支崔元式爲門下侍郎翰林學士承旨戶部侍郎韋琮爲中書侍郎同中書門下平章事閏月大復佛寺四月己酉皇太后崩五月張仲武及奚北部落戰敗之吐蕃回鶻寇河西河東節度使王宰敗之八月丙申李回罷庚子葬貞獻皇太后于光陵十二月戊午貶太子少保李德裕爲潮州司馬
二年正月甲子羣臣上尊號曰聖敬文思和武光孝皇帝大赦宗子房未仕者予一人出身賜文武官階勳爵三月封子澤爲濮王五月己未朔日有食之崔元式罷兵部侍郎判度支周墀刑部侍郎諸道鹽鐵轉運使馬植同中書門下平章事己卯太皇太后崩七月己巳續圖功臣于淩煙閣十一月壬午葬懿安

太皇太后于景陵貶韋琮爲太子賓客分司東都

三年二月吐蕃以秦原安樂三州石門驛藏木峽制勝六盤石峽蕭七關歸于有司三月詔待制官與刑法官諫官次對馬植罷是春隕霜殺桑四月乙酉周墀罷御史大夫崔鉉爲中書侍郎兵部侍郎判戶部事魏扶同中書門下平章事癸巳幽州盧龍軍節度使張仲武卒其子直方自稱留後五月武寧軍亂逐其節度使李廓十月辛巳京師地震是月振武及天德靈武鹽夏二州地震吐蕃以維州歸于有司十一月己卯封弟惕爲彭王十二月吐蕃以扶州歸于有司

四年正月庚辰大赦四月壬申以雨霖詔京師關輔理囚蠲度支鹽鐵戶部逋負六月戊申魏扶薨戶部尙書判度支崔龜從同中書門下平章事八月幽州盧龍軍亂逐其節度使張直方衙將張允伸自稱留後十月辛未翰林學士承旨兵部侍郎令狐綯同中書門下平章事十一月党項羌寇邠寧十二月鳳翔節度使李安業河東節度使李拭爲招討党項使

五年三月白敏中爲司空招討南山平夏党項行營兵馬都統四月赦平夏党
項羌辛未給復靈鹽夏三州邠寧鄜坊等道三歲六月封子潤爲鄂王八月乙
巳赦南山党項羌十月沙州人張義潮以瓜沙伊肅鄯甘河西蘭岷廓十一州
歸于有司白敏中罷戊辰戶部侍郎判戶部魏謩同中書門下平章事十一月
崔龜從罷十二月盜斫景陵門戟是歲湖南饑
六年三月有彗星出于觜參七月雍王渼薨八月禮部尚書諸道鹽鐵轉運使
裴休同中書門下平章事九月獠寇昌資二州十一月封弟惴爲棣王是歲淮
南饑
七年正月丙午朝獻于太清宮丁未朝享于太廟戊申有事于南郊大赦
八年正月丙戌朔日有食之三月以旱理囚九月封子洽爲懷王汭昭王汶康
王
九年正月甲申成德軍節度使王元逵卒其子紹鼎自稱留後閏四月辛丑禁
嶺外民鬻男女者七月以旱遣使巡撫淮南減上供饋運蠲逋租發粟賑民丙

辰崔鉉罷庚申罷淮南宣歙浙西冬至元日常貢以代下戶租稅是月浙江東
道軍亂逐其觀察使李訥
十年正月丁巳御史大夫鄭朗爲工部尙書同中書門下平章事九月封子灌
爲衞王十月戊子裴休罷十二月壬辰戶部侍郎判戶部崔愼由爲工部尙書
同中書門下平章事
十一年二月辛巳魏謩罷五月容管軍亂逐其經略使王球七月庚子兵部侍
郎判度支蕭鄴同中書門下平章事成德軍節度副大使王紹鼎卒其弟紹懿
自稱留後八月封子灘爲廣王九月乙未有彗星出于房十月壬申鄭朗罷
十二年正月戊戌戶部侍郎判度支劉瑑同中書門下平章事二月廢穆宗忌
日停光陵朝拜及守陵宮人壬申崔愼由罷閏月自十月不雨至于是月雨三
月鹽州監軍使楊玄价殺其刺史劉皐四月庚子嶺南軍亂逐其節度使楊發
戊申兵部侍郎諸道鹽鐵轉運使夏侯孜同中書門下平章事五月丙寅劉瑑
薨庚辰湖南軍亂逐其觀察使韓琮六月丙申江西都將毛鶴逐其觀察使鄭

憲辛亥南蠻寇邊七月容州將來正反伏誅八月宣歙將康全泰逐其觀察使鄭薰淮南節度使崔鉉兼宣歙池觀察處置使以討之丁巳太原地震十月康全泰伏誅十二月毛鶴伏誅甲寅兵部侍郎判戸部蔣伸同中書門下平章事十三年正月戊午大赦蠲度支戸部逋負放宮人八月壬辰左神策軍護軍中尉王宗實立鄆王温爲皇太子權句當軍國政事癸巳皇帝崩于咸寧殿年五十謚曰聖武獻文孝皇帝咸通十三年加謚元聖至明成武獻文睿智章仁神聰懿道大孝皇帝

贊曰春秋之法君弒而賊不討則深責其國以爲無臣子也憲宗之弒歷三世而賊猶在至於文宗不能明弘志等罪惡以正國之典刑僅能殺之而已是可歎也穆敬童昏失德以其在位不久故天下未至於敗亂而敬宗卒及其身是豈有討賊之志哉文宗恭儉儒雅出於天性嘗讀太宗政要慨然慕之及卽位銳意於治每延英對宰臣率漏下十一刻唐制天子以隻日視朝乃命輟朝放朝皆用雙日凡除吏必召見訪問親察其能否故太和之初政事脩飭號爲清

明然其仁而少斷承父兄之弊宦官撓權制之不得其術故其終困以此甘露之事禍及忠良不勝冤憤飲恨而已由是言之其能殺弘志亦足伸其志也昔武丁得一傅說爲商高宗武宗用一李德裕遂成其功烈然其奮然除去浮圖之法甚銳而躬受道家之籙服藥以求長年以此見其非明智之不惑者特好惡有不同爾宣宗精於聽斷而以察爲明無復仁恩之意嗚呼自是而後唐衰矣

唐書卷八

唐書卷八考證

宣宗紀大中九年七月浙西東道軍亂逐觀察使李訥○臣酉按舊書十年正月始書李訥爲浙東觀察使未詳孰是

唐書卷八考證

唐書卷九

宋翰林學士歐陽修撰

本紀第九

懿宗昭聖恭惠孝皇帝諱漼宣宗長子也母曰元昭皇太后鼂氏始封鄆王宣宗愛夔王滋欲立爲皇太子而鄆王長故久不決大中十三年八月宣宗疾大漸以夔王屬內樞密使王歸長馬公儒宣徽南院使王居方等而左神策護軍中尉王宗實副使丌元實矯詔立鄆王爲皇太子癸巳卽皇帝位于柩前王宗實殺王歸長馬公儒王居方庚子始聽政癸卯令狐綯爲司空尊皇太后曰太皇太后九月庚申追尊母爲皇太后十月辛卯大赦賜文武官階勳爵耆老粟帛十一月戊午蕭鄴罷十二月甲申翰林學士承旨兵部侍郎杜審權同中書門下平章事丁酉令狐綯罷荊南節度使白敏中爲司徒兼門下侍郎同中書門下平章事是歲雲南蠻陷播州

咸通元年正月浙東人仇甫反安南經略使王式爲浙江東道觀察使以討之

二月丙申葬聖武獻文孝皇帝于貞陵五月京師地震袁王紳薨七月封叔怲爲信王八月衛王灌薨己卯仇甫伏誅九月戊申白敏中爲中書令十月安南都護李鄠克播州己亥夏侯孜罷戶部尚書判度支畢諴爲禮部尚書同中書門下平章事閏月乙亥朝獻于太淸宮十一月丙子朝享于太廟丁丑有事于南郊大赦改元是月慶王沂薨十二月戊申雲南蠻寇安南癸亥福王綰爲司空

二年二月白敏中罷尚書左僕射判度支杜悰兼門下侍郎同中書門下平章事福王綰薨六月鹽州刺史王寬爲安南經略招討使八月雲南蠻寇邕州九月寇嶲州

三年正月庚午羣臣上尊號曰睿文明聖孝德皇帝大赦是月蔣伸罷二月庚子杜悰爲司空是月棣王惴薨湖南觀察使蔡襲爲安南經略招討使三月戊寅歸義軍節度使張義潮克涼州七月武寧軍亂逐其節度使温璋劍南西川節度使夏侯孜爲尚書左僕射兼門下侍郎同中書門下平章事九月嶺南西

道軍亂逐其節度使蔡京十月丙申封子佾爲魏王侹涼王佶蜀王杜悰爲司徒十一月封叔祖緝爲蘄王叔憒榮王雲南蠻寇安南丙寅降因罪免徐州秋稅十二月翼王綽薨

四年正月戊辰朝獻于太淸宮己巳朝享于太廟庚午有事于南郊大赦雲南蠻陷安南蔡襲死之庚辰撫王紘爲司空二月拜十六陵秦州經略使高駢爲安南經略招討使四月畢諴罷五月己巳翰林學士承旨兵部侍郎楊收同中書門下平章事戊子杜審權罷閏六月杜悰罷兵部侍郎判度支曹確同中書門下平章事七月辛卯朔日有食之免安南戶稅丁錢二歲弛廉州珠池禁八月夔王滋薨十二月乙酉昭義軍亂殺其節度使沈詢

五年正月丙午雲南蠻寇巂州三月寇邕州四月兵部侍郎判戶部蕭寘同中書門下平章事五月丁酉瘞邕巂州死事者己亥有彗星出于婁八月丁卯夏侯孜爲司空十月貞陵隧陷十一月戊戌夏侯孜罷壬寅翰林學士承旨兵部侍郎路巖同中書門下平章事

六年三月蕭寘薨四月劍南東川節度使高璩爲兵部侍郎同中書門下平章事五月高駢及雲南蠻戰于邕州敗之六月高璩薨御史大夫徐商爲兵部侍郎同中書門下平章事七月封子侃爲郢王十二月晉絳二州地震壬子太皇太后崩

七年二月戊申免河南府同華陝虢四州一歲稅湖南及桂邕容三管岳州夏秋稅之半三月成德軍節度使王紹懿卒其兄子景崇自稱留後閏月吐蕃寇邠寧五月甲辰葬孝明太皇太后于景陵之園六月魏博節度使何弘敬卒其子全皞自稱留後八月辛卯晝晦十月壬申楊收罷是月高駢克安南十一月辛亥大赦免咸通三年以前逋負賜文武官階勳爵

八年正月丁未河中府晉絳二州地震五月丙辰以不豫降因罪出宮人五百縱神策五坊飛龍鷹鷂禁延慶端午節獻女口七月兩湯于下邳壬寅蘄王緝薨乙巳懷州民亂逐其刺史劉仁規甲子兵部侍郎諸道鹽鐵轉運使于琮同中書門下平章事十一月辛丑疾愈避正殿賜民年七十而痼疾及軍士戰傷

者帛十二月信王怲薨
九年正月彗星出于婁胃七月武寧軍節度糧料判官龐勛反于桂州十月庚午陷宿州丁丑陷徐州觀察使崔彥曾死之十一月陷濠州刺史盧望回死之右金吾衛大將軍康承訓爲徐泗行營兵馬都招討使神武大將軍王晏權爲北面招討使羽林將軍戴可師爲南面招討使十二月龐勛陷和滁二州滁州刺史高錫望死之壬申戴可師及龐勛戰于都梁山死之是月前天雄軍節度使馬舉爲南面招討使泰寧軍節度使曹翔爲北面招討使
十年二月殺驩州流人楊收三月徙封侃爲威王四月殺鎮南軍節度使嚴譔康承訓及龐勛戰于柳子敗之六月神策軍將軍宋威爲西北面招討使戊戌以蝗旱理囚癸卯徐商罷翰林學士承旨戶部侍郎劉瞻同中書門下平章事八月有彗星出于大陵九月癸酉龐勛伏誅十月戊戌免徐宿濠泗四州三歲稅役十二月壬子雲南蠻寇嘉州
十一年正月甲寅羣臣上尊號曰睿文英武明德至仁大聖廣孝皇帝大赦雲

南蠻寇黎雅二州及成都二月甲申劒南西川節度副使王建立及雲南蠻戰
于城北死之甲午劒南東川節度使顏慶復及雲南蠻戰于新都敗之三月曹
確罷四月丙午翰林學士承旨兵部侍郎韋保衡同中書門下平章事八月殺
醫待詔韓宗紹魏博軍亂殺其節度使何全皥其將韓君雄自稱留後九月丙
辰劉瞻罷十一月辛亥禮部尚書判度支王鐸同中書門下平章事
十二年四月癸卯路巖罷五月庚申理囚十月兵部侍郎諸道鹽鐵轉運使劉
鄴爲禮部尚書同中書門下平章事
十三年二月丁巳于琮罷刑部侍郎判戶部趙隱爲戶部侍郎同中書門下平
章事幽州盧龍軍節度使張允伸卒其子簡會自稱留後三月癸酉平州刺史
張公素逐簡會自稱留後四月庚子浙江東西道地震封子保爲吉王傑壽王
倚睦王五月乙亥殺國子司業韋殷裕十一月王鐸爲司徒韋保衡爲司空
十四年正月沙陀寇代北三月迎佛骨于鳳翔癸巳雨土四月幷州民產子二
頭四手壬寅大赦六月不豫王鐸罷七月辛巳皇帝崩于咸寧殿年四十一

僖宗惠聖恭定孝皇帝諱儇懿宗第五子也母曰惠安皇太后王氏始封普王名儼咸通十四年七月懿宗疾大漸左右神策護軍中尉劉行深韓文約立普王爲皇太子辛巳卽皇帝位于柩前八月癸巳始聽政丁未追尊母爲皇太后乙卯韋保衡爲司徒九月貶保衡爲賀州刺史十月乙未尙書左僕射蕭倣爲中書侍郎同中書門下平章事十二月震電癸卯大赦免水旱州縣租賦罷貢鷹鶻雲南蠻寇黎州

乾符元年二月甲午葬昭聖恭惠孝皇帝于簡陵癸丑降死罪以下趙隱罷華州刺史裴坦爲中書侍郎同中書門下平章事四月辛卯以旱理囚五月乙未裴坦薨刑部尙書劉瞻爲中書侍郎同中書門下平章事八月辛未瞻薨兵部侍郎判度支崔彥昭爲中書侍郎同中書門下平章事十月劉鄴罷吏部侍郎鄭畋爲兵部侍郎翰林學士承旨戶部侍郎盧攜同中書門下平章事十一月庚寅改元羣臣上尊號曰聖神聰睿仁哲明孝皇帝是月蕭倣爲司空魏博節度使韓允中卒其子簡自稱留後十二月党項回鶻寇天德軍雲南蠻寇黎雅

二州河西河東山南東道東川兵伐雲南
二年正月己丑朝獻于太清宮庚寅朝享于太廟辛卯有事于南郊大赦賜文
武官階勳爵文宣王及二王後三恪一子官雲南蠻請和四月庚辰太白晝見
浙西突陣將王郢反五月右龍武軍大將軍宋皓討之蕭倣薨六月濮州賊王
仙芝尙君長陷曹濮二州河南諸鎭兵討之吏部尙書李蔚爲中書侍郎同中
書門下平章事幽州將李茂勳逐其節度使張公素自稱留後七月以蝗避正
殿減膳十一月震電
三年二月丙子以旱降死罪以下三月葬暴骸平盧軍節度使宋威爲指揮諸
道招討草賊使檢校左散騎常侍曾元裕副之募能捕賊三百人者官以將軍
幽州盧龍軍節度使李茂勳立其子可舉爲留後五月庚子以旱理囚免浙東
西一歲稅昭王汭薨六月乙丑雄州地震撫王紘爲太尉七月辛巳雄州地震
鎭海軍節度使裴璩及王郢戰敗之鄂王潤薨九月乙亥朔日有食之避正殿
丙子王仙芝陷汝州執刺史王鐐十一月陷郢復二州十二月京師地震王仙

芝陷申光盧壽通舒六州忠武軍節度使崔安潛爲諸道行營都統宮苑使李瑑爲諸軍行營招討草賊使右威衛上將軍張自勉副之是冬無雪

四年正月丁丑降死罪以下二等流人死者聽收葬崔彥昭爲司空二月王仙芝陷鄂州閏月崔彥昭罷昭義軍亂逐其節度使高湜宣武軍節度使王鐸檢校司徒兼門下侍郎同中書門下平章事三月宛句賊黃巢陷鄆沂二州天平軍節度使薛崇死之四月壬申朔日有食之是月陝州軍亂逐其觀察使崔碣江西賊柳彥璋陷江州執其刺史陶祥高安制置使鍾傳陷撫州五月有彗星避正殿減膳六月王鐸爲司徒庚寅雄州地震八月黃巢陷隋州執刺史崔休徵九月沙陀寇雲朔二州鹽州軍亂逐其刺史王承顏十月河中軍亂逐其節度使劉侔十一月尙君長降宋威殺之十二月安南戍兵亂逐桂管觀察使李瓚江州刺史劉秉仁及柳彥璋戰敗之

五年正月丁酉王仙芝陷江陵外郛壬寅曾元裕及王仙芝戰于申州敗之元裕爲諸道行營招討草賊使張自勉副之宋威罷招討使二月癸酉雲中守捉

使李克用殺大同軍防禦使段文楚己卯克用寇遮虜軍是月王仙芝伏誅其將王重隱陷饒州刺史顏標死之江西賊徐唐莒陷洪州三月黃巢陷濮州寇河南崔安潛罷都統張自勉爲東西面行營招討使湖南軍亂逐其觀察使崔瑾四月饒州將彭令璋克饒州自稱刺史徐唐莒伏誅五月丁酉鄭畋盧攜罷翰林學士承旨戶部侍郎豆盧瑑爲兵部侍郎吏部侍郎崔沆爲戶部侍郎同中書門下平章事是日雨雹大風拔木八月大同軍節度使李國昌陷岢嵐軍黃巢陷杭州九月李蔚罷吏部尚書鄭從讜爲中書侍郎同中書門下平章事黃巢陷越州執觀察使崔璆鎮海軍將張潾克越州十月昭義軍節度使李鈞幽州盧龍軍節度使李可舉討李國昌十一月丁未河東宣慰使崔季康爲河東節度代北行營招討使十二月甲戌黃巢陷福州庚辰崔季康李鈞及李克用戰于洪谷敗績是歲天平軍節度使張裼卒衙將崔君裕自知州事

六年正月鎮海軍節度使高駢爲諸道行營兵馬都統魏王佾薨二月京師地震藍田山裂出水河東軍亂殺其節度使崔季康四月庚申朔日有食之涼王

侹襲王鐸爲荆南節度使南面行營招討都統五月泰寧軍節度使李係爲湖南觀察使副之黄巢陷廣州執嶺南東道節度使李迢陷安南八月甲子東都留守李蔚爲河東節度代北行營招討使閏十月黄巢陷潭澧二州澧州刺史李絢死之十一月丙辰兩日並出而鬬戊午河東節度使康傳圭爲代北行營招討使辛酉黄巢陷江陵殺李迢丁丑山南東道節度使劉巨容及黄巢戰于荆門敗之十二月壬辰克江陵是月貶王鐸爲太子賓客分司東都兵部尚書盧攜爲門下侍郎同中書門下平章事是歲淄州刺史曹全晸克鄆州殺崔君裕黄巢陷鄂宣歙池四州朗州賊周岳陷衡州逐其刺史徐顥荆南將雷滿陷朗州刺史崔翥死之石門蠻向瓌陷澧州權知州事呂自牧死之桂陽賊陳彥謙陷郴州刺史董岳死之

廣明元年正月乙卯改元免嶺南荆湖河中河東稅賦十之四戊寅荆南監軍楊復光泰寧軍將段彥謩殺其守將宋浩以常滋爲節度留後淮南將張潾及黄巢戰于大雲倉敗之二月丙戌李國昌寇忻代二州戊戌河東軍亂殺其節

度使康傳圭壬子鄭從讜罷爲河東節度使代北行營招討使三月辛未以旱避正殿減膳四月甲申京師東都汝州雨雹大風拔木丁酉太府卿李琢爲蔚朔招討都統壬寅張潾克饒州五月汝州防禦使諸葛爽爲蔚朔招討副使泰寧軍將劉漢宏反張潾及黃巢戰于信州死之六月巢陷睦婺宣三州江華賊蔡結陷道州宿州賊魯景仁陷連州七月黃巢陷滁和二州辛酉天平軍節度使曹全晸爲東面副都統辛未劉漢宏降李可舉及李國昌戰于藥兒嶺敗之八月辛卯昭義軍亂殺其節度使李鈞癸卯榮王憒爲司空是月憒薨九月忠武軍將周岌殺其節度使薛能牙將秦宗權自稱權知蔡州事十月黃巢陷申州十一月河中都虞候王重榮逐其節度使李都黃巢陷汝州壬戌幸左神策軍閱武護軍中尉田令孜爲諸道兵馬都指揮制置招討使忠武軍監軍楊復光副之丁卯東都留守劉允章叛附于黃巢壬申巢陷虢州田令孜爲汝洛晉絳同華都統十二月壬午黃巢陷潼關甲申貶盧攜爲太子賓客分司東都翰林學士承旨尚書左丞王徽爲戶部侍郎翰林學士戶部侍郎裴澈爲工部侍

郎同中書門下平章事行在咸陽丙戌左金吾衛大將軍張直方率武官叛附于黃巢巢陷京師辛卯次鳳翔丙申河陽節度使諸葛爽叛附于黃巢丁酉次興元庚子廣德公主豆盧瑑崔沆尚書左僕射劉鄴右僕射于琮太子少師裴諗御史中丞趙濛刑部侍郎李溥京兆尹李湯死于黃巢是歲兩血于靖陵

中和元年正月壬子如成都壬申兵部侍郎判度支蕭遘爲工部侍郎同中書門下平章事丁丑次成都二月己卯敕劍南三川太子少師王鐸爲司徒兼門下侍郎同中書門下平章事淮南節度使高駢爲京城四面都統邠寧節度使李存禮討黃巢鳳翔節度使鄭畋及巢戰于龍尾坡敗之邠寧將王玫陷邠州戊戌清平鎮使陳晟執睦州刺史韋諸自稱刺史三月辛亥黃巢陷鄧州執刺史趙戎辛酉鄭畋爲京城西面行營都統甲子畋及涇原節度使程宗楚天雄軍經略使仇公遇盟于鳳翔是月王徽罷諸葛爽以河陽降四月戊寅王玫伏誅程宗楚朔方軍節度使唐弘夫及黃巢戰于咸陽敗之壬午巢遯于灞上丁亥復入京師弘夫宗楚死之是月敕李國昌及其子克用以討黃巢五月丙辰

克用寇太原振武軍節度使契苾璋敗之辛酉大風雨土是月劉巨容爲南面行營招討使楊復光克鄧州六月鄭賊鍾季文陷明州辛卯邠寧節度副使朱玫及黃巢戰于興平敗績戊戌鄭畋爲司空兼門下侍郎同中書門下平章事京城四面行營都統丙午李克用陷忻代二州七月丁巳大赦改元庚申翰林學士承旨兵部侍郎韋昭度同中書門下平章事丙寅神策軍將郭琪反伏誅辛未田令孜殺左拾遺孟昭圖義武軍節度使王處存爲東南面行營招討使八月感化軍將時溥逐其節度使支詳自稱留後昭義軍節度使高潯及黃巢戰于石橋敗績其將成麟殺潯入于潞州己丑衆星隕于成都九月丙午鄜延節度使李孝章夏綏銀節度使拓拔思恭及黃巢戰于東渭橋敗績臨海賊杜雄陷台州辛酉封子震爲建王己巳昭義軍戍將孟方立殺成麟自稱留後永嘉賊朱褒陷温州是秋河東霜殺禾十月鳳翔行軍司馬李昌言逐其節度使鄭畋十一月李昌言爲鳳翔節度行營招討使鄭畋裴澈罷遂昌賊盧約陷處州十二月安南戍將閔頊逐湖南觀察使李裕自稱留後是歲霍丘鎮使王緒

昭壽光二州
二年正月辛亥王鐸爲諸道行營都都統承制封拜太子少師崔安潛副之高駢罷都統辛未王處存爲京城東面都統李孝章爲北面都統拓拔思恭爲南面都統二月甲戌黃巢陷同州己卯太子少傅分司東都鄭畋爲司空兼門下侍郎同中書門下平章事丙戌李昌言爲京城西面都統邠寧節度使朱玫爲河南都統諸谷防遏使三月邛州蠻阡能叛西川部將楊行遷討之李克用陷蔚州六月朱玫爲京城西北面行營都統楊行遷及阡能戰于乾溪敗績己亥荆南監軍朱敬玫殺其節度使段彥謩少尹李燧自稱留後七月保大軍節度留後東方逵爲京城東面行營招討使撫州刺史鍾傳陷洪州江西觀察使高茂鄉奔于江州八月丁巳東方逵爲京城東北面行營都統拓拔思恭爲京城四面都統魏博節度使韓簡陷孟州九月丙戌黃巢將朱溫以同州降己亥溫爲右金吾衞大將軍河中行營招討副使是月太原桃李實嶺南西道軍亂逐其節度使張從訓平盧軍將王敬武逐其節度使安師儒自稱留後十月嵐州

刺史湯羣以沙陀反韓簡寇鄆州天平軍節度使曹全晸死之部將崔用自稱留後諸葛爽陷孟州十一月荆南軍亂牙將陳儒自稱留後丙子湯羣伏誅是歲關中大饑南城賊危全諷陷撫州危仔倡陷信州廬州將楊行密逐其刺史郎幼復和州刺史秦彥逐宣歙觀察使竇潏

三年正月鴈門節度使李克用爲京城東北面行營都統乙亥王鐸罷二月魏博軍亂殺其節度使韓簡其將樂彥禎自稱留後己未建王震爲太保三月天有聲于浙西壬申李克用及黃巢戰于零口敗之四月甲辰又敗之于渭橋丙午復京師五月鄭畋爲司徒東都留守檢校司空鄭從讜爲司空同中書門下平章事淮南將張瓌陷復州奉國軍節度使秦宗權叛附于黃巢七月宣武軍節度副大使朱全忠爲東北面都招討使鄭畋罷兵部尚書判度支裴澈同中書門下平章事八月黃巢秦宗權寇陳州淮南將韓師德陷岳州九月武寧軍節度使時溥爲東面兵馬都統是秋晉州地震十月全椒賊許勍陷滁州李克用陷潞州刺史李殷銳死之十一月壬申劍南西川行軍司馬高仁厚及阡能

戰于卭州敗之十二月忠武軍將鹿晏弘逐興元節度使牛勗自稱留後是歲
天平軍將曹存實克鄆州石鏡鎮將董昌逐杭州刺史路審中
四年正月婺州將王鎮執其刺史黃碣叛附于董昌二月鎮伏誅浦陽將蔣瓌
陷婺州舒州賊吳迥逐其刺史高澞三月甲子劍南東川節度副大使楊師立
反西川節度使陳敬瑄爲西川東川山南西道都指揮招討使前杭州刺史路
審中陷鄂州五月辛酉朱全忠及黃巢戰敗之辛未河東節度使李克用及巢
戰于宛句敗之癸酉高仁厚爲劍南東川節度使以討楊師立壬午福建團練
副使陳巖逐其觀察使鄭鎰自稱觀察使六月乙卯赦劍南三川瘞京畿骸骨
七月辛酉楊師立伏誅壬午黃巢伏誅九月山南西道節度使鹿晏弘反十月
蕭遘爲司空十一月鹿晏弘陷許州殺節度使周岌自稱留後十二月甲午荊
南行軍司馬張瓌逐其節度使陳儒自稱留後盜殺義昌軍節度使王鐸是歲
關中大饑濮州刺史朱宣逐天平軍節度使曹存實自稱留後武昌軍將杜洪
陷岳州

光啓元年正月庚辰荆南軍將成汭陷歸州是月王緒陷汀漳二州南康賊盧
光稠陷虔州三月丁卯至自成都己巳大赦改元時溥爲蔡州四面行營兵馬
都統蕭遘爲司徒韋昭度爲司空四月吳迥伏誅秦宗權陷襄州山南東道節
度使劉巨容奔于成都武當賊馮行襲陷均州逐其刺史呂燁五月羣臣上尊
號曰至德光烈皇帝六月幽州盧龍軍亂殺其節度使李可舉其將李全忠自
稱留後壬戌秦宗權陷東都七月義昌軍亂逐其節度使楊全玫牙將盧彥威
自稱留後八月光州賊王潮執王緒甲寅殺右補闕常濬樂彥楨殺洺州刺史
馬爽九月河中節度使王重榮反邠寧節度使朱玫討之十月癸丑朱全忠及
秦宗權戰于雙丘敗績十一月河東節度使李克用叛附于王重榮重榮及克
用寇同州刺史郭璋死之十二月癸酉朱玫及王重榮李克用戰于沙苑敗績
乙亥克用犯京師丙子如鳳翔
二年正月辛巳鎮海軍將張郁陷常州戊子如興元癸巳朱玫叛寇鳳翔二月
鄭從讜爲太傅三月壬午山南西道節度使石君涉奔于鳳翔遂州刺史鄭君

雄陷漢州丙申次興元戊戌御史大夫孔緯翰林學士承旨兵部尚書杜讓能爲兵部侍郎同中書門下平章事是春成都地震鳳翔女子化爲丈夫四月乙卯朱玫以嗣襄王熅入于京師五月丙戌有星孛于箕尾武寧軍將丁從實陷常州逐其刺史張郁六月淮西將黃皓殺欽化軍節度使閔頊衡州刺史周岳陷潭州自稱節度使七月秦宗權陷許州忠武軍節度使鹿晏弘死之八月王潮陷泉州刺史廖彥若死之幽州盧龍軍節度使李全忠卒其子匡威自稱留後九月有星隕于揚州戊寅靜難軍將王行瑜陷興鳳二州十月丙午嗣襄王熅自立爲皇帝尊皇帝爲太上元皇聖帝朱全忠陷滑州執義成軍節度使安師儒丙辰杭州刺史董昌攻越州浙東觀察使劉漢宏奔于台州是月河陽節度使諸葛爽卒其子仲方自稱留後神策行營先鋒使滿存克興鳳二州感義軍節度使楊晟陷文州武寧軍將張雄陷蘇州十一月庚子秦宗權陷鄭州十二月魏州地震丙子台州刺史杜雄執劉漢宏降于董昌昌自稱浙東觀察使丙辰朱玫伏誅丁巳熅伏誅秦宗權陷孟州諸葛仲方奔于汴州是歲天平軍

將朱瑾逐泰寧軍節度使齊克讓自稱留後湘陰賊鄧進思陷岳州杜洪陷鄂州自稱武昌軍節度留後

三年三月癸未蕭遘裴澈兵部侍郎鄭昌圖有罪伏誅壬辰如鳳翔鄭從讜罷韋昭度爲司徒癸巳鎮海軍將劉浩逐其節度使周寶度支催勘使薛朗自稱知府事四月甲辰六合鎮遏使徐約陷蘇州逐其刺史張雄甲子淮南兵馬使畢師鐸陷揚州執其節度使高駢是月維州山崩五月甲戌宣歙觀察使秦彥入于揚州癸未秦宗權陷鄭州六月陷孟州河陽將李罕之入于孟州張全義入于東都己酉鳳翔節度使李昌符反庚戌犯大安門不克奔于隴州壬子武定軍節度使李茂貞爲隴州招討使丁巳護國軍將常行儒殺其節度使王重榮其兄重盈自稱留後壬戌亳州將謝殷逐其刺史宋袞七月丁亥降死罪以下貞觀開元建中興元功臣後予一子九品正員官減常膳三之一賜民九十以上粟帛七月李昌符伏誅八月韋昭度爲太保壬寅謝殷伏誅朱全忠陷亳州壬子陷曹州刺史丘弘禮死之九月戶部侍郎判度支張濬爲兵部侍郎同

中書門下平章事秦彥殺高駢十月丁未朱全忠陷濮州甲寅封子陞爲益王杭州刺史錢鏐陷常州丁卯鏐殺周寶是月秦宗權將孫儒寇揚州十一月壬申廬州刺史楊行密陷揚州秦彥畢師鐸奔于孫儒十二月癸巳淮西將趙德諲陷江陵荊南節度使張瓌死之朱全忠爲東南面招討使饒州刺史陳儒陷衢州上蔡賊馮敬章陷蘄州

文德元年正月甲寅孫儒殺秦彥畢師鐸癸亥朱全忠爲蔡州四面行營都統丙寅薛朗伏誅錢鏐陷潤州二月乙亥不豫己丑至自鳳翔庚寅謁于太廟大赦改元是月魏博軍亂殺其節度使樂彥禎其將羅弘信自稱權知留後三月戊戌朔日有食之既壬寅疾大漸立壽王傑爲皇太弟知軍國事癸卯皇帝崩于武德殿年二十七

贊曰唐自穆宗以來八世而爲宦官所立者七君然則唐之衰亡豈止方鎮之患蓋朝廷天下之本也人君者朝廷之本也始即位者人君之本也其本始不正欲以正天下其可得乎懿僖當唐政之始衰而以昏庸相繼乾符之際歲大

旱蝗民愁盜起其亂遂不可復支蓋亦天人之會歟

唐書卷九

唐書卷九考證

懿宗紀咸通四年十二月乙酉昭義軍亂殺其節度使沈詢○臣酉按舊書是年正月河東節度盧簡求致仕以昭義節度劉潼代三月以李蠙爲昭義節度是潼之後蠙蠙之後詢矣而新書沈傳師傳乃云詢遇害潼代爲節度誅害詢者豈潼本在詢後耶當是年月傳誤耳

七年六月何弘敬卒其子全皥自稱留後○舊書在十年十月臣酉按舊書十年正月書弘敬赴行營十二月書起復何全皥其前後記載歷歷不宜有譌或是新書傳誤耳

十月壬申楊收罷○舊書在八年臣酉按新書本傳收相凡五年自四年入相至八年始爲五年當以舊書爲是

僖宗紀廣明元年八月辛卯昭義軍亂殺其節度使李鈞○舊書乾符五年鈞與沙陀戰于洪合王師大敗鈞中流矢而卒新書爲下所殺舊書沒于陣且相去二年未知孰是

是歲雨血于靖陵○沈炳震曰靖陵僖宗陵名靖字誤 臣酉按德宗紀貞元三年二月甲申葬昭德皇后于靖陵則唐時原有兩靖陵此所記者乃昭德皇后之陵耳沈似失考

中和元年正月壬子如成都○舊書在七月乙未幸成都未知孰是

唐書卷九考證

唐書卷十

宋　翰　林　學　士　歐　陽　修　撰

本紀第十

昭宗聖穆景文孝皇帝諱曄懿宗第七子也母曰恭憲皇太后王氏始封壽王乾符三年領幽州盧龍軍節度使僖宗遇亂再出奔壽王握兵侍左右尤見倚信文德元年三月僖宗疾大漸羣臣以吉王長且欲立之觀軍容使楊復恭率兵迎壽王立爲皇太弟改名敏乙巳卽皇帝位于柩前四月戊辰孫儒陷揚州自稱淮南節度使楊行密奔于廬州庚午追尊母爲皇太后韋昭度爲中書令孔緯爲司空乙亥張全義陷孟州李罕之奔于河東成汭陷江陵自稱留後辛卯朱全忠及秦宗權戰于蔡州敗之五月壬寅趙德諲以襄州降以德諲爲忠義軍節度使蔡州四面行營副都統六月閬州防禦使王建陷漢州執刺史張頊遂寇成都韋昭度罷爲劍南西川節度副大使兼兩川招撫制置使十月陳敬瑄反辛卯葬惠聖恭定孝皇帝于靖陵十一月丙申秦宗權陷許州執忠武

軍節度使王緼辛酉奉國軍將申叢執秦宗權十二月丁亥韋昭度爲行營招
討使及永平軍節度使王建討陳敬瑄山南西道節度使楊守厚陷夔州
龍紀元年正月癸巳大赦改元翰林學士承旨兵部侍郎劉崇望同中書門下
平章事壬子宣武軍將郭璠殺奉國軍留後申叢自稱留後二月戊辰朱全忠
俘秦宗權以獻己丑宗權伏誅三月孔緯爲司徒杜讓能爲司空丙申錢鏐陷
蘇州逐刺史徐約六月李克用寇邢州昭義軍節度使孟方立卒其弟遷自稱
留後楊行密陷宣州宣歙觀察使趙鍠死之廬州刺史蔡儔叛附于孫儒八月
甲戌孟遷叛附于李克用十月平盧軍節度使王敬武卒其子師範自稱留後
陷棣州刺史張蟾死之宣歙觀察使楊行密陷常州刺史杜陵死之錢鏐陷潤
州十一月丁未朝獻于太清宮戊申朝享于太廟己酉有事于南郊大赦十二
月孫儒陷常潤二州戊午孔緯爲太保杜讓能爲司徒壬申眉州刺史山行章
叛附于王建
大順元年正月戊子羣臣上尊號曰聖文睿德光武弘孝皇帝大赦改元壬寅

簡州將杜有遷執其刺史員虔嵩叛附于王建二月己未資州將侯元綽執其刺史楊戡叛附于建三月戊申昭義軍節度使李克修卒其弟克恭自稱留後四月丙辰宿州將張筠逐其刺史張紹光丙寅嘉州刺史朱實叛附于王建丙子戎州將文武堅執其刺史謝承恩叛附于建五月張濬爲河東行營都招討宣慰使京兆尹孫揆副之幽州盧龍軍節度使李匡威爲北面招討使雲州防禦使赫連鐸副之朱全忠爲南面招討使王鎔爲東面招討使以討李克用壬寅昭義軍將安居受殺其節度使李克恭叛附于朱全忠癸丑劍南東川節度使顧彥朗卒其弟彥暉自稱留後六月辛酉雅州將謝從本殺其刺史張承簡叛附于王建辛未朱全忠爲河東東面行營招討使是月河東將安知建以邢洺滋三州叛附于全忠七月楊行密陷潤州戊申李克用執昭義軍節度使孫揆八月錢鏐殺蘇州刺史杜孺休楊行密陷蘇州淮南節度使孫儒陷潤州庚午朱全忠爲中書令九月李克用陷潞州楊行密陷潤常二州閏月孫儒陷常州壬戌邛州將任可知殺其刺史毛湘十月癸未蜀州刺史李行周叛附于王

建李克用陷邢洺磁三州十一月丁卯李匡威陷蔚州是月張濬及李克用戰
于陰地敗績孫儒陷蘇州十二月李克用陷晉州
二年正月庚申孔緯張濬罷翰林學士承旨兵部侍郎崔昭緯御史中丞徐彥
若爲戶部侍郎同中書門下平章事甘露鎮使陳可言陷常州錢鏐陷蘇州二
月乙巳赦陳敬瑄丁未詔王建罷兵不受命是春淮南大饑四月庚辰有彗星
入于太微甲申大赦避正殿減膳徹樂賜兩軍金帛贖所略男女還其家民年
八十以上及疾不能自存者長吏存卹訪武德功臣子孫癸卯王建寇成都五
月孫儒陷和滁二州六月楊行密陷和滁二州丙午封子祐爲德王七月李克
用陷雲州防禦使赫連鐸奔于退渾孫儒焚揚州以逃八月庚子王建陷成都
執劍南西川節度使陳敬瑄自稱留後十月壬午朱全忠陷宿州十一月己未
曹州將郭銖殺其刺史郭詞叛附于全忠辛未全忠陷壽州
景福元年正月己未朱全忠陷孟州逐河陽節度使趙克裕丙寅大赦改元二
月劉崇望罷錢鏐陷蘇州甲申朱全忠寇鄆州天平軍節度使朱宣敗之三月

戶部尚書鄭延昌爲中書侍郎同中書門下平章事乙巳楊行密陷楚州執刺史劉瓚又陷常州刺史陳可言死之丙辰武定軍節度使楊守忠龍劍節度使楊守貞會楊守厚兵寇梓州丙寅福建觀察使陳巖卒護閩都將范暉自稱留後庚午泉州刺史王潮寇福州四月辛巳杜讓能爲太尉六月戊寅楊行密陷揚州己巳鳳翔隴右節度使李茂貞陷鳳州感義軍節度使滿存奔于興元遂陷興洋二州八月壬申寇興元楊守亮滿存奔于閬州丙戌降京畿關輔囚罪免淮南浙西宣州逋負十月蔡儔以廬州叛附于朱全忠河東將李存孝以邢州叛附于全忠十一月有星孛于斗牛辛丑武寧軍將張燧張諫以濠泗二州叛附于朱全忠乙巳朱友裕陷濮州執刺史邵儒孫儒將王壇陷婺州刺史蔣瓌奔于越州是歲明州刺史鍾文季卒其將黃晟自稱刺史

二年正月徐彥若罷爲鳳翔隴右節度使李茂貞爲山南西道節度使茂貞不受命二月楊行密陷常州三月辛酉幽州盧龍軍兵馬留後李匡籌逐其兄匡威自稱節度留後四月乙亥王建殺陳敬瑄及劍南西川監軍田令孜乙酉有

彗星入于太微丁亥王鎔殺李匡威戊子朱全忠陷徐州武寧軍節度使時溥死之五月庚子王潮陷福州范暉死之潮自稱留後七月楊行密陷廬州蔡儔死之八月丙申嗣覃王嗣周爲京西路招討使神策大將軍李鐬副之以討李茂貞庚子昇州刺史張雄卒其將馮弘鐸自稱刺史是月楊行密陷歙州九月壬午嗣覃王嗣周及李茂貞戰于興平敗績甲申茂貞犯京師乙酉茂貞殺觀軍容使西門重遂內樞密使李周潼段詡貶杜讓能爲梧州刺史壬辰東都留守檢校司徒韋昭度爲司徒御史中丞崔胤爲戶部侍郎同中書門下平章事是月昇州刺史馮弘鐸叛附于楊行密十月乙未殺杜讓能及戶部侍郎杜弘徽楊行密陷舒州十二月韋昭度爲太傅邵州刺史鄧處訥陷潭州欽化軍節度使周岳死之處訥自稱留後是歲建州刺史徐歸範汀州刺史鍾全慕叛附于王潮

乾寧元年正月有星孛于鶉首乙丑大赦改元李茂貞以兵來朝二月右散騎常侍鄭綮爲禮部侍郎同中書門下平章事彰義軍節度使張鈞卒其兄鐇自

稱留後三月甲申李克用寇邢州執李存孝殺之五月丙子王建陷彭州威戎軍節度使楊晟死之是月鄭延昌罷孫儒將劉建鋒馬殷陷潭州武安軍節度使鄧處訥死之建鋒自稱留後武岡指揮使蔣勛陷邵州六月大同軍防禦使赫連鐸及李克用戰于雲州死之戊午翰林學士承旨禮部尚書李磎同中書門下平章事庚申磎罷御史大夫徐彥若爲中書侍郎同中書門下平章事七月以雨霖避正殿減膳鄭綮罷李茂貞陷閬州八月楊守亮伏誅癸巳滅京畿興元洋金商州賦役九月庚申李克用陷潞州昭義軍節度使康君立死之十月丁酉封子祤爲棣王禊虔王禋沂王禕遂王十一月李克用陷武州十二月陷新州甲寅幽州盧龍軍節度使李匡籌奔于滄州義昌軍節度使盧彥威殺之丙辰李克用陷幽州是冬楊行密陷黃州執刺史吳討

二年正月己巳給事中陸希聲爲戶部侍郎同中書門下平章事壬申護國軍節度使王重盈卒其子珂自稱留後二月乙未太子太傅李磎爲戶部侍郎同中書門下平章事三月崔胤李磎罷戶部侍郎判戶部王摶爲中書侍郎同中

書門下平章事楊行密陷濠州執刺史張燧庚午河東地震四月蘇州大雨雪陸希聲韋昭度罷泰寧軍節度使朱瑾及朱全忠戰于高梧敗績其將安福慶死之楊行密陷壽州執刺史江從勗五月甲子靜難軍節度使王行瑜鎮國軍節度使韓建及李茂貞犯京師殺太保致仕韋昭度太子少師李磎是月李克用陷絳州刺史王瑤死之六月庚寅鎮海軍節度使錢鏐爲浙江東道招討使癸巳吏部尚書孔緯爲司空兼門下侍郎同中書門下平章事七月丙辰李克用以兵屯于河中戊午匡國軍節度使王行約奔于京師庚申左右神策軍護軍中尉駱全瓘劉景宣指揮使王行實李繼鵬反行在莎城嗣薛王知柔權知中書事壬戌李克用陷同州甲子次石門前護國軍節度使崔胤爲中書侍郎同中書門下平章事八月戊戌李克用爲邠寧四面行營招討使保大軍節度使李思孝爲北面招討使定難軍節度使李思諫爲東北面招討使彰義軍節度使張鐇爲西面招討使辛丑李克用爲邠寧四面行營都統李繼鵬伏誅赦李茂貞辛亥至自石門壬子崔昭緯罷九月丙辰徐彥若爲司空癸亥孔緯薨

前昭義軍節度使李罕之爲邠寧四面行營副都統十月京兆尹孫偓爲戶部侍郎同中書門下平章事丙戌李克用及王行瑜戰于梨園敗之庚寅王行約焚寧州以逃義武軍節度使王處存卒其子郜自稱留後十一月丁巳李克用及王行瑜戰于龍泉敗之辛酉衢州刺史陳儒卒其弟岌自稱刺史丁卯王行瑜伏誅壬申齊州刺史朱瓊叛附于朱全忠丁丑王建陷利州刺史李繼顒死之十二月癸未赦京師復大順以來削奪官爵非其罪者甲申閬州防禦使李繼雍蓬州刺史費存渠州刺史陳璠叛附于王建丙申建寇梓州戊辰通州刺史李彥昭叛附于建是歲安州防禦使宣晟陷桂州靜江軍節度使周元靜部將劉士政死之晟自稱知軍府事

三年正月癸丑王建陷龍州刺史田昉死之閏月丁亥果州刺史周雄叛附于建四月壬子武安軍亂殺其節度使劉建峯其將馬殷自稱留後五月癸未楊行密陷蘇州執刺史成及陷光州刺史劉存死之庚寅成汭陷黔州武泰軍節度使王建肇奔于成都乙未董昌伏誅是月蘄州刺史馮行章叛附于楊行密

六月庚戌李茂貞犯京師嗣延王戒丕禦之丙寅及茂貞戰于婁館敗績七月癸巳行在渭北甲午韓建來朝次華州乙巳崔胤罷丙午翰林學士承旨尚書左丞陸扆爲戸部侍郎同中書門下平章事八月甲寅王摶罷乙丑國子毛詩博士朱朴爲左諫議大夫同中書門下平章事九月乙未武安軍節度使崔胤爲中書侍郎翰林學士承旨戸部侍郎崔遠同中書門下平章事丁酉貶陸扆爲峽州刺史十月李克用及羅弘信戰于白龍潭敗之壬子孫偓持節鳳翔四面行營節度諸軍都統招討處置使戊午威勝軍節度使王摶爲吏部尚書同中書門下平章事十一月戊子忠國軍節度使李師悅卒其子繼徽自稱留後

四年正月乙酉韓建以兵圍行宮殺扈蹕都將李筠丙申朱全忠陷鄆州天平軍節度使朱宣死之己亥孫偓罷都統二月朱全忠寇兗州泰寧軍節度使朱瑾奔于淮南其子用貞以兗州叛附于全忠全忠陷沂海密三州保義軍節度使王珙寇河中韓建殺太子詹事馬道殷將作監許巖士楊行密爲江南諸道行營都統癸丑王建陷瀘州刺史馬敬儒死之己未立德王裕爲皇太子大赦

饗于行廟辛未王建陷渝州乙亥孫偓朱朴罷五月壬午朱全忠陷黄州刺史瞿璋死之六月貶王建爲南州刺史以李茂貞爲劍南西川節度使嗣覃王嗣周爲鳳翔隴右節度使茂貞不受命嗣周及茂貞戰于奉天敗績八月韓建殺通王滋沂王禋韶王彭王嗣韓王嗣陳王嗣覃王嗣周嗣延王戒丕嗣丹王允九月錢鏐陷湖州忠國軍節度使李繼徽奔于淮南彰義軍節度使張璉爲鳳翔西北行營招討使靜難軍節度使李思諫爲鳳翔四面行營副都統以討李茂貞十月壬子遂州刺史侯紹叛附于王建乙卯合州刺史王仁威叛附于建庚申建陷梓州劍南東川節度使顧彥暉死之甲子封子祕爲景王祚輝王祺祁王十一月癸酉楊行密及朱全忠戰于清口敗之丙子錢鏐陷台州十二月丁未威武軍節度使王潮卒其弟審知自稱留後

光化元年正月徐彥若爲司徒二月赦李茂貞三月幽州盧龍軍節度使劉仁恭之子守文陷滄州義昌軍節度使盧彥威奔于汴州四月丙寅立淑妃何氏爲皇后五月己巳大赦辛未朱全忠陷洺州刺史邢善益死之又陷邢州壬午

昭磁州刺史袁奉韜死之是月馬殷昭邵衡永三州刺史蔣勛楊師遠唐旻死之七月丙申朱全忠昭唐州又昭隨州執刺史趙匡璘八月戊午昭鄧州執刺史國湘壬戌至自華州甲子大赦改元九月丙子有星隕于北方甲申錢鏐昭蘇州十月魏博節度使羅弘信卒其子紹威自稱留後己亥朱全忠昭安州刺史武瑜死之十一月衢州刺史陳岌叛附于楊行密甲寅封子禛爲雅王祥瓊王十二月癸未李罕之昭潞州自稱節度留後李克用昭澤州

二年正月乙未給復綿劍二州二年丁未崔胤罷兵部尚書陸扆同中書門下平章事是月李罕之昭沁州劉仁恭昭貝州二月甲子朱全忠昭蔡州奉國軍節度使崔洪奔于淮南三月丁巳全忠昭澤州六月丁丑保義軍亂殺其節度使王珙其將李璠叛附于全忠七月壬辰海州戍將陳漢賓以其州叛附于楊行密馬殷昭道州刺史蔡結死之八月李克用昭澤潞懷三州十一月徐彥若爲太保王摶爲司空馬殷昭郴連二州刺史陳彥謙魯景仁死之辛丑保義軍將朱簡殺其節度使李璠叛附于朱全忠

三年四月辛未皇后及皇太子享于太廟六月丁卯清海軍節度使崔胤爲尚書左僕射兼門下侍郎同中書門下平章事王摶罷己巳殺之七月浙江溢八月庚辰李克用陷洺州執刺史朱紹宗九月朱全忠陷洺州錢鏐陷婺州刺史王壇奔于宣州衢州刺史陳岌叛附于錢鏐乙巳徐彥若罷丙午崔遠罷戊申刑部尚書裴贄爲中書侍郎同中書門下平章事甲寅朱全忠陷瀛州十月丙辰陷景州執刺史劉仁霸辛酉陷莫州辛巳陷祁州刺史楊約死之甲申陷定州義武軍節度使王郜奔于太原十一月己丑左右神策軍中尉楊季述王仲先內樞密使王彥範薛齊偓作亂皇帝居于少陽院辛卯季述以皇太子裕爲皇帝丁未太白晝見十二月劉季述殺睦王倚是歲馬殷陷桂宜巖柳象五州睦州刺史陳晟卒其弟詢自稱刺史

天復元年正月乙酉左神策軍將孫德昭董彥弼周承誨以兵討亂皇帝復于位劉季述薛齊偓伏誅降封皇太子裕爲德王戊申朱全忠陷絳州壬子崔胤爲司空朱全忠陷晉州二月甲寅以旱避正殿減膳戊辰朱全忠陷河中執護

國軍節度使王珂辛未封全忠爲梁王是月翰林學士戸部侍郎王溥爲中書
侍郎吏部侍郎裴樞爲戸部侍郎同中書門下平章事三月辛亥昭義軍節度
使孟遷叛附于朱全忠四月壬子全忠陷沁澤二州丁巳儀州刺史張鄂叛附
于全忠甲戌享于太廟丙子大赦改元武德貞觀配饗功臣主祭子孫敘進之
介公酅公後予一子九品正員官免光化以來畿內逋負五月李茂貞來朝六
月李克用陷隰慈二州十月戊戌朱全忠犯京師十一月己酉陷同州壬子如
鳳翔丁巳朱全忠陷華州鎮國軍節度使韓建叛附于全忠辛酉兵部侍郎盧
光啓權句當中書事癸亥李茂貞及朱全忠戰于武功敗績丁卯盧光啓爲右
諫議大夫參知機務戊辰朱全忠犯鳳翔辛未陷邠州靜難軍節度使李繼徽
叛附于全忠甲戌崔胤裴樞罷十二月鍾傳陷吉州是歲淸海軍節度使徐彥
若卒行軍司馬劉隱自稱留後武貞軍節度使雷蒲卒其子彥威自稱留後
二年正月丁卯給事中韋貽範爲工部侍郎同中書門下平章事丙子給事中
嚴龜爲汴岐和協使二月己亥盜發簡陵王建陷利州昭武軍節度使李繼忠

奔于鳳翔三月庚戌晝晦癸丑朱全忠陷汾州乙卯浙西大雨雪戊午朱全忠陷慈隰二州丁卯李克用陷汾慈隰三州四月盧光啓罷丙申溫州刺史朱褒卒其兄敖自稱刺史楊行密陷昇州五月丙午李茂貞及朱全忠戰于武功敗績庚午韋貽範罷六月丙子中書舍人蘇檢爲工部侍郎同中書門下平章事丙戌朱全忠陷鳳州七月甲辰陷成州乙巳陷隴州八月己亥韋貽範起復辛丑王建陷興元山南西道節度使王萬弘叛附于建九月戊申李茂貞及朱全忠戰于槐林敗績武定軍節度使拓拔思恭叛附于王建十月癸酉楊行密爲東面諸道行營都統及湖南節度使馬殷討朱全忠王建陷興州十一月癸卯保大軍節度使李茂勳以兵援鳳翔丙辰韋貽範薨十二月癸巳溫州將丁章逐其刺史朱敖己亥朱全忠陷鄜州保大軍節度使李茂勳叛附于全忠是歲盧光稠陷韶州岳州刺史鄧進思卒其弟進忠自稱刺史

三年正月丙午平盧軍節度使王師範取兗州戊申殺左右神策軍護軍中尉韓全誨張彥弘內樞密使袁易簡周敬容辛亥翰林學士姚洎爲汴岐和協使

壬子工部尚書崔胤爲司空兼門下侍郎同中書門下平章事甲子幸朱全忠軍己巳至自鳳翔哭于太廟大赦庚午崔胤及朱全忠殺中官七百餘人辛未胤判六軍十二衞事丁章伏誅二月兩土甲戌貶陸扆爲沂王傅分司東都丙子王溥罷朱全忠殺蘇檢吏部侍郎盧光啓戊寅降京畿河中鳳翔興德府同邠鄜三州死罪以下己卯輝王祚爲諸道兵馬都元帥庚辰朱全忠爲太尉中書令副之崔胤爲司徒乙未清海軍節度使裴樞爲門下侍郎同中書門下平章事三月朱全忠陷青州楊行密陷密州刺史劉康乂死之四月己卯朱全忠判元帥府事五月壬子荆南節度使成汭及楊行密戰于君山死之武貞軍節度使雷彥威之弟彥恭陷江陵六月乙亥朱全忠陷登州九月楊行密殺奉國軍節度使朱延壽辛亥朱全忠陷棣州刺史邵播死之陷密州戊午平盧軍節度使王師範叛附于全忠十月忠義軍將趙匡明陷江陵自稱留後王建陷忠萬施三州甲戌陷夔州丁丑平盧軍將劉鄩以兗州叛附于朱全忠十二月裴贄罷楊行密陷宣州寧國軍節度使田頵死之辛巳禮部尚書獨孤損爲兵部

侍郎同中書門下平章事丙申朱全忠殺尚書左僕射致仕張濬
天祐元年正月乙巳崔胤罷裴樞判左三軍事獨孤損判右三軍事兵部尚書
崔遠爲中書侍郎翰林學士右拾遺柳璨爲右諫議大夫同中書門下平章事
己酉朱全忠殺太子少傅崔胤及京兆尹鄭元規威遠軍使陳班戊午全忠遷
唐都于洛陽二月丙寅日中見北斗戊寅次陝州朱全忠來朝甲申封子禎爲
端王祁豐王福和王禧登王祐嘉王三月丁未朱全忠兼判左右神策及六軍
諸衞事閏四月壬寅次穀水朱全忠來朝甲辰至自西都享于太廟大風雨土
乙巳大赦改元六月靜難軍節度使楊崇本會李克用王建兵以討朱全忠七
月乙丑全忠以兵屯于河中八月壬寅全忠以左右龍武統軍朱友恭氏叔琮
樞密使蔣玄暉兵犯宮門是夕皇帝崩年三十八明年起居郎蘇楷請更謚恭
靈莊閔廟號襄宗至後唐同光初復故號謚云
昭宣光烈孝皇帝諱柷昭宗第九子也母曰皇太后何氏始封輝王朱全忠已
弒昭宗矯詔立爲皇太子監軍國事

天祐元年八月丙午卽皇帝位于柩前衢州刺史陳璋睦州刺史陳詢叛附于
楊行密九月庚午尊皇后爲皇太后十月辛卯朔日有食之癸巳朱全忠來朝
甲午全忠殺朱友恭氏叔琮十一月全忠陷光州是歲虔州刺史盧光稠卒衙
將李圖自稱知州事
二年正月盧約陷温州楊行密殺平盧軍節度使安仁義丁丑盜焚乾陵下宮
二月楊行密陷鄂州武昌軍節度使杜洪死之戊戌朱全忠殺德王裕及棣王
祤虔王禊遂王禕景王祕祁王祺瓊王祥己酉葬聖穆景文孝皇帝于和陵三
月甲子裴樞罷戊寅獨孤損罷禮部侍郎張文蔚同中書門下平章事甲申崔
遠罷吏部侍郎楊涉同中書門下平章事四月乙未以旱避正殿減膳庚子有
彗星出于西北甲辰出于北河辛亥降京畿死罪以下給復山陵役者一年五
月王建陷金州戎昭軍節度使馮行襲奔于均州六月行襲克金州楊行密陷
婺州執刺史沈夏戊子朱全忠殺裴樞及靜海軍節度使獨孤損左僕射崔遠
吏部尚書陸扆工部尚書王溥司空致仕裴贄檢校司空兼太子太保致仕趙

崇兵部侍郎王贊七月卜郊岳州刺史鄧進忠叛附于馬殷九月甲子朱全忠陷襄州忠義軍節度使趙匡凝奔于淮南丙寅封弟裕爲穎王祐蔡王朱全忠陷江陵留後趙匡明奔于成都乙酉改卜郊十月丙戌朱全忠爲諸道兵馬元帥十一月庚午三卜郊庚辰淮南節度使楊行密卒以其子渥爲淮南節度副大使東面諸道行營都統辛巳朱全忠爲相國總百揆封魏王十二月乙未全忠爲天下兵馬元帥殺蔣玄暉及豐德庫使應頊尚食使朱建武癸卯柳璨爲司空戊申朱全忠弑皇太后辛亥罷郊癸丑貶柳璨爲登州刺史甲寅殺璨及太常卿張廷範

三年正月壬戌淮南將王茂章以宣歙二州叛附于錢鏐二月楊渥陷岳州癸巳王建陷歸州四月癸未朔日有食之鎮南軍節度使鍾傳卒其子匡時自稱留後六月錢鏐陷衢睦二州刺史陳璋陳詢奔于淮南七月楊渥陷饒州八月癸未朱全忠陷相州九月楊渥陷洪州執鍾匡時乙亥匡國軍節度使劉知俊陷坊州執刺史劉彥暉十月辛巳楊崇本會鳳翔涇原鄜延秦隴兵以討朱全

忠戰于美原敗績十一月忠國軍節度使高彥卒其子澧自稱留後閏十二月
戊辰李克用陷潞州昭義軍節度使丁會叛附于克用乙亥震雷雨雪
四年三月劉守光囚其父仁恭自稱幽州盧龍軍節度使四月戊午錢鏐陷溫
州甲子皇帝遜于位徙于曹州號濟陰王梁開平二年二月遇弒年十七諡曰
哀帝後唐明宗追諡昭宣光烈孝皇帝陵曰溫陵
贊曰自古亡國未必皆愚庸暴虐之君也其禍亂之來有漸積及其大勢已去
適丁斯時故雖有智勇有不能爲者矣可謂真不幸也昭宗是已昭宗爲人明
雋初亦有志於興復而外患已成內無賢佐頗亦慨然思得非常之材而用匪
其人徒以益亂自唐之亡也其遺毒餘酷更五代五十餘年至於天下分裂大
壞極亂而後止跡其禍亂其漸積豈一朝一夕哉

唐書卷十考證

昭宗紀乾寧四年十月甲子封子祕爲景王祚輝王祺祁王○舊書與雅王禛王俱在是年二月封沈炳震曰是時韓建方因八王請封皇子昭宗不得已封之耳若在十月始封則建已害諸王不應更封皇子也疑當從舊紀

天復元年二月王溥爲中書侍郎○舊書三年二月乙未拜

唐書卷十考證

唐書卷十一

宋　翰　林　學　士　歐　陽　修　撰

禮樂志第一

由三代而上治出於一而禮樂達于天下由三代而下治出於二而禮樂爲虛名古者宮室車輿以爲居衣裳冕弁以爲服尊爵俎豆以爲器金石絲竹以爲樂以適郊廟以臨朝廷以事神而治民其歲時聚會以爲朝覲聘問懽欣交接以爲射鄉食饗合衆興事以爲師田學校下至里閭田畝吉凶哀樂凡民之事莫不一出於禮由之以教其民爲孝慈友悌忠信仁義者常不出於居處動作衣服飲食之間蓋其朝夕從事者無非乎此也此所謂治出於一而禮樂達天下使天下安習而行之不知所以遷善遠罪而成俗也及三代已亡遭秦變古後之有天下者自天子百官名號位序國家制度宮車服器一切用秦其間雖有欲治之主思所改作不能超然遠復三代之上而牽其時俗稍卽以損益大抵安於苟簡而已其朝夕從事則以簿書獄訟兵食爲急曰此爲政也所以治

民至於三代禮樂具其名物而藏於有司時出而用之郊廟朝廷曰此爲禮也所以教民此所謂治出於二而禮樂爲虛名故自漢以來史官所記事物名數降登揖讓拜俛伏興之節皆有司之事爾所謂禮之末節也然用之郊廟朝廷自搢紳大夫從事其間者皆莫能曉習而天下之人至於老死未嘗見也況欲識禮樂之盛曉然諭其意而被其教化以成俗乎嗚呼習其器而不知其意忘其本而存其末又不能備具所謂朝覲聘問射鄉食饗師田學校冠婚喪葬之禮在者幾何自梁以來始以其當時所行傳於周官五禮之名各立一家之學唐初卽用隋禮至太宗時中書令房玄齡祕書監魏徵與禮官學士等因隋之禮增以天子上陵朝廟養老大射講武讀時令納皇后皇太子入學太常行陵合朔陳兵太社等爲吉禮六十一篇賓禮四篇軍禮二十篇嘉禮四十二篇凶禮十一篇是爲貞觀禮高宗又詔太尉長孫無忌中書令杜正倫李義府中書侍郎李友益黃門侍郎劉祥道許圉師太子賓客許敬宗太常卿韋琨等增之爲一百三十卷是爲顯慶禮其文雜以式令而義府敬宗方得幸多希旨傅會

事既施行議者皆以爲非上元三年詔復用貞觀禮由是終高宗世貞觀顯慶二禮兼行而有司臨事遠引古義與二禮參考增損之無復定制武氏中宗繼以亂敗無可言者博士掌禮備官而已玄宗開元十年以國子司業韋縚爲禮儀使以掌五禮十四年通事舍人王嵒上疏請刪去禮記舊文而益以今事詔付集賢院議學士張說以爲禮記不刊之書去聖久遠不可改易而唐貞觀顯慶禮儀注前後不同宜加折衷以爲唐禮乃詔集賢院學士右散騎常侍徐堅左拾遺李銳及太常博士施敬本撰述歷年未就而銳卒蕭嵩代銳爲學士奏起居舍人王仲丘撰定爲一百五十卷是爲大唐開元禮由是唐之五禮之文始備而後世用之雖時小有損益不能過也貞元中太常禮院脩撰王涇考次歷代郊廟沿革之制及其工歌祝號而圖其壇屋陟降之序爲郊祀錄十卷元和十一年祕書郎修撰韋公肅又錄開元已後禮文損益爲禮閣新儀三十卷十三年太常博士王彥威爲曲臺新禮三十卷又採元和以來王公士民昏祭喪葬之禮爲續曲臺禮三十卷嗚呼考其文記可謂備矣以之施於貞觀開元

之間亦可謂盛矣而不能至三代之隆者具其文而意不在焉此所謂禮樂爲虛名也哉五禮一曰吉禮大祀天地宗廟五帝及追尊之帝后中祀社稷日月星辰岳鎭海瀆帝社先蠶七祀文宣武成王及古帝王贈太子小祀司中司命司人司祿風伯雨師靈星山林川澤司寒馬祖先牧馬社馬步州縣之社稷釋奠而天子親祠者二十有四三歲一祫五歲一禘當其歲則舉其餘二十有二一歲之間不能徧舉則有司攝事其非常祀者有時而行之而皇后皇太子歲行事者各一其餘皆有司行事凡歲之常祀二十有二冬至正月上辛祈穀孟夏雩祀昊天上帝于圓丘季秋大享于明堂臘蜡百神于南郊春分朝日于東郊秋分夕月于西郊夏至祭地祇于方丘孟冬祭神州地祇于北郊仲春仲秋上戊祭于太社立春立夏季夏之土王立秋立冬祀五帝于四郊孟春孟夏孟秋孟冬臘享于太廟孟春吉亥享先農遂以耕籍凡祭祀之節有六一曰卜日二曰齋戒三曰陳設四曰省牲器五曰奠玉帛宗廟之晨裸六曰進熟饋食一曰卜日凡大祀中祀無常日者卜小祀則筮皆于太廟卜日前祀四十有五日

卜于廟南門之外布卜席闑西閾外太常卿立門東太卜正占者立門西卜正
奠龜於席西首灼龜之具在龜北乃執龜立席東北向太卜令進受龜詣卿示
高卿受視已令受龜少退俟命卿曰皇帝以某日祇祀於某令曰諾遂還席西
向坐命龜曰假爾太龜有常與授卜正龜卜正負東扉坐作龜興令進受龜示
卿卿受反之令復位東向占之不釋龜進告於卿曰某日從乃以龜還卜正凡
卜日必舉初旬不吉卽繇中及下如初儀若筮日則卜正啓韇出筴兼執之受
命還席以韇擊筴述命曰假爾太筮有常乃釋韇坐筴執卦以示如卜儀小祀
筮日則太卜令涖之日吉乃用遇廢務皆勿避二曰齋戒其別有三曰散齋曰
致齋曰清齋大祀散齋四日致齋三日中祀散齋三日致齋二日小祀散齋二
日致齋一日大祀前期七日太尉誓百官於尚書省曰某日祀某神祇于某所
各揚其職不供其事國有常刑於是乃齋皇帝散齋于別殿致齋其二日于太
極殿一日于行宮前致齋一日尚舍奉御設御幄於太極殿西序及室內皆東
向尚舍直長張帷於前楹下致齋之日質明諸衞勒所部屯門列仗晝漏上水

一刻侍中版奏請中嚴諸衛之屬各督其隊入陳於殿庭通事舍人引文武五品以上袴褶陪位諸侍衛之官服其器服諸侍臣齋者結佩詣閤奉迎二刻侍中版奏外辦三刻皇帝服袞冕結佩乘輿出自西房曲直華蓋警蹕侍衛即御座東向侍臣夾侍一刻頃侍中前跪奏稱侍中臣某言請就齋室皇帝降座入室文武侍臣還本司陪位者以次出凡豫祀之官散齋理事如舊唯不弔喪問疾不作樂不判署刑殺文書不行刑罰不預穢惡致齋唯行祀事其祀官已齋而闕者攝其餘清齋一日三曰陳設其別有五有侍事之次有即事之位有門外之位有牲器之位有席神之位前祀三日尚舍直長施大次於外壝東門之內道北南向衛尉設文武侍臣之次於其前左右相向設祀官次於東壝之外道南從祀文官九品於其東東方南方朝集使又於其東蕃客又於其東重行異位北向西上介公酅公於西壝之外道南武官九品於其西西方北方朝集使又於其西蕃客又於其西東上其褒聖侯若在朝位於文官三品下設陳饌幔於內壝東西門之外道北南向北門之外道東西向明日奉禮郎設御位於壇之東南西向望

燎位當柴壇之北南向祀官公卿位於內壝東門之內道南分獻之官於公卿之南執事者又於其後異位重行西向北上御史位於壇下一在東南西向一在西南東向奉禮郎位於樂縣東北贊者在南差退皆西向又設奉禮郎贊者位於燎壇東北西向皆北上協律郎位於壇上南陛之西東向太樂令位於北縣之間當壇北向從祀文官九品位於執事之南東方南方朝集使又於其南蕃客又於其南西向北上介公酅公位於中壝西門之內道南武官九品又於其南西方北方朝集使又於其南蕃客又於其南東向北上所以即而行事也又設祀官及從祀羣官位於東西壝門之外如設次所以省牲及祀之日將入而序立也設牲牓於東壝之外當門西向蒼牲一居前又蒼牲一又青牲一在北少退南上次赤牲一次黃牲一白牲一玄牲一又赤牲一白牲一在南少退北上廩犧令位於牲西南祝史陪其後皆北向諸太祝位於牲東各當牲後祝史陪其後西向太常卿位於牲前少北御史位於其西皆南向又設酒尊之位上帝太尊著尊犧尊山罍各二在壇上東南隅北向象尊壺尊山罍各二在壇

下南陛之東北向俱西上配帝著尊犧尊象尊山罍各二在壇上於上帝酒尊之東北向西上五帝日月各太尊二在第一等內官每陛閒各象尊二在第二等中官每陛閒各壺尊二在第三等外官每道閒各概尊二於下壇下衆星每道閒各散尊二於內壝之外凡尊設於神座之左而右向（尊皆加勺冪五帝日月以上皆有坫以置爵也）設御洗於午陛東南亞獻終獻同洗於卯陛之南皆北向罍水在洗東篚在洗西南肆（篚實以巾爵也）分獻罍洗篚冪各於其方陛道之左內向執尊罍篚冪者各立於其後玉幣之篚於壇上下尊坫之所前祀一日晡後太史令郊社令各常服帥其屬升設昊天上帝神座於壇上北方南向席以槀秸高祖神堯皇帝神座於東方西向席以莞五方帝日月於壇第一等青帝於東陛之北赤帝於南陛之東黃帝於南陛之西白帝於西陛之南黑帝於北陛之西大明於東陛之南夜明於西陛之北席皆以槀秸五星十二辰河漢及內官五十有五於第二等十有二陛之閒各依其方席皆內向其內官有北辰座於東陛之北曜魄寶於北陛之西北斗於南陛之東天一太一皆在北斗之東五帝內座於曜魄寶

之東皆差在前二十八宿及中官一百五十有九於第三等其二十八宿及帝座七公日星帝席大角攝提太微太子明堂軒轅三台五車諸王月星織女建星天紀等一十有七皆差在前外官一百有五於內壝之內衆星三百六十於內壝之外各依方次十有二道之間席皆以莞若在宗廟則前享三日尚舍直長施大次於廟東門之外道北南向守宮設文武侍臣次於其後文左武右俱南向設諸享官九廟子孫於齋坊內道東近南西向北上文官九品又於其南東方南方蕃客又於其南西向北上介公酅公於廟西門之外近南武官九品於其南西方北方蕃客又於其南東向北上前享一日奉禮郎設御位於廟東南西向設享官公卿位於東門之內道南執事者位於其後西向北上御史位於廟堂之下一在東南西向一在西南東向令史各陪其後奉禮郎位於樂縣東北贊者二人在南差退俱西向協律郎位於廟堂上前楹之間近西東向太樂令位於北縣之間北向設從享之官位九廟子孫於享官公卿之南昭穆異位文官九品以上又於其南東方南方蕃客又於其南西向北上介公酅公位

於西門之內道南武官九品於其南少西西方北方蕃客又於其南東向北上
設牲牓於東門之外如郊之位設尊彝之位於廟堂之上下每座斝彝一黃彝
一犧尊象尊著尊山罍各二在堂上皆於神座之左獻祖太祖高祖高宗尊彝
在前楹閒北向懿祖代祖太宗中宗睿宗尊彝在戶外南向各有坫焉其壺尊
二太尊二山罍四皆在堂下階閒北向西上簋鉶籩豆在堂上俱東側階之北
每座四簋居前四簠次之六登次之六鉶次之籩豆爲後皆以南爲上屈陳而
下御洗在東堦東南亞獻又於東南俱北向罍水在洗東篚在洗西南肆享日
未明五刻太廟令服其服布昭穆之座於戶外自西序以東獻祖太祖高祖高
宗皆北廂南向懿祖代祖太宗中宗睿宗南廂北向每座黼扆莞席紛純藻席
畫純次席黼純左右几四曰省牲器省牲之日午後十刻去壇二百步所禁行
人晡後二刻郊社令丞帥府史三人及齋郎以尊坫罍洗篚冪入設於位三刻
謁者贊引各引祀官公卿及牲皆就位謁者引司空贊引引御史入詣壇東陛
升行埽除於上降行樂縣於下初司空將升謁者引太常卿贊引引御史入詣

壇東陛升視滌濯降就省牲位南向立廩犧令少前曰請省牲太常卿省牲廩犧令北面舉手曰腯諸太祝各循牲一匝西向舉手曰充諸太祝與廩犧令以次牽牲詣廚授太官謁者引光祿卿詣廚省鼎鑊申視濯溉祀官御史省饌具乃還齋所祀日未明十五刻太官令帥宰人以鸞刀割牲祝史以豆取毛血各置於饌所遂烹牲其于廟亦如之五曰奠玉帛祀日未明三刻郊社令良醞令各帥其屬入實尊罍太祝以玉幣置於篚太官令帥進饌者實諸籩豆簠簋於饌幔未明二刻奉禮郎帥贊者先入就位贊者引御史博士諸太祝及令史祝史與執事者入自東門壇南北向西上奉禮郎曰再拜贊者承傳御史以下皆再拜執尊罍篚冪者各就位贊者引御史諸太祝升壇東陛御史一人太祝二人行掃除於上及第一等御史一人太祝七人行掃除於下未明一刻謁者贊引各引羣臣就門外位太樂令帥工人二舞以次入文舞陳於縣內武舞立於縣南謁者引司空入奉禮郎曰再拜司空再拜升自東陛行掃除於上降行樂縣於下謁者贊引各引羣臣入就位初未明三刻諸衛列大駕仗衛侍中版奏

請中嚴乘黃令進王輅於行宮南門外南向未明一刻侍中版奏外辦皇帝服
袞冕乘輿以出皇帝升輅如初黃門侍郎奏請進發至大次門外南向侍中請
降輅皇帝降輅乘輿之次半刻頃太常博士引太常卿立於大次外當門北向
侍中版奏外辦質明皇帝服大裘而冕博士引太常卿太常卿引皇帝至中壝
門外殿中監進大珪尚衣奉御又以鎮珪授殿中監以進皇帝搢大珪執鎮珪
禮部尚書與近侍者從皇帝至版位西向立太常卿前奏請再拜皇帝再拜奉
禮郎曰衆官再拜在位者皆再拜太常卿前曰有司謹具請行事協律郎跪俛
伏舉麾樂舞六成偃麾戛敔樂止太常卿前奏請再拜皇帝再拜奉禮郎曰衆
官再拜在位者皆再拜諸太祝跪取玉幣於篚各立於尊所皇帝升壇自南陛
北向立太祝以玉幣授侍中東向以進皇帝搢鎮珪受之跪奠於昊天上帝俛
伏興少退再拜立於西方東向太祝以幣授侍中以進皇帝受幣跪奠於高祖
神堯皇帝俛伏興拜降自南陛復于位皇帝將奠配帝之幣謁者七人分引獻
官奉玉幣俱進跪奠於諸神之位祝史齋郎助奠初衆官再拜祝史各奉毛血

之豆入各由其陛升諸太祝迎取於壇上奠之退立於尊所若宗廟曰晨祼享日未明四刻太廟令良醞令各帥其屬入實尊罍太官令帥進饌者實諸籩豆簠簋未明三刻奉禮郎帥贊者先入就位贊者引御史博士宮闈令太祝及令史祝史與執事者入自東門當階間北向西上奉禮郎曰再拜御史以下皆再拜執尊罍篚冪者各就位贊者引御史諸太祝升自東階行掃除於堂上令史祝史行掃除於下太廟令帥其屬陳瑞物太階之西上瑞爲前列次瑞次之下瑞爲後又陳伐國寶器亦如之皆北向西上藉以席未明二刻陳腰輿於東階之東每室各二皆西向北上贊者引太廟令太祝宮闈令帥內外執事者以腰輿升自東階入獻祖室開埳室太祝宮闈令奉神主各置於輿出置於座次出懿祖以下神主如獻祖鑾駕將至謁者贊者各引享官通事舍人分引從享羣臣九廟子孫諸方客使皆就門外位鑾駕至大次門外回輅南向將軍降立於輅右侍中請降輅皇帝降輅乘輿之大次通事舍人引文武五品以上從享之官皆就門外位太樂令帥工人二舞入謁者引司空入就位奉禮郎曰再拜司

空再拜升自東階行掃除於堂上降行樂縣於下初司空行樂縣謁者贊引各
引享官通事舍人分引九廟子孫從享羣官諸方客使入就位皇帝停大次半
刻頃侍中版奏外辦皇帝出太常卿引皇帝至廟門外殿中監進鎮珪皇帝執
鎮珪近侍者從入皇帝至版位西向立太常卿前曰再拜皇帝再拜奉禮郎曰
衆官再拜在位者皆再拜太常卿前曰有司謹具請行事協律郎舉麾鼓柷樂
舞九成偃麾戞敔樂止太常卿曰再拜皇帝再拜奉禮郎曰衆官再拜在位者
皆再拜皇帝詣罍洗侍中跪取匜興沃水又跪取盤興承水皇帝搢珪盥手黄
門侍郎跪取巾於篚興以帨受巾跪奠於篚又取瓚於篚興以進皇帝受瓚侍
中酌水奉盤皇帝洗瓚黄門侍郎授巾如初皇帝拭瓚升自阼階就獻祖尊彝
所執尊者舉冪侍中贊酌鬱酒進獻祖神座前北向跪以鬯祼地奠之俛伏興
少退北向再拜又就懿祖尊彝所執尊者舉冪侍中取瓚於坫以進皇帝受瓚
侍中贊酌鬱酒進懿祖神座前南向跪以鬯祼地奠之次祼太祖以下皆如懿
祖皇帝降自阼階復于版位初羣官已再拜祝史各奉毛血及肝膋之豆立於

東門外齋郎奉爐炭蕭稷黍各立於其後以次入自正門升自太階諸太祝各
迎取毛血肝膋於階上進奠於神座前祝史退立於尊所齋郎奉爐炭置於神
座之左其蕭稷黍各置於其下降自阼階以出諸太祝取肝膋燔於爐還尊所

唐書卷十一

唐書卷十二

宋　翰　林　學　士　歐　陽　修　撰

禮樂志第二

六曰進熟皇帝既升奠玉幣太官令帥進饌者奉饌各陳於內壝門外謁者引司徒出詣饌所司徒奉昊天上帝之俎太官令引饌入門各至其陛祝史俱進跪徹毛血之豆降自東陛以出諸太祝迎饌於壇上司徒太官令俱降自東陛以出又進設外官衆星之饌皇帝詣罍洗盥手洗爵升壇自南陛司徒升自東陛立於尊所齋郎奉俎從升立於司徒後皇帝詣上帝尊所執尊者舉冪侍中贊酌汎齊進昊天上帝前北向跪奠爵興少退立太祝持版進於神右東向跪讀祝文曰維某年歲次月朔日嗣天子臣某敢昭告于昊天上帝皇帝再拜詣配帝酒尊所執尊者舉冪侍中取爵於坫以進皇帝受爵侍中贊酌汎齊進高祖神堯皇帝前東向跪奠爵興少退立太祝持版進於左北向跪讀祝文曰維某年歲次月朔日曾孫開元神武皇帝臣某敢昭告于高祖神堯皇帝皇帝再拜

進昊天上帝前北向立太祝各以爵酌上尊福酒合置一爵太祝持爵授侍中以進皇帝再拜受爵跪祭酒啐酒奠爵俛伏興太祝各帥齋郎進俎太祝減神前胙肉共置一俎授司徒以進皇帝受以授左右皇帝跪取爵遂飲卒爵侍中進受虛爵復於坫皇帝俛伏興再拜降自南陛復于位文舞出武舞入初皇帝將復位謁者引太尉詣罍洗盥手洗匏爵自東陛升壇詣昊天上帝著尊所執尊者舉冪太尉酌醴齊進昊天上帝前北向跪奠爵興再拜詣配帝犧尊所取爵於坫酌醴齊進高祖神堯皇帝前東向跪奠爵興再拜進昊天上帝前北向立諸太祝各以爵酌福酒合置一爵進于右西向立太尉再拜受爵跪祭酒遂飲卒爵太祝進受虛爵復於坫太尉再拜降復位初太尉獻將畢謁者引光祿卿詣罍洗盥手洗匏爵升酌盎齊終獻如亞獻太尉將升獻謁者七人分引五方帝及大明夜明等獻官詣罍洗盥手洗匏爵各由其陛升酌汎齊進跪奠於神前初第一等獻官將升謁者五人次引獻官各詣罍洗盥洗各由其陛升壇詣第二等內官酒尊所酌汎齊以獻贊者四人次引獻官詣罍洗盥洗詣外官

酒尊所酌清酒以獻贊者四人次引獻官詣罍洗盥洗詣衆星酒尊所酌昔酒以獻其祝史齋郎酌酒取奠皆如內官上下諸祝各進跪徹豆還尊所奉禮郎曰賜胙贊者曰衆官再拜在位者皆再拜太常卿前奏請再拜皇帝再拜奉禮郎曰衆官再拜在位者皆再拜樂作一成太常卿前奏請就望燎位皇帝就位南向立上下諸祝各執篚取玉幣祝版禮物以上齋郎以俎載牲體稷黍飯及爵酒各由其陛降壇詣柴壇自南陛登以幣祝版饌物置於柴上戶內諸祝又以內官以下禮幣皆從燎奉禮郎曰可燎東西面各六人以炬燎火半柴太常卿前曰禮畢皇帝還大次出中壝門殿中監前受鎮珪以授尚衣奉御殿中監又前受大珪皇帝入次謁者贊引各引祀官通事舍人分引從祀羣官諸方客使以次出贊者引御史太祝以下俱復執事位奉禮郎曰再拜御史以下皆再拜出工人二舞以次出若宗廟曰饋食皇帝既升祼太官令出帥進饌者奉饌陳於東門之外西向南上謁者引司徒出詣饌所司徒奉獻祖之俎太官引饌入自正門至于太階祝史俱進徹毛血之豆降自阼階以出諸太祝迎饌於階

上設之乃取蕭稷黍擩於脂燔於爐太常卿引皇帝詣罍洗盥手洗爵升自阼階詣獻祖尊彝所執尊者舉冪侍中贊酌汎齊進獻祖前北向跪奠爵又詣尊所侍中取爵於坫以進酌汎齊進神前北向跪奠爵退立太祝持版進於神右東面跪讀祝文曰維某年歲次月朔日孝曾孫開元神武皇帝某敢昭告于獻祖宣皇帝祖妣宣莊皇后張氏皇帝再拜又再拜奠詣懿祖尊彝酌汎齊進神前南向跪奠爵少西俛伏興又酌汎齊進神前南向跪爵少東退立祝史西面跪讀祝文皇帝再拜又再拜次奠太祖代祖高祖太宗高宗中宗睿宗皆如懿祖乃詣東序西向立司徒升自阼階立於前楹間北面東上諸太祝各以爵酌上尊福酒合置一爵太祝持爵授侍中以進皇帝再拜受爵跪祭酒啐酒奠爵俛伏興諸太祝各帥齋郎進俎太祝減神前三牲胙肉共置一俎上以黍稷飯共置一籩授司徒以進太祝又以胙肉授司徒以進皇帝每受以授左右乃跪取爵飲卒爵侍中進受虛爵以授太祝復於坫皇帝降自阼階復于版位文舞出武舞入初皇帝將復位太尉詣罍洗盥手洗爵升自阼階詣獻祖尊彝所酌

醴齊進神前北向跪奠爵少東興再拜又取爵於坫酌醴齊進神前北向跪奠爵少西北向再拜次奠懿祖太祖代祖高祖太宗高宗中宗睿宗如獻祖乃詣東序西向立諸太祝各以爵酌福酒合置一爵太祝持爵進於左北向立太尉再拜受爵跪祭酒遂飲卒爵太祝進受爵復於坫太尉興再拜復于位初太尉獻將畢謁者引光祿卿詣罍洗盥洗升酌盎齊終獻如亞獻諸太祝各進徹豆還尊所奉禮郎曰賜胙贊者曰衆官再拜在位者皆再拜太常卿前奏請再拜皇帝再拜奉禮郎曰衆官再拜在位者皆再拜樂一成止太常卿前曰禮畢皇帝出門殿中監前受鎮珪通事舍人謁者贊引各引享官九廟子孫及從享羣官諸方客使以次出贊引引御史太祝以下俱復執事位奉禮郎曰再拜御史以下皆再拜以出工人二舞以次出太廟令與太祝宮闈令帥腰輿升納神主其祝版燔於齋坊七祀各因其時享司命戶以春竈以夏中霤以季夏土王之日門厲以秋行以冬時享之日太廟令布神席于廟庭西門之內道南東向北上設酒尊於東南罍洗又於東南太廟令良醞令實尊篚太官丞引饌光祿卿

升終獻獻官乃卽事一獻而止其配享功臣各位於其廟室太階之東少南西向以北爲上壺尊二於坐左設洗於終獻洗東南北向以太官令奉饌廟享已亞獻然後獻官卽事而助奠者分奠一獻而止此冬至祀昊天上帝于圜丘孟冬祫于太廟之禮在乎壇壝宗廟之間禮盛而物備者莫過乎此也其壇堂之上下壝門之內外次位之尊卑與其向立之方出入降登之節大抵可推而見其盛且備者如此則其小且略者又可推而知也至於壇埳神位尊爵玉幣籩豆簠簋牲牢冊祝之數皆略依古四成而成高八尺一寸下成廣二十丈而五減之至于五丈而十有二陛者圜丘也八觚三成成高四尺上廣十有六步設八陛上陛廣八尺中陛一丈下陛丈有二尺者方丘也高廣皆四丈者神州之壇也其廣皆四丈而高八尺者青帝七尺者赤帝五尺者黃帝九尺者白帝六尺者黑帝之壇也廣四丈高八尺者朝日之壇也爲坎深三尺縱廣四丈壇於其中高一尺方廣四丈者夕月之壇也廣五丈以五土爲之者社稷之壇也高尺廣丈蜡壇也高五尺周四十步者先農先蠶之壇也其高皆三尺廣皆丈者

小祀之壇也嶽鎮海瀆祭於其廟無廟則爲之壇於坎廣一丈四向爲陛者海瀆之壇也廣二丈五尺高三尺四出陛者古帝王之壇也廣一丈高一丈二尺戶方六尺者大祀之燎壇也廣八尺高一丈戶方三尺者中祀之燎壇也廣五尺戶方二尺者小祀之燎壇也皆開上南出瘞坎皆在內壝之外壬地南出陛方深足容物此壇埳之制也冬至祀昊天上帝於圓丘以高祖神堯皇帝配東方青帝靈威仰南方赤帝赤熛怒中央黃帝含樞紐西方白帝白招拒北方黑帝汁光紀及大明夜明在壇之第一等天皇大帝北辰北斗天一太一紫微五帝座並差在行位前餘內官諸座及五星十二辰河漢四十九座在第二等十有二陛之間中官市垣帝座七公日星帝席大角攝提太微五帝太子明堂軒轅三台五車諸王月星織女建星天紀十七座及二十八宿差在前列其餘中官一百四十二座皆在第三等十二陛之間外官一百五在內壝之內衆星三百六十在內壝之外正月上辛祈穀祀昊天上帝以高祖神堯皇帝配五帝在四方之陛孟夏雩祀昊天上帝以太宗文武聖皇帝配五方帝在第一等五帝

在第二等五官在壇下之東南季秋祀昊天上帝以睿宗大聖真皇帝配五方帝在五室五帝各在其左右五官在庭各依其方立春祀青帝以太皞氏配歲星三辰在壇下之東北七宿在西北句芒在東南立夏祀赤帝以神農氏配熒惑三辰七宿祝融氏之位如青帝季夏土王之日祀黃帝以軒轅氏配鎮星后土氏之位如赤帝立秋祀白帝以少昊氏配太白三辰七宿蓐收之位如赤帝立冬祀黑帝以顓頊氏配辰星三辰七宿玄冥氏之位如白帝蜡祭百神大明夜明在壇上神農伊耆各在其壇上后稷在壇東五官田畯各在其方五星十二次二十八宿五方之岳鎮海瀆山林川澤丘陵墳衍原隰井泉各在其方之壇龍鱗朱鳥騶虞玄武鱗羽臝毛介水墉坊郵表畷於菟貓各在其方壇之後夏至祭皇地祇以高祖配五方之岳鎮海瀆原隰丘陵墳衍在內壝之內各居其方而中岳以下在西南孟冬祭神州地祇以太宗配社以后土稷以后稷配吉亥祭神農以后稷配而朝日夕月無配席尊者以槀秸卑者以莞此神位之序也以太尊實汎齊著尊實醴齊犧尊實盎齊山罍實酒皆二以象尊實醍齊

壺尊實汎齊皆二山罍實酒四以祀昊天上帝皇地祇神州地祇以著尊實汎齊犧尊實醴齊象尊實盎齊山罍實酒皆二以祀配帝以著尊二實醴齊以祀內官以犧尊二實盎齊以祀中官以象尊二實醍齊以祀外官以壺尊二實昔酒以祀衆星日月以上皆有坫迎氣五方帝五人帝以六尊惟山罍皆減上帝之半五方帝大享於明堂太尊著尊犧尊山罍各二五方帝從祀於圓丘以太尊實汎齊皆二五人帝從享於明堂以著尊實醴齊皆二日月以太尊實醴齊著尊實盎齊皆二以山罍實酒一從祀於圓丘以太尊二實汎齊神州地祇從祀於方丘以太尊二實汎齊五官五星三辰后稷以象尊實醍齊七宿以壺尊實沈齊皆二蜡祭神農伊耆氏以著尊皆二實盎齊田畯龍鱗朱鳥騶虞玄武以壺尊實沈齊鱗羽贏毛介丘陵墳衍原隰井泉水墉坊郵表畷虎貓昆蟲以散尊實沈酒皆二嶽鎮海瀆以山尊實醍齊山林川澤以蜃尊實沈齊皆二伊耆氏以上皆有坫太社以太罍實醍齊著尊實盎齊皆二山罍一太稷后稷氏亦如之其餘中祀皆以犧尊實醍齊象尊實盎齊山罍實酒皆二小祀皆以象

尊二實醍齊宗廟祫享室以斝彝實明水黃彝實鬯皆一犧尊實汎齊象尊實醴齊著尊實盎齊山罍實酒皆二設堂上壺尊實醍齊太尊實沈齊山罍實酒皆二設堂下禘享雞彝鳥彝一時享春夏室以雞彝鳥彝一秋冬以斝彝黃彝一皆有坫七祀及功臣配享以壺尊二實醍齊別廟之享春夏以雞彝實明水鳥彝實鬯皆一犧尊實醴齊象尊實盎齊山罍實酒皆二秋冬以斝彝黃彝皆一著尊壺尊山罍皆二太子之廟以犧尊實醴齊象尊實盎齊山罍實酒皆二凡祀五齊之上尊必皆實明水山罍之上尊必皆實明酒小祀之上尊亦實明水此尊爵之數也冬至祀昊天上帝以蒼璧上辛明堂以四圭有邸與配帝之幣皆以蒼內官以下幣如方色皇地祇以黃琮與配帝之幣皆以黃青帝以青圭赤帝以赤璋黃帝以黃琮白帝以白琥黑帝以黑璜幣如其玉日以圭璧幣以青月以圭璧幣以白神州社稷以兩圭有邸幣以黑嶽鎮海瀆以兩圭有邸幣如其方色神農之幣以赤伊耆以黑五星以方色先農之幣以青先蠶之幣以黑配坐皆如之宅祀幣皆以白其長丈八尺此玉幣之制也冬至祀圜丘昊

天上帝配帝籩十二豆十二簠一簋一甑一俎一五方上帝大明夜明籩八豆八簠一簋一甑一俎一五星十二辰河漢及內官中官籩二豆二簠一簋一俎一外官衆星籩豆簋簠俎各一正月上辛祈穀圜丘昊天配帝五方帝如冬至孟夏雩祀圜丘昊天配帝五方帝如冬至五人帝籩四豆四簠一簋一俎一五官籩二豆二簠一簋一俎一季秋大享明堂如雩祀立春祀青帝及太昊氏籩豆皆十二簠一簋一甑一俎一歲星三辰句芒七宿籩二豆二簠一簋一俎一其赤帝黃帝白帝黑帝皆如之蜡祭百神大明夜明籩十豆十簠一簋一甑一俎一神農伊耆籩豆各四簠簋甑各一五星十二辰后稷五方田畯岳鎮海瀆二十八宿五方山林川澤籩豆各二簠簋俎各一丘陵墳衍原隰龍鱗朱鳥白虎玄武鱗羽毛介於菟等籩豆各一簠簋俎各一又井泉籩豆各一簠簋俎各一春分朝日秋分夕月籩十豆十簠一簋一甑一俎一四時祭風師兩師靈星司中司命司人司祿籩八豆八簠一簋一俎一夏至祭方丘皇地祇及配帝籩豆皆十二簠一簋一甑一俎一神州籩四豆四簠一簋一甑一俎一其五嶽四

鎮四海四瀆及五方山川林澤籩二豆二簋簠俎各一孟冬祭神州及配帝籩
豆皆十二簋一簠一甑一俎一春秋祭太社太稷及配坐籩豆皆十簋二簠二
鉶三俎三四時祭馬祖馬社先牧馬步籩豆皆八簋一簠一俎一時享太廟每
室籩豆皆十二簋二簠二甑三鉶三俎三七祀籩二豆二簋二簠二俎二祫享
功臣配享如七祀孟春祭帝社及配坐籩豆皆十簋二簠二甑三鉶三俎三季
春祭先蠶籩豆皆十簋二簠二甑三鉶三俎三孟冬祭司寒籩豆皆八簋一簠
一俎一春秋釋奠於孔宣父先聖先師籩豆十簋二簠二甑三鉶三俎三若從
祀籩豆皆二簋一簠一俎一春秋釋奠於齊太公留侯籩豆皆十簋二簠二甑
三鉶三俎三仲春祭五龍籩豆皆八簋一簠一俎一四時祭五岳四鎮四海四
瀆各籩豆十簋二簠二俎三三年祭先代帝王及配坐籩豆皆十簋二簠二俎
三州縣祭社稷先聖釋奠於先師籩豆皆八簋二簠二俎三籩以石鹽稾魚棗
栗榛菱芡之實鹿脯白餅黑餅糗餌粉餈豆以韭菹醓醢菁菹鹿醢芹菹兔醢
筍菹魚醢脾析菹豚胉酏食糝食中祀之籩無糗餌粉餈豆無酏食糝食小祀

之籩無白餅黑餅豆無脾析葅豚胉凡用皆四者籩以石鹽棗實栗黃鹿脯豆以芹葅兔醢菁葅鹿醢用皆二者籩以栗黃牛脯豆以葵葅鹿醢用皆一者籩以牛脯豆以鹿醢用牛脯者通以羊凡簠簋皆一者簋以稷簠以黍用皆二者簋以黍稷簠以稻粱實甑以大羹鉶以肉羹此籩豆簠簋甑鉶之實也昊天上帝蒼犢五方帝方色犢大明青犢夜明白犢神州地祇黑犢配帝之犢天以蒼地以黃神州以黑皆一宗廟太社太稷帝社先蠶古帝王嶽鎮海瀆皆太牢社稷之牲以黑五官五星三辰七宿皆少牢蜡祭神農氏伊耆氏少牢后稷及五方十二次五官五田畯五嶽四鎮海瀆日月方以犢二星辰以降方皆少牢五井泉皆羊一非順成之方則闕風師雨師靈星司中司命司人司祿馬祖先牧馬社馬步皆羊一司寒黑牲一凡牲在滌大祀九旬中祀三旬小祀一旬養而不卜無方色則用純必有副焉省牲而犢鳴則免之而用副禁其捶拊死則瘞之創病者請代犢告祈之牲不養凡祀皆以其日未明十五刻太官令帥宰人以鸞刀割牲祝史以豆斂毛血置饌所祭則奉之以入遂亨之肉載以俎皆升

右胖體十一前節三肩臂臑後節二肫胳正脊一脡脊一橫脊一正脅一短脅一代脅一皆並骨別祭用太牢者酒二斗脯一段醢四合用少牢者酒減半此牲牢之別也祝版其長一尺一分廣八寸厚二分其木梓楸凡大祀中祀署版必拜皇帝親祠至大次郊社令以祝版進署受以出奠於坫宗廟則太廟令進之若有司攝事則進而御署皇帝北向再拜侍臣奉版郊社令受以出皇后親祠則郊社令預送內侍享前一日進署后北向再拜近侍奉以出授內侍送享所享日之平明女祝奠於坫此冊祝之制也

唐書卷十二

唐書卷十二考證

禮樂志二古帝王嶽鎮海瀆○此句下通典有孔宣父齊太公諸太子廟十字今本缺

唐書卷十二考證

唐書卷十三

宋翰林學士歐陽修撰

禮樂志第三

自周衰禮樂壞于戰國而廢絕于秦漢興六經在者皆錯亂散亡雜僞而諸儒方共補緝以意解詁未得其真而讖緯之書出以亂經矣自鄭玄之徒號稱大儒皆主其說學者由此牽惑沒溺而時君不能斷決以爲有其舉之莫可廢也由是郊丘明堂之論至於紛然而莫知所止禮曰以禋祀祀昊天上帝此天也玄以爲天皇大帝者北辰耀魄寶也又曰兆五帝於四郊此五行精氣之神也玄以爲青帝靈威仰赤帝赤熛怒黃帝含樞紐白帝白招拒黑帝汁光紀者五天也由是有六天之說後世莫能廢焉唐初貞觀禮冬至祀昊天上帝于圜丘正月辛日祀感生帝靈威仰于南郊以祈穀而孟夏雩于南郊季秋大享于明堂皆祀五天帝至高宗時禮官以謂太史圜丘祭昊天上帝在壇上而耀魄寶在壇第一等則昊天上帝非耀魄寶可知而祠令及顯慶禮猶著六天之說顯

慶二年禮部尚書許敬宗與禮官等議曰六天出於緯書而南郊圓丘一也玄以爲二物郊及明堂本以祭天而玄皆以爲祭太微五帝傳曰凡祀啓蟄而郊郊而後耕故郊祀后稷以祈農事而玄謂周祭感帝靈威仰配以后稷因而祈穀皆繆論也由是盡黜玄說而南郊祈穀孟夏雩明堂大享皆祭昊天上帝乾封元年詔祈穀復祀感帝二年又詔明堂兼祀昊天上帝及五帝開元中起居舍人王仲丘議曰按貞觀禮祈穀祀感帝而顯慶禮祀昊天上帝傳曰郊而後耕詩曰噫嘻春夏祈穀于上帝禮記亦曰上辛祈穀于上帝而鄭玄乃云天之五帝迭王王者之興必感其一因別祭尊之故夏正之月祭其所生之帝於南郊以其祖配之故周祭靈威仰以后稷配因以祈穀然則祈穀非祭之本意乃因后稷爲配爾此非祈穀之本義也夫祈穀本以祭天也然五帝者五行之精所以生九穀也宜於祈穀祭昊天而兼祭五帝又曰月令大雩大享帝皆感祭也而孟夏雩季秋大享貞觀禮皆祭五方帝而顯慶禮皆祭昊天上帝宜兼用之以合大雩大享之義旣而蕭嵩等撰定開元禮雖未能合古而天神之位別

矣其配神之主武德中冬至及孟夏雩祭皇地祇于方丘神州地祇於北郊以景帝配而上辛祈穀祀感帝于南郊季秋祀五方天帝於明堂以元帝配貞觀初圜丘明堂北郊以高祖配而元帝惟配感帝高宗永徽二年以太宗配祀明堂而有司乃以高祖配五天帝太宗配五人帝太尉長孫无忌等與禮官議以謂自三代以來歷漢魏晉宋無父子同配於明堂者祭法曰周人禘嚳而郊稷祖文王而宗武王鄭玄以祖宗合爲一祭謂祭五帝五神于明堂以文武共配而王肅駁曰古者祖功宗德自是不毁之名非謂配食於明堂春秋傳曰禘郊祖宗報五者國之典祀也以此知祖宗非一祭於是以高祖配于圜丘太宗配于明堂乾封二年詔圜丘五方明堂感帝神州皆以高祖太宗並配則天垂拱元年詔有司議而成均助教孔玄義太子右諭德沈伯儀鳳閣舍人元萬頃范履冰議皆不同而卒用萬頃履冰之說由是郊丘諸祠常以高祖太宗高宗並配開元十一年親享圜丘中書令張說衞尉少卿韋縚爲禮儀使乃以高祖配而罷三祖並配至二十年蕭嵩等定禮而祖宗之配定矣寶應元年太常卿杜

鴻漸禮儀使判官薛頎歸崇敬等言禘者冬至祭天於圜丘周人配以遠祖唐高祖非始封之君不得爲太祖以配天地而太祖景皇帝受封于唐卽殷之契周之后稷也請以太祖郊配天地諫議大夫黎幹以謂禘者宗廟之事非祭天而太祖非受命之君不宜作配爲十詰十難以非之書奏不報乃罷高祖以景皇帝配明年旱言事者以爲高祖不得配之過也代宗疑之詔羣臣議太常博士獨孤及議曰受命於神宗禹也而夏后氏祖顓頊而郊鯀瞽禹黜夏湯也而殷人郊冥而祖契革命作周武王也而周人郊稷而祖文王太祖景皇帝始封于唐天所命也由是配享不易嗚呼禮之失也豈獨緯書之罪哉在於學者好爲曲說而人君一切臨時申其私意以增多爲盡禮而不知煩數之爲黷也古者祭天於圜丘在國之南祭地於澤中之方丘在國之北所以順陰陽因高下而事天地以其類也其方位既別而其燎壇瘞坎樂舞變數亦皆不同而後世有合祭之文則天天冊萬歲元年親享南郊始合祭天地睿宗卽位將有事於南郊諫議大夫賈曾議曰祭法有虞氏禘黃帝而郊嚳夏后氏禘黃帝而郊鯀

郊之與廟皆有禘也禘於廟則祖宗合食於太祖禘於郊則地祇羣望皆合於圓丘以始祖配享蓋有事之大祭非常祀也三輔故事祭于圓丘上帝后土位皆南面則漢嘗合祭矣國子祭酒褚无量司業郭山惲等皆以曾言爲然是時睿宗將祭地於北郊故曾之議寢玄宗既已定開元禮天寶元年遂合祭天地于南郊是時神仙道家之說興陳王府參軍田同秀言玄元皇帝降丹鳳門乃建玄元廟二月辛卯親享玄元皇帝廟甲午親享太廟丙申有事于南郊其後遂以爲故事終唐之世莫能改也爲禮者可不慎哉夫男女之不相褻於內外也況郊廟乎中宗時將享南郊國子祭酒祝欽明言皇后當助祭太常博士唐紹蔣欽緒以爲不可左僕射韋巨源獨以欽明說爲是於是以皇后爲亞獻補大臣李嶠等女爲齋娘以執籩豆焉至德宗貞元六年又以皇太子爲亞獻親王爲終獻孝經曰宗祀文王於明堂以配上帝而三代有其名而無其制度故自漢以來諸儒之論不一至於莫知所從則一切臨時增損而不能合言然推其本旨要於布政交神於王者尊嚴之居而已其制作何必與古同然爲之者

至無所據依乃引天地四時風氣乾坤五行數象之類以爲倣像而衆說亦不克成隋無明堂而季秋大享常寓雩壇唐高祖太宗時寓于圜丘貞觀中禮部尙書豆盧寬國子助教劉伯莊議從崑崙道上層以祭天下層以布政而太子中允孔穎達以爲非侍中魏徵以謂五室重屋上圓下方上以祭天下以布政自前世儒者所言雖異而以爲如此者多同至於高下廣狹丈尺之制可以因事制宜也祕書監顏師古曰周書敘明堂有應門雉門之制以此知爲王者之常居爾其青陽總章玄堂太廟左右个皆路寢之名也文王居明堂之篇帶弓韣禮高禖九門磔禳國有酒以合三族推其事皆與月令合則皆在路寢也大戴禮曰在近郊又曰文王之廟也此奚足以取信哉且門有皐庫豈得施於郊野謂宜近在宮中徵及師古等皆當世名儒其論止於如此高宗時改元總章分萬年置明堂縣示欲必立之而議者益紛然或以爲五室或以爲九室而高宗依兩議以帟幕爲之與公卿臨觀而議益不一乃下詔率意班其制度至取象黃琮上設鴟尾其言益不經而明堂亦不能立至則天始毀東都乾元殿以

其地立明堂其制淫侈無復可觀皆不足記其後火焚之既而又復立開元五年復以爲乾元殿而不毀初則天以木爲瓦夾紵漆之二十五年玄宗遣將作大匠康䛒素毀之䛒素以爲勞人乃去其上層易以真瓦而迄唐之世季秋大享皆寓圜丘書曰七世之廟可以觀德而禮家之說世數不同然自禮記王制祭法禮器大儒荀卿劉歆班固王肅之徒以爲七廟者多蓋自漢魏以來創業之君特起其上世微又無功德以備祖宗故其初皆不能立七廟唐武德元年始立四廟曰宣簡公懿王景皇帝元皇帝貞觀九年高祖崩太宗詔有司定議諫議大夫朱子奢請立太廟虛太祖之室以待於是尚書八座議禮曰天子三昭三穆與太祖之廟而七晉宋齊梁皆立親廟六此故事也制曰可於是祔弘農府君及高祖爲六室二十三年太宗崩弘農府君以世遠毀藏夾室遂祔太宗及高宗崩宣皇帝遷于夾室而祔高宗皆爲六室武氏亂敗中宗神龍元年已復京太廟又立太廟于東都議立始祖爲七廟而議者欲以涼武昭王爲始祖太常博士張齊賢議以爲不可因曰古者有天下者事七世而始封之君謂

之太祖太祖之廟百世不遷至祫祭則毀廟皆以昭穆合食于太祖商祖玄王周祖后稷其世數遠而遷廟之主皆出太祖後故合食之序尊卑不差漢以高皇帝爲太祖而太上皇不在合食之列爲其尊於太祖故也魏以武帝爲太祖晉以宣帝爲太祖武宣而上廟室皆不合食于祫至隋亦然唐受天命景皇帝始封之君太祖也以其世近而在三昭三穆之內而光皇帝以上皆以屬尊不列合食今宜以景皇帝爲太祖復祔宣皇帝爲七室而太祖以上四室皆不合食于祫博士劉承慶尹知章議曰三昭三穆與太祖爲七廟者禮也而王迹有淺深太祖有遠近太祖以功建昭穆以親崇有功者不遷親盡者則毀今以太祖近而廟數不備乃欲於昭穆之外遠立當遷之主以足七廟而乖迭毀之義不可天子下其議大臣禮部尚書祝欽明兩用其言於是以景皇帝爲始祖而不祔宣皇帝已而以孝敬皇帝爲義宗祔于廟由是爲七室而京太廟亦七室中宗崩中書令姚元之吏部尚書宋璟以謂義宗追尊之帝不宜列昭穆而其葬在洛州請立別廟于東都而有司時享其京廟神主藏于夾室由是祔中宗

而光皇帝不遷遂爲七室矣睿宗崩博士陳貞節蘇獻等議曰古者兄弟不相爲後殷之盤庚不序於陽甲漢之光武不嗣於孝成而晉懷帝亦繼世祖而不繼惠帝蓋兄弟相代昭穆位同至其當遷不可兼毀二廟荀卿子曰有天下者事七世謂從禰以上也若旁容兄弟上毀祖考則天子有不得事七世者矣孝和皇帝有中興之功而無後宜如殷之陽甲出爲別廟祔睿宗以繼高宗於是立中宗廟于太廟之西開元十年詔宣皇帝復祔于正室謚爲獻祖幷謚光皇帝爲懿祖又以中宗還祔太廟於是太廟爲九室將親祔之而遇雨不克行乃命有司行事寶應二年祧獻祖懿祖祔玄宗肅宗自是之後常爲九室矣代宗崩禮儀使顏真卿議太祖高祖太宗皆不毀而代祖元皇帝當遷於是遷元皇帝而祔代宗德宗崩禮儀使杜黃裳議高宗在三昭三穆外當遷於是遷高宗而祔德宗蓋以中睿爲昭穆矣順宗崩當遷中宗而有司疑之以謂則天革命中宗中興之主也博士王涇史官蔣武皆以爲中宗得失在己非漢光武晉元帝之比不得爲中興不遷之君由是遷中宗而祔順宗自憲宗穆宗敬宗文宗

四世祔廟睿玄肅代以次遷至武宗崩德宗以次當遷而於世次爲高祖禮官
始覺其非以謂兄弟不相爲後不得爲昭穆乃議復祔代宗而議者言已祧之
主不得復入太廟禮官曰昔晉元明之世已遷豫章頴川後皆復祔此故事也
議者又言廟室有定數而無後之主當置別廟禮官曰晉武帝時景文同廟廟
雖六代其實七主至元帝明帝廟皆十室故賀循曰廟以容主爲限而無常數
也於是復祔代宗而以敬宗文宗武宗同爲一代初玄宗之復祔獻祖也詔曰
使親而不盡遠而不祧蓋其率意而言爾非本於禮也而後之爲說者乃遷就
其事以謂三昭三穆與太祖祖功宗德三廟不遷爲九廟者周制也及敬文武
三宗爲一代故終唐之世常爲九代十一室焉開元五年太廟四室壞奉其神
主于太極殿天子素服避正殿輟朝三日時將行幸東都遂謁神主于太極殿
而後行安祿山之亂宗廟爲賊所焚肅宗復京師設次光順門外嚮廟而哭輟
朝三日其後黃巢陷京師焚毀宗廟而僖宗出奔神主法物從行皆爲賊所掠
巢敗復京師素服哭于廟而後入初唐建東西二都而東都無廟則天皇后僭

號稱周立周七廟于東都以祀武氏改西京唐太廟爲享德廟神龍元年中宗復位遷武氏廟主于西京爲崇尊廟而以東都武氏故廟爲唐太廟祔光皇帝以下七室而親享焉由是東西二都皆有廟歲時並享其後安祿山陷兩京宗廟皆焚毀肅宗卽位西都建廟作主而東都太廟毀爲軍營九室神主亡失至大曆中始於人間得之寓于太微宮不復祔享自建中至于會昌議者不一或以爲東西二京宜皆有廟而舊主當瘞虛其廟以俟巡幸則載主而行或謂宜藏其神主于夾室或曰周豐洛有廟者因遷都乃立廟爾今東都不因遷而立廟非也又曰古者載主以行者惟新遷一室之主爾未有載羣廟之主者也至武宗時悉廢羣議詔有司擇日脩東都廟已而武宗崩宣宗竟以太微神主祔東都廟焉其追贈皇后追尊皇太后贈皇太子往往皆立別廟其近於禮者後世當求諸禮其不合於禮而出於私意者蓋其制作與其論議皆不足取焉故不著也宣宗已復河湟三州七關歸其功順宗憲宗而加謚號博士李稠請改作神主易書新謚右司郎中楊發等議以謂古者已祔之主無改作加謚追尊

非禮也始於則天然猶不改主易書宜以新諡寶冊告于陵廟可也是時宰相以謂士族之廟皆就易書乃就舊主易書新諡焉禘祫大祭也祫以昭穆合食于太祖而禘以審諦其尊卑此祫禘之義而爲禮者失之至於年數不同祖宗先位而議者莫知所從禮曰三年一祫五年一禘傳曰五年再殷祭高宗上元三年十月當祫而有司疑其年數太學博士史玄璨等議以爲新君喪畢而祫明年而禘自是之後五年而再祭蓋後禘去前禘五年而祫常在禘後三年禘常在祫後二年魯宣公八年禘僖公蓋二年喪畢而祫明年而禘至八年而再禘昭公二十年禘至二十五年又禘此可知也議者以玄璨等言有經據遂從之睿宗崩開元六年喪畢而祫明年而禘自是之後祫禘各自以年不相通數凡七祫五禘至二十七年禘祫並在一歲有司覺其非乃議以爲一禘一祫五年再殷宜通數而禘後置祫歲數遠近二說不同鄭玄用高堂隆先三而後二徐邈先二後三而邈以謂二禘相去爲月六十中分三十置一祫焉此最爲得遂用其說由是一禘一祫在五年之間合於再殷之義而置祫先後則不同焉

禮禘祫太祖位于西而東向其子孫列爲昭穆昭南向而穆北向雖已毀廟之主皆出而序于昭穆殷周之興太祖世遠而羣廟之主皆出其後故其禮易明漢魏以來其興也暴又其上世微故創國之君爲太祖而世近毀廟之主皆在太祖之上於是禘祫不得如古而漢魏之制太祖而上毀廟之主皆不合食唐興以景皇帝爲太祖而世近在三昭三穆之內至禘祫乃虛東向之位而太祖與羣廟列於昭穆代宗卽位祔玄宗肅宗而遷獻祖懿祖于夾室於是太祖居第一室禘祫得正其位而東向而獻懿不合食建中二年太學博士陳京請爲獻祖懿祖立別廟至禘祫則享禮儀使顏真卿議曰太祖景皇帝居百代不遷之尊而禘祫之時暫居昭穆屈己以奉祖宗可也乃引晉蔡謨議以獻祖居東向而懿祖太祖以下左右爲昭穆由是議者紛然貞元十七年太常卿裴郁議以太祖百代不遷獻懿二祖親盡廟遷而居東向非是請下百寮議工部郎中張薦等議與真卿同太子左庶子李嶸等七人曰真卿所用晉蔡謨之議也謨爲禹不先鯀之說雖有其言當時不用獻懿二祖宜藏夾室以合祭法遠廟爲

祧而壇墠有禱則祭無禱則止之義吏部郎中柳冕等十二人曰周禮有先公之祧遷祖藏於后稷之廟其周未受命之祧乎又有先王之祧其遷主藏於文武之廟其周已受命之祧乎今獻祖懿祖猶周先公也請築別廟以居之司勳員外郎裴樞曰建石室於寢園以藏神主至禘祫之歲則祭之考功員外郎陳京同官縣尉仲子陵皆曰遷神主於德門興聖廟京兆少尹韋武曰祫則獻祖東向禘則太祖東向十一年左司郎中陸淳曰議者多矣不過三而已一曰復太祖之正位二曰並列昭穆而虛東向三曰祫則獻祖禘則太祖迭居東向而復正太祖之位爲是然太祖復位則獻懿之主宜有所歸一曰藏諸夾室二曰置之別廟三曰遷于園寢四曰祔於興聖然而藏諸夾室則無饗獻之期置之別廟則非禮經之文遷于寢園則亂宗廟之儀唯祔于興聖爲是至十九年左僕射姚南仲等獻議五十七封付都省集議戶部尚書王紹等五十五人請遷懿祖祔興聖廟議遂定由是太祖始復東向之位若諸臣之享其親廟室服器之數視其品開元十二年著令一品二品四廟三品三廟五品二廟嫡士一廟

庶人祭于寢及定禮二品以上四廟三品三廟三品以上不須爵者亦四廟四廟有始封爲五廟四品五品有兼爵亦三廟六品以下達于庶人祭於寢天寶十載京官正員四品清望及四品五品清官聽立廟勿限兼爵雖品及而建廟未逮亦聽寢祭廟之制三品以上九架廈兩旁三廟者五間中爲三室左右廈一間前後虛之無重栱藻井室皆爲石室一於西墉二之一近南距地四尺容二主廟垣周之爲南門東門門屋三室而上閒以廟增建神廚於廟東之少南齋院於東門之外少北制勿逾於廟三品以上有神主五品以上有几筵牲以少牢羊豕一六品以下特豚不以祖禰貴賤皆子孫之牲牲闕代以野獸五品以上室異牲六品以下共牲二品以上室以籩豆十三品以八四品五品以六五品以上室皆簠二簋二甑二鉶二俎三尊二罍二勺二爵六盤一坫一篚一牙盤胙俎一祭服三品以上玄冕五品以上爵弁六品以下進賢冠各以其服凡祔皆給休五日時享皆四日散齋二日於正寢致齋一日於廟子孫陪者齋一宿於家始廟則署主而祔後喪闋乃祔喪二十八月上旬卜而祔始神事之

矣王公之主載以輅夫人之主以翟車其餘皆以輿天子以四孟臘享太廟諸臣避之祭仲而不臘三歲一祫五歲一禘若祔若常享若禘祫卜日齋戒省牲視滌濯鼎鑊亨牲實饌三獻飲福受胙進退之數大抵如宗廟之祀以國官亞終獻無則以親賓以子弟其後不卜日而筮用亥祭寢者春秋以分冬夏以至日若祭春分則廢元日然元正歲之始冬至陽之復二節最重祭不欲數乃廢春分通爲四祠器以烏漆差小常制祭服以進賢冠主婦花釵禮衣後或改衣冠從公服無則常服凡祭之在廟在寢既畢皆親賓子孫慰主人以常服見若宗子有故庶子攝祭則祝曰孝子某使介子某執其常事通祭三代而宗子卑則以上牲祭宗子家祝曰孝子某爲其介子某薦其常事庶子官尊而立廟其主祭則以支庶封官依大宗主祭兄陪於位以廟由弟立己不得延神也或兄弟分官則各祭考妣於正寢古殤及無後皆祔食於祖無祝而不拜設坐祖左而西向亞獻者奠祝乃奠之一獻而止其後廟制設幄當中南向祔坐無所施皆祭室戶外之東而西向親伯叔之無後者祔曾祖親昆弟及從父昆弟祔於

祖親子姪祔於禰寢祭之位西上祖東向而昭穆南北則伯叔之祔者居禰下之穆位北向昆弟從父昆弟居祖下之昭位南向子姪居伯叔之下穆位北向以序尊卑凡殤無後以周親及大功爲斷古者廟於大門內秦出寢於陵側故王公亦建廟於墓既廟與居異則宮中有喪而祭三年之喪齊衰大功皆廢祭外喪齊衰以下行之

唐書卷十三

唐書卷十四

宋　翰　林　學　士　歐　陽　修　撰

禮樂志第四

其非常祀天子有時而行之者曰封禪巡守視學耕藉拜陵文中子曰封禪非古也其秦漢之侈心乎蓋其曠世不常行而於禮無所本故自漢以來儒生學官論議不同而至於不能決則出於時君率意而行之爾隋文帝嘗令牛弘辛彥之等撰定儀註爲壇泰山下設祭如南郊而已未嘗升山也唐太宗已平突厥而年穀屢豐羣臣請封泰山太宗初頗非之已而遣中書侍郎杜正倫行太山上七十二君壇迹以是歲兩河大水而止其後羣臣言封禪者多乃命祕書少監顏師古諫議大夫朱子奢等集當時名儒博士雜議不能決於是左僕射房玄齡特進魏徵中書令楊師道博採衆議奏上之其議曰爲壇於泰山下祀昊天上帝壇之廣十二丈高丈二尺玉牒長一尺三寸廣厚五寸玉檢如之厚減三寸其印齒如璽纏以金繩五周玉策四皆長一尺三寸廣寸五分厚五分

每策皆五簡聯以金昊天上帝配以太祖皇地祇配以高祖已祀而歸格于廟盛以金匱匱高六寸廣足容之制如表函纏以金繩封以金泥印以受命之璽而玉牒藏于山上以方石三枚爲再累纏以金繩封以石泥印以受命之璽其山上之圓壇土以五色高九尺廣五丈四面爲一階天子升自南階而封玉牒已封而加以土築爲封高一丈二尺廣二丈其禪社首亦如之其石檢封以受命璽而玉檢別製璽方一寸二分文如受命璽以石距非經不用又爲告至壇方八十一尺高三尺四出陛以燔柴告至望秩羣神遂著于禮其他降禪朝覲皆不著至十五年將東幸行至洛陽而彗星見乃止高宗乾封元年封泰山爲圓壇山南四里如圓丘三壝壇上飾以青四方如其色號封祀壇玉策三以玉爲簡長一尺二寸廣一寸二分厚三分刻而金文玉匱一長一尺三寸以藏上帝之冊金匱二以藏配帝之冊纏以金繩五周金泥玉璽璽方一寸二分文如受命璽石䃭以方石再累皆方五尺厚一尺刻方其中以容玉匱䃭旁施檢刻深三寸三分闊一尺當繩刻深三分闊一寸五分石檢十枚以檢石䃭皆長三

尺闊一尺厚七分印齒三道皆深四寸當璽方五寸當繩闊一寸五分檢立於䃭旁南方北方皆三東方西方皆二去䃭隅皆一尺䃭纏以金繩五周封以石泥距石十二分距䃭隅皆再累皆闊二尺長一丈斜刻其首令與䃭隅相應又爲壇於山上廣五丈高九尺四出陛一壝號登封壇玉牒玉檢石䃭石距玉匱石檢皆如之爲降禪壇於社首山上八隅一成八陛如方丘三壝上飾以黃四方如其色其餘皆如登封其議略定而天子詔曰古今之制文質不同今封禪以玉牒金繩而瓦尊匏爵秸席宜改從文於是昊天上帝褥以蒼地祇褥以黃配褥皆以紫而尊爵亦更焉是歲正月天子祀昊天上帝于山下之封祀壇以高祖太宗配如圜丘之禮親封玉冊置石䃭聚五色土封之徑一丈二尺高尺已事升山明日又封玉冊于登封壇又明日祀皇地祇于社首山之降禪壇如方丘之禮以太穆皇后文德皇后配而以皇后武氏爲亞獻越國太妃燕氏爲終獻率六宮以登其帷帟皆錦繡羣臣瞻望多竊笑之又明日御朝覲壇以朝羣臣如元日之禮乃詔立登封降禪朝覲之碑名封祀壇曰舞鶴臺登封壇曰

萬歲臺降禪壇曰景雲臺以紀瑞焉其後將封嵩嶽以吐蕃突厥寇邊而止永淳元年又作奉天宮於嵩山南遂幸焉將以明年十一月封禪詔諸儒國子司業李行偉考功員外郎賈大隱等草具其儀已而遇疾不克封至武后遂登封焉玄宗開元十二年四方治定歲屢豐稔羣臣多言封禪中書令張說又固請乃下制以十三年有事泰山於是說與右散騎常侍徐堅太常少卿韋縚祕書少監康子元國子博士侯行果刊定儀注立圓臺於山上廣五丈高九尺上色各依其方又於圓臺上起方壇廣一丈二尺高九尺其壇臺四面爲一階又積柴爲燎壇於圓臺之東南量地之宜柴高一丈二尺方一丈開上南出戶六尺又爲圓壇於山下三成十二階如圓丘之制又積柴於壇南爲燎壇如山上又爲玉冊玉匱石磩皆如高宗之制玄宗初以謂升中於崇山精享也不可諠譁欲使亞獻以下皆行禮山下壇召禮官講議學士賀知章等言昊天上帝君也五方精帝臣也陛下享君於上羣臣祀臣於下可謂變禮之中然禮成於三亞終之獻不可異也於是三獻皆升山而五方帝及諸神皆祭山下壇玄宗問前

世何爲祕玉牒知章曰玉牒以通意於天前代或祈長年希神仙旨尙微密故外莫知帝曰朕今爲民祈福無一祕請卽出玉牒以示百寮乃祀昊天上帝於山上壇以高祖配祀五帝以下諸神於山下其祀禮皆如圓丘而卜日告天及廟社大駕所經及告至問百年朝覲皆如巡狩之禮其登山也爲大次於中道止休三刻而後升其已祭燔燎侍中前跪稱具官臣某言請封玉冊皇帝升自南陛北向立太尉進昊天上帝神座前跪取玉冊置於案以進皇帝受玉冊跪內之玉匱纏以金繩封以金泥侍中取受命寶跪以進皇帝取寶以印玉匱侍中受寶以授符寶郎太尉進皇帝跪捧玉匱授太尉太尉退復立太常卿前奏請再拜皇帝再拜退入于次太尉奉玉匱之案於石䃭南北向立執事者發石蓋太尉奉玉匱跪藏於石䃭內執事者覆石蓋檢以石檢纏以金繩封以石泥以玉寶遍印引降復位帥執事者以石距封固又以五色土圜封其配座玉牒封於金匱皆如封玉匱太尉奉金匱從降俱復位以金匱內太廟藏於高祖神堯皇帝之石室其禪于社首皆如方丘之禮天子將巡狩告於其方之州曰皇

帝以某月于某巡狩各脩乃守考乃職事敢不敬戒國有常刑將發告于圓丘前一日皇帝齋如郊祀告昊天上帝又告于太廟社稷具大駕鹵簿所過州縣刺史令候於境通事舍人承制問高年祭古帝王名臣烈士既至刺史令皆先奉見將作築告至圜壇於嶽下四出陛設昊天上帝配帝位天子至執事皆齋一日明日望於嶽鎮海瀆山川林澤丘陵墳衍原隰所司爲壇設祭官次於東壝門外道南北向設饌幔內壝東門外道北南向設宮縣登歌爲瘞埳祭官執事皆齋一日嶽鎮海瀆山川林澤丘陵墳衍原隰之尊在壇上南陛之東北向設玉篚及洗設神坐壇上北方獻官奠玉幣及爵於嶽神祝史助奠鎮海以下明日乃肆覲將作於行宮南爲壝三分壝間之二在南爲壇於北廣九丈六尺高九尺四出陛設宮縣壇南御坐壇上之北解劒席南陛之西文武官次門外東西刺史令次文官南蕃客次武官南列輦路壇南文官九品位壇東南武官西南相向刺史令位壇南三分庭一蕃客位於西又設門外位建牙旗於壝外黃麾大仗屯門鈒戟陳壝中吏部主客戶部贊羣官客使就門外位刺史令贊

其土之實錦綺繒布葛越皆五兩爲束錦以黃帊常貢之物皆篚其屬執列令
後文武九品先入就位皇帝乘輿入北壝門繇北陛升壇卽坐南向刺史蕃客
皆入壝門至位再拜奠贄興執贄侍中降于刺史東北皆拜宣已又拜蕃客以
舍人稱制如之戶部導貢物入刺史前龜首之金次之丹漆絲纊四海九州之
美物重行陳執者退就東西文武前側立通事舍人導刺史一人解劍脫舃執
贄升前北向跪奏官封臣姓名等敢獻壤奠遂奠贄舍人跪舉以東授所司刺
史劍舃復位初刺史升奠贄在庭者以次奠於位前皆再拜戶部尚書壇間北
向跪請以貢物付所司侍中承制曰可所司受贄出東門中書侍郎以州鎮表
方一案俟于西門外給事中以瑞案俟于東門外乃就侍臣位初刺史將入乃
各引案分進東西陛下刺史將升中書令黃門侍郎降立既升乃取表升尚書
既請受贄中書令乃前跪讀黃門侍郎給事中進跪奏瑞侍郎給事中導案退
文武刺史國客皆再拜北向位者出就門外位皇帝降北陛以入東西位者出
設會如正至刺史蕃客入門皆奏樂如上公會之明日考制度太常卿採詩陳

之以觀風俗命市納賈以觀民之好惡典禮者考時定日同律禮樂制度衣服正之山川神祇有不舉爲不恭宗廟有不愼爲不孝皆黜爵革制度衣服者爲叛有討有功德於百姓者爵賞之皇帝視學設大次于學堂後皇太子次于大次東設御座堂上講榻北向皇太子座御座東南西向文臣三品以上坐太子南少退武臣三品以上於講榻西南執讀座於前楹北向侍講座執讀者西北武官之前論義座於講榻前北向執如意立於侍講之東北向三館學官座武官後設堂下版位脫履席西階下皇太子位於東階東南執經於西階西南文武三品以上分位於南執如意者一人在執經者後學生位于文武後其日皇帝乘馬祭酒師監官學生迎于道左皇帝入次執經侍講執如意者與文武學生皆就位堂下皇太子立于學堂門外西向侍中奏外辦皇帝升北階卽坐皇太子乃入就位在位皆再拜侍中敕皇太子王公升皆再拜乃坐執讀執經釋義執如意者以授侍講秉詰論義坐問所疑退以如意授執者還坐乃皆降若賜會則侍中宣制皇帝返次羣官旣會皇帝還監官學生辭於道左皇帝孟春

吉亥享先農遂以耕耤前享一日奉禮設御坐於壇東西向望瘞位於壇西南北向從官位於內壝東門之內道南執事者居後奉禮位於樂縣東北贊者在南又設御耕耤位於外壝南門之外十步所南向從耕三公諸王尚書卿位於御坐東南重行西向以其推數爲列其三公諸王尚書卿等非耕者位於耕者之東重行西向北上介公酅公於御位西南東向北上尚舍設御耒席於三公之北少西南向奉禮又設司農卿之位於南少退諸執耒耜者位於公卿耕者之後非耕者之前西向（御耒耜一具三公耒耜三具諸王尚書卿各三人合耒耜九具以下耒耜太常各令藉田農人執之）皇帝已享乃以耕根車載耒耜於御者間皇帝乘車自行宮降大次乘黃令以耒耜授廩犧令橫執之左耜寘於席遂守之皇帝將望瘞謁者引三公及從耕侍耕者司農卿與執耒耜者皆就位皇帝出就耕位南向立廩犧令進耒席南北向解韜出耒執以與少退北向立司農卿進受之以授侍中奉以進皇帝受之耕三推侍中前受耒耜反之司農卿卿反之廩犧令令復耒於韜執以與復位皇帝初耕執耒者皆以耒耜授侍耕者皇帝耕止三公諸王耕五推尚書卿九推

執耒者前受之皇帝還入自南門出內壝東門入大次享官從享者出太常卿帥其屬耕于千畝皇帝還宮明日班勞酒於太極殿如元會不賀不爲壽藉田之穀斂而鍾之神倉以擬粢盛及五齊三酒穰槀以食牲藉田槀先農唐初爲帝社亦曰籍田壇貞觀三年太宗將親耕給事中孔穎達議曰禮天子籍田南郊諸侯東郊晉武帝猶東南今帝社乃東壇未合於古太宗曰書稱平秩東作而青輅黛耜順春氣也吾方位少陽田宜于東郊乃耕于東郊垂拱中武后藉田壇曰先農壇神龍元年禮部尚書祝欽明議曰周頌載芟春藉田而祈社稷禮天子爲藉千畝諸侯百畝則緣田爲社曰王社侯社今曰先農失王社之義宜正名爲帝社太常少卿韋叔夏博士張齊賢等議曰祭法王者立太社然後立王社所置之地則無傳也漢興已有官社未立官稷乃立于官社之後以夏禹配官社以后稷配官稷臣瓚曰高紀立漢社稷所謂太社也官社配以禹所謂王社也至光武乃不立官稷相承至今魏以官社爲帝社故摯虞謂魏氏故事立太社是也晉或廢或置皆無處所或曰二社並處而王社居西崔氏皇甫

氏皆曰王社在籍田按衛宏漢儀春始東耕於籍田引詩先農則神農也又五經要義曰壇於田以祀先農如社魏秦靜議風伯雨師靈星先農社稷爲國六神晉太始四年耕於東郊以太牢祀先農周隋舊儀及國朝先農皆祭神農于帝社配以后稷則王社先農不可一也今宜於籍田立帝社帝稷配以禹棄則先農帝社竝祠叶於周之載芟之義欽明又議曰籍田之祭本王社古之祀先農句龍后稷也烈山之子亦謂之農而周棄繼之皆祀爲稷共工之子曰后土湯勝夏欲遷而不可故二神社稷主也黃帝以降不以羲農列常祀豈社稷而祭神農乎社稷之祭不取神農耒耜大功而專於共工烈山蓋以三皇洪荒之迹無取爲教彼秦靜何人而知社稷先農爲二而籍田有二壇乎先農王社一也皆后稷句龍異名而分祭牲以四牢欽明又言漢祀禹謬也今欲正王社先農之號而未決乃更加二祀不可叔夏齊賢等乃奏言經無先農禮曰王自爲立社曰王社先儒以爲在籍田也永徽中猶曰籍田垂拱後乃爲先農然則先農與社一神今先農壇請改曰帝社壇以合古王社之義其祭準令以孟春吉

亥祠后土以句龍氏配於是爲帝社壇又立帝稷壇於西如太社太稷而壇不設方色以異於太社開元十九年停帝稷而祀神農氏於壇上以后稷配二十三年親祀神農於東郊配以句芒遂躬耕盡壠止肅宗乾元二年詔去耒耜雕刻命有司改造之天子出通化門釋軷而入壇遂祭神農氏以后稷配冕而朱紘躬九推焉憲宗元和五年詔以來歲正月藉田太常修撰韋公肅言藉田禮廢久矣有司無可考乃據禮經參采開元乾元故事爲先農壇於藉田皇帝夾侍二人正衣二人侍中一人奉耒耜中書令一人禮部尚書一人侍從司農卿一人授耒耜於侍中太僕卿一人執牛左右衛將軍各一人侍衛三公以宰相攝九卿以左右僕射尚書御史大夫攝三諸侯以正員一品官及嗣王攝推數一用古制禮儀使一人太常卿一人贊禮三公九卿諸侯執牛三十人用六品以下官皆服袴褶御耒耜二幷韜皆以青其制度取合農用不雕飾畢日收之籍耒耜丈席二先農壇高五尺廣五丈四出陛其色青三公九卿諸侯耒十有五御耒之牛四其二副也幷牛衣每牛各一人絳衣介幘取閑農務者禮司以

人贊導之執耒持耜以高品中官二人不袴褶皇帝詣望耕位通事舍人分導
文武就耕所太常帥其屬用庶人二十八以郊社令一人押之太常少卿一人
率庶人趨耕所博士六人分贊耕禮司農少卿一人督視庶人終千晦廩犧令
二人間一人奉耒耜授司農卿以五品六品清官攝一人掌耒耜太常寺用本
官三公九卿諸侯耕牛四十其十副也牛各一人庶人耕牛四十各二牛一人
庶人耒耜二十具鍤二具木爲刃主藉田縣令一人具朝服當耕時立田側畢
乃退畿甸諸縣令先期集以常服陪耕所耆艾二十人陪於庶人耕位南三公
從者各三人九卿諸侯從者各一人以助耕皆絳服介幘用其本司隸是時雖
草具其儀如此以水旱用兵而止皇帝謁陵行宮距陵十里設坐於齋室設小
次於陵所道西南大次於寢西南侍臣次於大次西南陪位者次又於西南皆
東向文官於北武官於南朝集使又於其南皆相地之宜前行二日遣太尉告
於廟皇帝至行宮卽齋室陵令以玉冊進署設御位於陵東南隅西向有岡麓
之閡則隨地之宜又設位於寢宮之殿東陛之東南西向尊坫陳于堂戶東南

百官行從宗室客使位神道左右寢宮則分方序立大次前其日未明五刻陳黃麾大仗於陵寢三刻行事官及宗室親五等諸親三等以上并客使之當陪者就位皇帝素服乘馬華蓋繖扇侍臣騎從詣小次步出次至位再拜又再拜在位皆再拜又再拜少選太常卿請辭皇帝再拜又再拜奉禮曰奉辭在位者再拜皇帝還小次乘馬詣大次仗衞列立以俟行百官宗室諸親客使序立次前皇帝步至寢宮南門仗衞止乃入繇東序進殿陛東南位再拜升自東階北向再拜又再拜入省服玩拭帳簀進太牢之饌加珍羞皇帝出尊所酌酒入三奠爵北向立太祝二人持玉冊于戶外東向跪讀皇帝再拜又再拜乃出戶當前北向立太常卿請辭皇帝再拜出東門還大次宿行宮若太子諸王公主陪葬柏城者皆祭寢殿東廡功臣陪葬者祭東序爲位奠饌以有司行事或皇后從謁則設大次寢宮東先朝妃嬪次於大次南大長公主諸親命婦之次又於其南皆東向以行帷具障謁所內謁者設皇后位於寢宮東大次前少東先朝妃嬪位西南各於次東司贊位妃嬪東北皆東向皇帝既發行宮皇后乘四

望車之大次改服假髻白練單衣內典引導妃嬪以下就位皇后再拜陪者皆拜少選遂辭又拜陪者皆拜皇后還寢東大次陪者退皇后鈿釵禮衣乘輿詣寢宮先朝妃嬪大長公主以下從至北門降輿入大次詣寢殿前西階之西妃嬪公主位於西司贊位妃嬪東北皆東向皇后再拜在位者皆拜皇后繇西階入室詣先帝前再拜復詣先后前再拜進省先后服玩退西廂東向立進食皇帝出乃降西階位辭再拜妃嬪皆拜詣大次更衣皇帝過乃出寢宮北門乘車還天子不躬謁則以太常卿行陵所司撰日車府令具軺車一馬清道青衣團扇曲蓋繖列俟于太常寺門設次陵南百步道東西向右校令具薙器以備汎掃太常卿公服乘車奉禮郎以下從至次設卿位北門外之左陵官位卿東南執事又於其南皆西向奉禮郎位陵官之西贊引二人居南太常卿以下再拜在位皆拜謁者導卿贊引導衆官入奉行復位皆拜出乘車之宅陵有芟治則命之凡國陵之制皇祖以上至太祖陵皆朔望上食元日冬至寒食伏臘社各一祭皇考陵朔望及節祭而日進食又薦新於諸陵其物五十有六品始將進

御所司必先以送太常與尚食滋味薦之如宗廟貞觀十三年太宗謁獻陵帝至小次降輿納履入闕門西向再拜慟哭俯伏殆不能興禮畢改服入寢宮執饌以薦閱高祖及太穆后服御悲感左右步出司馬北門泥行二百步永徽二年有司言先帝時獻陵既三年惟朔望冬至夏伏臘清明社上食今昭陵喪期畢請上食如獻陵從之六年正月朔高宗謁昭陵行哭就位再拜擗踊畢易服謁寢宮入寢哭踴進東階西向拜號久乃薦太牢之饌加珍羞拜哭奠饌閱服御而後辭行哭出寢北門御小輦還顯慶五年詔歲春秋季一巡宜以三公行陵太常少卿貳之太常給鹵簿仍著於令始貞觀禮歲以春秋仲月巡陵至武后時乃以四季月生日忌日遣使詣陵起居景龍二年右臺侍御史唐紹上書曰禮不祭墓唐家之制春秋仲月以使具鹵簿衣冠巡陵天授之後乃有起居遂爲故事夫起居者參候動止事生之道非陵寢法請停四季及生日忌日節日起居準式二時巡陵手敕曰乾陵歲冬至寒食以外使二忌以內使朝奉宅陵如紹奏至是又獻昭乾陵皆日祭太常博士彭景直上疏曰禮無日祭陵惟

宗廟月有祭故王者設廟祧壇墠爲親疏多少之數立七廟一壇一墠曰考廟曰王考廟曰皇考廟曰顯考廟皆月祭之遠廟爲祧享嘗乃止去祧爲壇去壇爲墠有禱焉祭之無禱乃止又譙周祭志天子始祖高祖曾祖祖考之廟皆月朔加薦以象平生朔食謂之月祭二祧之廟無月祭則古皆無日祭者今諸陵朔望食則近於古之殷事諸節日食近於古之薦新鄭注禮記殷事月朔半薦新之奠也又既大祥即四時焉此其祭皆在廟近代始以朔望諸節祭陵寢唯四時及臘五享廟考經據禮固無日祭於陵唯漢七廟議京師自高祖下至宣帝與太上皇悼皇考陵旁立廟園各有寢便殿故日祭於寢月祭於便殿元帝時貢禹以禮節煩數願罷郡國廟丞相韋玄成等又議七廟外寢園皆無復議者亦以祭不欲數宜復古四時祭於廟後劉歆引春秋傳日祭月祀時享歲貢祖禰則日祭曾高則月祀二祧則時享壇墠則歲貢後漢陵寢之祭無傳焉魏晉以降皆不祭墓國家諸陵日祭請停如禮疏奏天子以語侍臣曰禮官言諸陵不當日進食夫禮以人情沿革何專古爲乾陵宜朝晡進奠如故昭獻二陵

日一進或所司苦於費可減朕常膳爲之開元十五年敕宣皇帝光皇帝陵以
縣令檢校州長官歲一巡又敕歲春秋巡陵公卿具仗出城至陵十里復十七
年玄宗謁橋陵至壖垣西闕下馬望陵涕泗行及神午門號慟再拜且以三府
兵馬供衞遂謁定陵獻陵昭陵乾陵乃還二十三年詔獻昭乾定橋五陵朔望
上食歲冬至寒食各日設一祭若節與朔望忌日合卽準節祭料橋陵日進半
羊食二十七年敕公卿巡陵乘輅其令太僕寺陵給輅二乘及仗明年制以宣
皇帝光皇帝景皇帝元皇帝追尊號謚有制而陵寢所奉未稱建初啓運陵如
興寧永康陵置署官陵戸春秋仲月分命公卿巡謁二十年詔建初啓運興寧
永康陵歲四時八節所司與陵署具食進天寶二年始以九月朔薦衣於諸陵
又常以寒食薦餳粥雞毬雷車五月五日薦衣扇陵司舊曰署十三載改獻昭
乾定橋五陵署爲臺官爲臺令陞舊一階是後諸陵署皆稱臺大曆十四年禮
儀使顏真卿奏今元陵請朔望節祭日薦如故事泰陵惟朔望歲冬至寒食伏
臘社一祭而罷日食制曰可貞元四年國子祭酒包佶言歲二月八月公卿朝

拜諸陵陵臺所由導至陵下禮略無以盡恭於是太常約舊禮草定曰所司先撰吉日公卿輅車鹵簿就太常寺發抵陵南道東設次西向北上公卿既至次奉禮郎設位北門外之左陵官位其東南執事官又於其南謁者導公卿典引導衆官就位皆拜公卿衆官以次奉行拜而還故事朝陵公卿發天子視事不廢十六年拜陵官發會董晉卒廢朝是後公卿發乃因之不視事元和元年禮儀使杜黄裳請如故事豐陵日祭崇陵唯祭朔望節日伏臘二年宰臣建言禮有著定後世徇一時之褻過於煩并故陵廟有薦新而節有遣使請歲太廟以時享朔望上食諸陵以朔望奠親陵以朝晡奠其餘享及忌日告陵皆停

唐書卷十四

唐書卷十四考證

禮樂志四闕二尺長一丈○此句下通典有厚一尺三字

唐書卷十四考證

宋翰林學士歐陽修撰

禮樂志第五

皇后歲祀一季春吉巳享先蠶遂以親桑散齋三日於後殿致齋一日於正寢一日於正殿前一日尚舍設御幄於正殿西序及室中俱東向致齋之日晝漏上水一刻尚儀版奏請中嚴尚服帥司仗布侍衞司賓引內命婦陪位六尚以下各服其服詣後殿奉迎尚儀版奏外辦土水二刻皇后服鈿釵禮衣結佩乘輿出自西房華蓋警蹕皇后即御坐六尚以下侍衞一刻頃尚儀前跪奏稱尚儀妾姓言請降就齋室皇后降坐乘輿入室散齋之日內侍帥內命婦之吉者使蠶於蠶室諸預享者皆齋前享三日尚舍直長設大次於外壝東門之內道北南向命婦及六尚以下次於其後俱南向守宮設外命婦次大長公主長公主公主以下於南壝之外道西三公夫人以下在其南重行異位東向北上陳饌幔於內壝東門之外道南北向前享二日大樂令設宮縣之樂於壇南內壝

之內諸女工各位於縣後右校爲采桑壇於壇南二十步所方三丈高五尺四
出陛尙舍量施帷障於外壝之外四面開門其東門足容厭翟車前享一日內
謁者設御位於壇之東南西向望瘞位於西南當瘞埳西向亞獻終獻位於內
壝東門之內道南執事者位於其後重行異位西向北上典正位於壇下一位
於東南西向一位於西南東向女史各陪其後司贊位於樂縣東北掌贊二人
在南差退西面又設司贊掌贊位於埋埳西南東面南上典樂舉麾位於壇上
南陛之西東向司樂位於北縣之間當壇北向內命婦位於終獻之南絕位重
行異位西向北上外命婦位於中壝南門之外大長公主以下於道東東西當
內命婦差退太夫人以下於道西去道遠近如公主重行異位相向北上又設
御采桑位於壇上東向內命婦采桑位於壇下當御位東南北向西上執御鉤
筐者位於內命婦之西少南西上內外命婦執鉤筐者位各於其采桑位之後
設門外位享官於東壝之外道南從享內命婦於享官之東北面西上從享外
命婦於南壝之外道西如設次設酒尊之位於壇上東南隅北向西上御洗於

壇南陛東南亞獻之洗又於東南俱北向幣篚於壇上尊坫之所晡後內謁者帥其屬以尊坫罍洗篚冪入設於位升壇者自東陛享日未明十五刻太官令帥宰人以鸞刀割牲祝史以豆取毛血置於饌所遂烹牲五刻司設升設先蠶氏神座於壇上北方南向前享一日金吾奏請外命婦等應集壇所者聽夜行其應采桑者四人各有女侍者進筐鉤載之而行其日未明四刻搥一鼓爲一嚴二刻搥二鼓爲再嚴尚儀版奏請中嚴一刻搥三鼓爲三嚴司賓引內命婦入立於庭重行西面北上六尚以下詣室奉迎尚服負寶內僕進厭翟車於閤外尚儀版奏外辦馭者執轡皇后服鞠衣乘輿以出華蓋侍衞警蹕內命婦從出門皇后升車尚功進鉤司製進筐載之內命婦及六尚等乘車從諸翊駕之官皆乘馬駕動警蹕不鳴鼓角內命婦宮人以次從其日三刻尚儀及司醞帥其屬入實尊罍及幣太官令實諸籩豆簠簋俎等內謁者帥其屬詣廚奉饌入設於饌幔內駕將至女相者引享官內典引引外命婦俱就門外位駕至大次門外迴車南向尚儀進車前跪奏稱尚儀妾姓言請降車皇后降車乘輿之大

次華蓋繖扇尚儀以祝版進御署出奠於坫尚功司製進受鉤筐以退典贊引亞獻及從享內命婦俱就門外位司贊帥掌贊先入就位女相者引尚儀典正及女史祝史與女執尊罍篚冪者入自東門當壝南北向西上司贊曰再拜掌贊承傳尚儀以下皆再拜就位司樂帥女工人入典贊引亞獻終獻女相者引執事者司賓引內命婦內典引引外命婦入就位皇后停大次半刻頃司言引尚宮立於大次門外當門北向尚儀版奏外辦皇后出次入自東門至版位西向立尚宮曰再拜皇后再拜司贊曰衆官再拜在位者皆再拜尚宮曰有司謹具請行事樂三成尚宮曰再拜皇后再拜司贊曰衆官再拜在位者皆再拜壇上尚儀跪取幣於篚興立於尊所皇后自壇南陛升北面立尚儀奉幣東向進皇后受幣進北向跪奠於神座少退再拜降自南陛復于位初內外命婦拜訖女祝史奉毛血之豆立於內壝東門之外皇后已奠幣乃奉毛血入升自南陛尚儀迎引於壇上進跪奠於神座前皇后既升奠幣司膳出帥女進饌者奉饌陳於內壝東門之外皇后既降復位司膳引饌入至階女祝史跪徹毛血之豆

降自東陛以出饌升自南陛尚儀迎引於壇上設於神座前皇后詣罍洗尚儀跪取匜與沃水司言跪取盤與承水皇后盥司言跪取巾於篚進以帨受巾跪奠於篚乃取爵於篚與進受爵尚儀酌罍水司言奉盤皇后洗爵司言授巾皆如初皇后升自壇南陛詣酒尊尚儀贊酌醴齊進先蠶氏神座前北向跪奠爵興少退立尚儀持版進於神座之右東面跪讀祝文皇后再拜尚儀以爵酌上尊福酒西向進皇后再拜受爵跪祭酒啐酒奠爵與尚儀帥女進饌者持籩俎進神前三牲胙肉各置一俎又以籩取稷黍飯共置一籩尚儀以飯籩胙俎西向以次進皇后每受以授左右乃跪取爵遂飲卒爵興再拜降自南陛復于位初皇后獻將畢典贊引貴妃詣罍洗盥手洗爵自東陛升壇酌盎齊于象尊進神座前北向跪奠爵與少退再拜尚儀以爵酌福酒進貴妃再拜受爵跪祭遂飲卒爵再拜降自東陛復位昭儀終獻如亞獻尚儀進神座前跪徹豆司贊曰賜胙掌唱曰衆官再拜在位者皆再拜尚宮曰再拜皇后再拜司贊曰衆官再拜在位者皆再拜尚宮請就望瘞位司贊帥掌贊就瘞埳西南位皇后至望瘞

位西向立尚儀執篚進神座前取幣自北陛降壇西行詣瘞埳以幣置於埳司贊曰可瘞埳東西各四人實土半埳尚宮曰禮畢請就采桑位尚宮引皇后詣采桑壇升自西陛東向立初皇后將詣望瘞位司賓引內外命婦采桑者執鉤筐者皆就位內外命婦一品各二人二品三品各一人皇后既至尚功奉金鉤自北陛升進典製奉筐從升皇后受鉤采桑典製以筐受之皇后采三條止尚功前受鉤典製以筐俱退皇后初采桑典製等各以鉤授內外命婦皇后采桑訖內外命婦以次采女史執筐者受之內外命婦一品采五條二品采九條止典製等受鉤與執筐者退復位司賓各引內外命婦采桑者以從至蠶室尚功以桑授蠶母蠶母切之以授婕妤食蠶灑一簿止尚儀曰禮畢尚宮引皇后還大次內外命婦各還其次尚儀典正以下俱復執事位司贊曰再拜尚儀以下皆再拜出女工人以次出其祝版燔於齋所車駕還宮之明日內外命婦設會於正殿如元會之儀命曰勞酒其有司歲所常祀者十有三立春後丑日祀風師立夏後申日祀雨師立秋後辰日祀靈星立冬後亥日祀司中司命司人司祿季夏土王之日祭

中霤孟冬祭司寒皆一獻祝稱天子謹遣其中春中秋釋奠于文宣王武成王皆以上丁上戊國學以祭酒司業博士三獻樂以軒縣前享一日奉禮郎設三獻位于東門之內道北執事位於道南皆西向北上學官館官位於縣東當執事西南西向學生位於館官之後皆重行北上觀者位於南門之內道之左右重行北面相對爲首設三獻門外位於東門之外道南執事位於其後每等異位北向西上館官學官位於三獻東南北向西上設先聖神坐於廟室內西楹間東向先師於先聖東北南向其餘弟子及二十一賢以次東陳南向西上其餘皆如常祀皇子束脩束帛一篚五匹酒一壺二斗脩一案五脡其日平明皇子服學生之服（其服青衿）至學門外博士公服執事者引立學堂東階上西面相者引皇子立於門東西面陳束帛篚壺酒脯案於皇子西南當門北向重行西上將命者出立門西東面曰敢請就事皇子少進曰某方受業於先生敢請見將命者入告博士曰某也不德請皇子無辱（若已封王則云請王無辱）將命者出告皇子固請博士曰某也不德請皇子就位某敢見將命者出告皇子曰某不敢以視賓客

請終賜見將命者入告博士曰某辭不得命敢不從將命者出告執篚者以篚
東面授皇子皇子執篚博士降俟于東階下西面相者引皇子執事者奉壺酒
脩案以從皇子入門而左詣西階之南東面奉酒脩者立於皇子西南東面北
上皇子跪奠篚再拜博士答再拜皇子還避遂進跪取篚相者引皇子進博士
前東面授幣奉壺酒脩案者從奠於博士前博士受幣執事者取酒脩幣以東
相者引皇子立於階間近南北面奉酒脩者出皇子拜訖相者引皇子出其學
生東帛酒脩以見如皇子武德二年始詔國子學立周公孔子廟七年高祖釋
奠焉以周公爲先聖孔子配九年封孔子之後爲褒聖侯貞觀二年左僕射房
玄齡博士朱子奢建言周公尼父俱聖人然釋奠於學以夫子也大業以前皆
孔子爲先聖顏回爲先師乃罷周公升孔子爲先聖以顏回配四年詔州縣學
皆作孔子廟十一年詔尊孔子爲宣父作廟於兗州給戶二十以奉之十四年
太宗觀釋奠於國子學詔祭酒孔穎達講孝經二十一年詔左丘明卜子夏公
羊高穀梁赤伏勝高堂生戴聖毛萇孔安國劉向鄭衆賈逵杜子春馬融盧植

鄭康成服虔何休王肅王弼杜預范甯二十二人皆以配享而尼父廟學官自祭之祝曰博士某昭告于先聖州縣之釋奠亦以博士祭中書侍郎許敬宗等奏禮學官釋奠于其先師鄭氏謂詩書禮樂之官也四時之學將習其道故釋奠各以其師而不及先聖惟春秋合樂則天子視學有司總祭先聖先師秦漢釋奠無文魏則以太常行事晉宋以學官主祭且國學樂以軒縣尊俎須於官非臣下所可專也請國學釋奠以祭酒司業博士爲三獻辭稱皇帝謹遣州學以刺史上佐博士三獻縣學以令丞主簿若尉三獻如社祭給明衣會皇太子釋奠自爲初獻以祭酒張後胤亞獻光州刺史攝司業趙弘智終獻永徽中復以周公爲先聖孔子爲先師顏回左丘明以降皆從祀顯慶二年太尉長孫無忌等言禮釋奠于其先師若禮有高堂生樂有制氏詩有毛公書有伏生又禮始立學釋奠于先聖鄭氏註若周公孔子也故貞觀以夫子爲先聖衆儒爲先師且周公作禮樂當同王者之祀乃以周公配武王而孔子爲先聖總章元年太子弘釋奠于學贈顏回爲太子少師曾參少保咸亨元年詔州縣皆營孔子

廟武后天授元年封周公爲褒德王孔子爲隆道公神龍元年以鄒魯百戶爲隆道公采邑以奉歲祀子孫世襲褒聖侯睿宗太極元年以兗州隆道公近祠戶三十供灑掃加贈顏回太子太師曾參太子太保皆配享玄宗開元七年皇太子齒胄於學謁先聖詔宋璟亞獻蘇頲終獻臨享天子思齒胄義乃詔二獻皆用胄子祀先聖如釋奠右散騎常侍褚无量講孝經禮記文王世子篇明年司業李元瓘奏先聖廟爲十哲象以先師顏子配則配象當坐今乃立侍餘弟子列象廟堂不豫享而范甯等皆從祀請釋奠十哲享於上而圖七十子於壁曾參以孝受經於夫子請享之如二十二賢乃詔十哲爲坐象悉豫祀曾參特爲之象坐亞之圖七十子及二十二賢於廟壁二十七年詔夫子既稱先聖可謚曰文宣王遣三公持節冊命以其嗣爲文宣公任州長史代代勿絕先時孔廟以周公南面而夫子坐西墉下貞觀中廢周公祭而夫子位未改至是二京國子監天下州縣夫子始皆南向以顏淵配贈諸弟子爵公侯子淵兗公子騫費侯伯牛鄆侯仲弓薛侯子有徐侯子路衛侯子我齊侯子貢黎侯子游吳侯

子夏魏侯又贈曾參以降六十七人參成伯顓孫師陳伯澹臺滅明江伯宓子賤單伯原憲原伯公冶長莒伯南宮适郯伯公晳哀郳伯曾點宿伯顏路杞伯商瞿蒙伯高柴共伯漆雕開滕伯公伯寮任伯司馬牛向伯樊遲樊伯有若卞伯公西赤邵伯巫馬期鄫伯梁鱣梁伯顏柳蕭伯冉儒郜伯曹卹豐伯伯虔鄒伯公孫龍黃伯冉季產東平伯秦子南少梁伯漆雕斂武城伯顏子驕琅邪伯漆雕徒父須句伯壤駟赤北徵伯商澤睢陽伯石作蜀郈邑伯任不齊任城伯公夏首亢父伯公良孺東牟伯后處營丘伯秦開彭衙伯奚容蒧下邳伯公肩定新田伯顏襄臨沂伯鄡單銅鞮伯句井疆淇陽伯罕父黑乘丘伯秦商上洛伯申黨召陵伯公祖子之期思伯榮子旗雩婁伯縣成鉅野伯左人郢臨淄伯燕伋漁陽伯鄭子徒滎陽伯秦非汧陽伯施常乘氏伯顏噲朱虛伯步叔乘淳于伯顏之僕東武伯原亢籍萊蕪伯樂欬昌平伯廉潔莒父伯顏何開陽伯叔仲會瑕丘伯狄黑臨濟伯邽巽平陸伯孔忠汶陽伯公西與如重丘伯公西蒧祝阿伯於是二京之祭牲太牢樂宮縣舞六佾矣州縣之牲以少牢而無樂二

十八年詔春秋二仲上丁以三公攝事若會大祀則用中丁州縣之祭上丁上元元年肅宗以歲旱罷中小祀而文宣之祭至仲秋猶祠之於太學永泰二年八月脩國學祠堂成祭酒蕭昕始奏釋奠宰相元載杜鴻漸李抱玉及常參官六軍將軍就觀焉自復二京惟正會之樂用宮縣郊廟之享登歌而已文武二舞亦不能具至是魚朝恩典監事乃奏宮縣於論堂而雜以教坊工伎貞元九年季冬貢舉人謁先師日與親享廟同有司言上丁釋奠與大祠同卽用中丁乃更用日謁於學元和九年禮部奏貢舉人謁先師自是不復行矣開元十九年始置太公尚父廟以留侯張良配中春中秋上戊祭之牲樂之制如文宣出師命將發日引辭于廟仍以古名將十人爲十哲配享天寶六載詔諸州武舉人上省先謁太公廟乾元元年太常少卿于休烈奏秋享漢祖廟旁無侍臣而太公乃以張良配子房生漢初佐高祖定天下時不與太公接古配食廟庭皆其佐命太公人臣也誼無配享請以張良配漢祖廟上元元年尊大公爲武成王祭典與文宣王比以歷代良將爲十哲象坐侍秦武安君白起漢淮陰侯韓

信蜀丞相諸葛亮唐尚書右僕射衞國公李靖司空英國公李勣列於左漢太子少傅張良齊大司馬田穰苴吳將軍孫武魏西河守吳起燕昌國君樂毅列於右以良爲配後罷中祀遂不祭建中三年禮儀使顏眞卿奏治武成廟請如月令春秋釋奠其追封以王宜用諸侯之數樂奏軒縣詔史館考定可配享者列古今名將凡六十四人圖形焉越相國范蠡齊將孫臏趙信平君廉頗秦將王翦漢相國平陽侯曹參左丞相絳侯周勃前將軍北平太守李廣大司馬冠軍侯霍去病後漢太傅高密侯鄧禹左將軍膠東侯賈復執金吾雍奴侯寇恂伏波將軍新息侯馬援太尉槐里侯皇甫嵩魏征東將軍晉陽侯張遼蜀前將軍漢壽亭侯關羽吳偏將軍南郡太守周瑜丞相婁侯陸遜晉征南大將軍南城侯羊祜撫軍大將軍襄陽侯王濬東晉車騎將軍康樂公謝玄前燕太宰錄尚書太原王慕容恪宋司空武陵公檀道濟梁太尉永寧郡公王僧辯北齊尚書右僕射燕郡公慕容紹宗周大冢宰齊王宇文憲隋上柱國新義公韓擒虎柱國太平公史萬歲唐右武侯大將軍鄂國公尉遲敬德右武衞大將軍邢國

公蘇定方右武衛大將軍同中書門下平章事韓國公張仁亶兵部尚書同中書門下三品中山公王晙夏官尚書同中書門下三品朔方大總管王孝傑齊相管仲安平君田單趙馬服君趙奢大將軍武安君李牧漢梁王彭越太尉條侯周亞夫大將軍長平侯衛青後將軍營平侯趙充國後漢大司馬廣平侯吳漢征西大將軍夏陽侯馮異建威大將軍好時侯耿弇太尉新豐侯段熲魏太尉鄧艾蜀車騎將軍西鄉侯張飛吳武威將軍南郡太守孱陵侯呂蒙大司馬荆州牧陸抗晉鎮南大將軍當陽侯杜預太尉長沙公陶侃前秦丞相王猛後魏太尉北平王長孫嵩宋征虜將軍王鎮惡陳司空南平公吳明徹北齊右丞相咸陽王斛律光周太傅大宗伯燕國公于謹右僕射鄖國公韋孝寬隋司空尚書令越國公楊素右武候大將軍宋國公賀若弼唐司空河間郡王孝恭禮部尚書聞喜公裴行儉兵部尚書同中書門下三品代國公郭元振朔方節度使兼御史大夫張齊丘太尉中書令尚父汾陽郡王郭子儀貞元二年刑部尚書關播奏太公古稱大賢下乃置亞聖義有未安而仲尼十哲皆當時弟子今

以異時名將列之弟子非類也請但用古今名將配享去亞聖十哲之名自是唯享武成王及留侯而諸將不復祭矣四年兵部侍郎李紓言開元中太公廟以張良配以太常卿少卿三獻祝文曰皇帝遣某敢昭告至上元元年贈太公以王爵祭典同文宣有司遂以太尉獻祝版親署夫太公周之太師張良漢之少傅今至尊屈禮於臣佐神何敢歆且文宣百世所宗故樂以宮縣獻以太尉尊師崇道也太公述作止六韜勳業著一代請祝辭不進署改昭告爲敬祭留侯爲致祭獻官用太常卿以下百官議之多請如紓言左司郎中嚴涚等議曰按紓援典訓尊卑之節當矣抑猶有未盡夫大名徽號不容虛美而太公兵權奇計之人耳當殷之失德諸侯歸周遂爲佐命祀典不云乎法施於人則祀之如仲尼祖述堯舜憲章文武刪詩書定禮樂使君君臣臣父父子子皆宗之法施於人矣貞觀中以太公兵家者流始令磻溪立廟開元漸著上戊釋奠禮其進不薄矣上元之際執事者苟意於兵遂封王爵號擬文宣彼於聖人非倫也謂宜去武成王號復爲太公廟奠享之制如紓請刑部員外郎陸淳等議曰武

成王殷臣也紂暴不諫而佐周傾之夫尊道者師其人使天下之人入是廟登是堂稽其人思其道則立節死義之士安所奮乎聖人宗堯舜賢夷齊不法桓文不贊伊尹殆謂此也武成之名與文宣偶非不刊之典也臣愚謂罷上元追封立廟復磻溪祠有司以時享斯得矣左領軍大將軍令狐建等二十四人議曰兵革未靖宜右武以起忠烈今特貶損非勸也且追王爵以時祠爲武教主文武並宗典禮已久改之非也乃詔以將軍爲獻官餘用紓奏自是以上將軍大將軍將軍爲三獻其五岳四鎮歲一祭各以五郊迎氣日祭之東岳岱山於兗州東鎮沂山於沂州南岳衡山於衡州南鎮會稽於越州中岳嵩高於河南西岳華山於華州西鎮吳山於隴州北岳恆山於定州北鎮醫無閭於營州東海於萊州淮於唐州南海於廣州江於益州西海及河於同州北海及濟於河南

唐書卷十五考證

禮樂志五內命婦采桑位于壇下○此下通典有當御位東北南向西上外命婦采桑位于壇下十八字此係脫文

唐書卷十五考證

宋 翰 林 學 士 歐 陽 修 撰

禮樂志第六

二曰賓禮以待四夷之君長與其使者蕃國主來朝遣使者迎勞前一日守宮設次於館門之外道右南向其日使者就次蕃主服其國服立於東階下西面使者朝服出次立於門西東面從者執束帛立於其南有司出門西面曰敢請事使者曰奉制勞某主（稱其國名）有司入告蕃主迎於門外之東西面再拜俱入使者先升立於西階上執束帛者從升立於其北俱東向蕃主乃升立於東階上西面使者執幣曰有制蕃主將下拜使者曰有後制無下拜蕃主旋北面再拜稽首使者宣制蕃主進受命退復位以幣授左右又再拜稽首使者降出立於門外之西東面蕃主送於門之外西止使者揖以俱入讓升蕃主先升東階上西面使者升西階上東面蕃主以土物儐使者使者再拜受蕃主再拜送物使者降出蕃主從出門外皆如初蕃主再拜送使者還蕃主入鴻臚迎引詣朝堂

依方北面立所司奏聞舍人承敕出稱有敕蕃主再拜宣勞又再拜乃就館皇帝遣使戒蕃主見日如勞禮宣制曰某日某主見蕃主拜稽首使者降出蕃主送蕃主奉見前一日尚舍奉御設御幄於太極殿南向蕃主坐於西南東向守宮設次太樂令展宮縣設舉麾位於上下鼓吹令設十二案乘黃令陳車輅尚輦奉御陳輿輦典儀設蕃主立位於縣南道西北面蕃國諸官之位於其後重行北面西上典儀位于縣之東北贊者二人在南差退俱西面諸衛各勒部屯門列黃麾仗所司迎引蕃主至承天門外就次本司入奏鈒戟近仗皆入典儀帥贊者先入就位侍中版奏請中嚴諸侍衛之官及符寶郎詣閤奉迎蕃主及其屬各立於閤外西廂東面侍中版奏外辦皇帝服通天冠絳紗袍乘輿以出舍人引蕃主入門舒和之樂作典儀曰再拜蕃主再拜稽首侍中承制降詣蕃主西北東面曰有制蕃主再拜稽首乃宣制又再拜稽首侍中還奏承制降勞敕升座蕃主再拜稽首升坐侍中承制勞問蕃主俛伏避席將下拜侍中承制曰無下拜蕃主復位拜而對侍中還奏承制勞還館蕃主降復縣南位再拜稽

首其官屬勞以舍人與其主俱出侍中奏禮畢皇帝興若蕃國遣使奉表幣其
勞及戒見皆如蕃國主庭實陳於客前中書侍郎受表置於案至西階以表升
有司各率其屬受其幣焉其宴蕃國主及其使皆如見禮皇帝已即御坐蕃主
入其有獻物陳於其前侍中承制降敕蕃主升坐蕃主再拜奉贄曰某國蕃臣
某敢獻壤奠侍中升奏承旨曰朕其受之侍中降於蕃主東北西面稱有制蕃
主再拜乃宣制又再拜以贄授侍中以授有司有司受其餘幣俱以東舍人承
旨降敕就坐蕃國諸官俱再拜應升殿者自西階其不升殿者分別立於廊下
席後典儀曰就坐階下贊者承傳皆就坐太樂令引歌者及琴瑟至階脫履升
坐其笙管者就階間北面立尚食奉御進酒至階典儀曰酒至興階下贊者承
傳皆俛伏興立殿中監及階省酒尚食奉御進酒皇帝舉酒良醞令行酒典儀
曰再拜階下贊者承傳皆再拜受觶皇帝初舉酒登歌作昭和三終尚食奉御
受虛觶奠于坫酒三行尚食奉御進食典儀曰食至興階下贊者承傳皆興立
殿中監及階省案尚食奉御品嘗食以次進太官令行蕃主以下食案典儀曰

就坐階下贊者承傳皆就坐皇帝乃飯蕃主以下皆飯徹案又行酒遂設庶羞
二舞以次入作食畢蕃主以下復位于縣南皆再拜若有筐篚舍人前承旨降
宣敕蕃主以下又再拜乃出其三曰軍禮皇帝親征纂嚴前期一日有司設御
幄於太極殿南向文武羣官次於殿庭東西每等異位重行北向乘黃令陳革
輅以下車旗於庭其日未明諸衞勒所部列黃麾仗平明侍臣將帥從行之官
皆平巾幘袴褶留守之官公服就次上水五刻侍中版奏請中嚴鈒戟近仗列
于庭三刻羣官就位諸侍臣詣閤奉迎侍中版奏外辦皇帝服武弁御輿以出
卽御座典儀曰再拜在位者皆再拜中書令承旨敕百寮羣官出侍中跪奏禮
畢皇帝入自東房侍臣從至閤乃禡于昊天上帝前一日皇帝清齋於太極殿
諸豫告之官侍臣軍將與在位者皆清齋一日其日皇帝服武弁乘革輅備大
駕至于壇所其牲二及玉幣皆以蒼尊以太尊山罍各二其獻一皇帝已飲福
諸軍將升自東階立于神座前北向西上飲福受胙將軍之次在外壝南門之
外道東西向北上其卽事之位在縣南北面每等異位重行西上其奠玉帛進

熟飲福望燎皆如南郊其宜于社造于廟皆各如其禮而一獻軍將飲福于太稷廟則皇考之室其凱旋則陳俘馘於廟南門之外軍實陳于其後其解嚴皇帝服通天冠絳紗袍羣臣再拜以退而無所詔其餘皆如纂嚴若禡于所征之地則爲壝再重以熊席祀軒轅氏兵部建兩旗于外壝南門之外陳甲冑弓矢于神位之側植稍于其後尊以犧象山罍各二饌以特牲皇帝服武弁羣臣戎服三獻其接神者皆如常祀瘞而不燎其軍將之位如禡其軷于國門右校委土於國門外爲軷又爲瘞埳於神位西北太祝布神位於軷前南向太官令帥宰人刳羊郊社之屬設尊罍篚冪於神左俱右向置幣於尊所皇帝將至太祝立於罍洗東南西向再拜取幣進跪奠於神進饌者薦脯醢加羊於軷西首太祝盥手洗爵酌酒進跪奠於神興少退北向立讀祝太祝再拜少頃帥齋郎奉幣爵酒饌宰人舉羊肆解之太祝幷載埋於埳執尊者徹罍篚席駕至權停太祝以爵酌酒授太僕卿左併轡右受酒祭兩軹及軓前乃飲授爵駕轢軷而行其所過山川遣官告以一獻若遣將出征則皆有司行事賊平而宣露布其日

守宮量設羣官次露布至兵部侍郎奉以奏聞承制集文武羣官客使於東朝堂各服其服奉禮設版位於其前近南文東武西重行北向又設客使之位設中書令位於羣臣之北南面吏部兵部贊羣官客使謁者引就位中書令受露布置於案令史二人絳公服對舉之以從中書令出就南面位持案者立於西南東面中書令取露布稱有制羣官客使皆再拜遂宣之又再拜舞蹈又再拜兵部尚書進受露布退復位兵部侍郎前受之中書令入羣官客使各還次仲冬之月講武於都外前期十有一日所司奏請講武兵部承詔遂命將帥簡軍士除地爲場方一千二百步四出爲和門又爲步騎六軍營域左右廂各爲三軍北上中間相去三百步立五表表間五十步爲二軍進止之節別墠地於北廂南向前三日尚舍奉御設大次於墠前一日講武將帥及士卒集於墠所建旗爲和門如方色都墠之中及四角皆建五采牙旗旗鼓甲仗大將以下各有統帥大將被甲乘馬教習士衆少者在前長者在後其還則反之長者持弓矢短者持戈矛力者持旌勇者持鉦鼓刀楯爲前行持矟者次之弓箭者爲後使

其習見旌旗金鼓之節旗臥則跪旗舉則起講武之日未明十刻而嚴五刻而甲步軍爲直陣以俟大將立旗鼓之下六軍各鼓十二鉦一大角四未明七刻鼓一嚴侍中奏開宮殿門及城門五刻再嚴侍中版奏請中嚴文武官應從者俱先至文武官皆公服所司爲小駕二刻三嚴諸衛各督其隊與鈒戟以次入陳於殿庭皇帝乘革輅至墠所兵部尚書介冑乘馬奉引入自北門至兩步軍之北南向黃門侍郎請降輅乃入大次兵部尚書停於東廂西向領軍減小駕騎士立於都墠之西周侍臣左右立於大次之前北上九品以上皆公服東西在侍臣之外十步所重行北上諸州使人及蕃客先集於北門外東方南方立於道東西方北方立於道西北上駕將至奉禮曰可拜在位者皆再拜皇帝入次謁者引諸州使人鴻臚引蕃客東方南方立於大次東北西方北方立於西北觀者立於都墠騎士仗外四周然後講武吹大角三通中軍將各以鞞令鼓二軍俱擊鼓三鼓有司偃旗步士皆跪諸帥果毅以上各集於其中軍左廂中軍大將立於旗鼓之東西面諸軍將立於其南右廂中軍大將立於旗鼓之西

東面諸軍將立於其南北面以聽大將誓左右三軍各長史二人振鐸分循諸
果毅各以誓詞告其所部遂擊鼓有司舉旗士衆皆起行及表擊鉦乃止又擊
三鼓有司偃旗士衆皆跪又擊鼓有司舉旗士衆皆起驟及表乃止東軍一鼓
舉青旗爲直陣西軍亦鼓舉白旗爲方陣以應次西軍鼓舉赤旗爲銳陣東軍
亦鼓舉黑旗爲曲陣以應次東軍鼓舉黃旗爲圜陣西軍亦鼓舉青旗爲直陣
以應次西軍鼓舉白旗爲方陣東軍亦鼓舉赤旗爲銳陣以應次東軍鼓舉黑
旗爲曲陣西軍亦鼓舉黃旗爲圜陣以應凡陣先舉者爲客後舉者爲主每變
陣二軍各選刀楯五十人挑戰第一第二挑戰迭爲勇怯之狀第三挑戰爲敵
均之勢第四第五挑戰爲勝敗之形每將變陣先鼓而直陣然後變從餘陣之
法既已兩軍俱爲直陣又擊三鼓有司偃旗士衆皆跪又聲鼓舉旗士衆皆起
騎馳徒步左右軍俱至中表相擬擊而還每退至一行表跪起如前遂復其初
侍中跪奏請觀騎軍承制曰可二軍騎軍皆如步軍之法每陣各八騎挑戰五
陣畢大擊鼓而前盤馬相擬擊而罷遂振旅侍中跪奏稱侍中臣某言禮畢乃

還皇帝狩田之禮亦以仲冬前期兵部集衆庶修田法虞部表所田之野建旗於其後前一日諸將帥士集於旗下質明弊旗後至者罰兵部申田令遂圍田其兩翼之將皆建旗及夜布圍闕其南面駕至田所皇帝鼓行入圍鼓吹令以鼓六十陳於皇帝東南西向六十陳於西南東向皆乘馬各備簫角諸將皆鼓行圍乃設驅逆之騎皇帝乘馬南向有司斂大綏以從諸公王以下皆乘馬帶弓矢陳於前後所司之屬又斂小綏以從乃驅獸出前初一驅過有司整飭弓矢以前再驅過有司奉進弓矢三驅過皇帝乃從禽左而射之每驅必三獸以上皇帝發抗大綏然後公王發抗小綏驅逆之騎止然後百姓獵凡射獸自左而射之達於右腢爲上射達右耳本爲次射左髀達於右䯚爲下射羣獸相從不盡殺已被射者不重射不射其面不翦其毛凡出表者不逐之田將畢虞部建旗於田內乃雷擊駕鼓及諸將之鼓士從譟呼諸得禽獸旗下致其左耳大獸公之小獸私之其上者供宗廟次者供賓客下者充庖廚乃命有司饁獸於四郊以獸告至於廟社射前一日太樂令設宮縣之樂鼓吹令設十二案於射

殿之庭東面縣在東階東西面縣在西階西南北二縣及登歌廣開中央避射位張熊侯去殿九十步設之於侯西十步北十步設五楅庭前少西布侍射者位於西階前東面北上布司馬位於侍射位之南東面布獲者位之東東面布侍射者射位於殿階下當前少西橫布南面侍射者弓矢侯於西門外陳賞物於東階下少東置罰豐於西階下少西設罰尊於西階南北以殿深設篚於尊西南肆實爵加冪其日質明皇帝服武弁文武官俱公服典謁引入見樂作如元會之儀酒二徧侍中一人奏稱有司謹具請射侍中一人前承制退稱制曰可王公以下皆降文官立於東階下西面北上武官立於西階下於射之後東面北上持鈒隊羣立於兩邊千牛備身二人奉御弓及矢立於東階上西面執弓者在北又設坫於執弓者之前又置御決拾笥於其上獲者持旌自乏南行當侯東行至侯負侯北面立侍射者出西門外取弓矢兩手奉弓搢乘矢帶入立於殿下射位西東面司馬奉弓自西階升當西楹前南面揮弓命獲者以旌去侯西行十步北行至乏止司馬降自西階復位千牛中郎一人奉決拾以笥

千牛將軍奉弓千牛郎將奉矢進立於御榻東少南西向郎將跪奠笥於御榻前少東遂拂以巾取決興贊設決又跪取拾興贊設拾以笥退奠於坫千牛將軍北面張弓以袂順左右隈上再下一弓左右隈謂弓面上下以衣袂摩拭上面再下面一西面左執弣右執簫以進千牛郎將以巾拂矢進一一供御欲射協律郎舉麾先奏鼓吹及奏樂騶虞五節御及射第一矢與第六節相應第二矢與第七節相應以至九節協律郎偃麾樂止千牛將軍以矢行奏中曰獲下曰留上曰揚左曰左方右曰右方留謂矢短不及侯揚謂矢過侯左右謂矢偏不正千牛將軍於御座東西面受弓退付千牛於東階上千牛郎將以笥受決拾奠於坫侍射者進升射席北面立左旋東面張弓南面挾矢協律郎舉麾乃作樂不作鼓吹樂奏貍首三節然後發矢若侍射者多則齊發第一發與第四節相應第二發與第五節相應以至七節協律郎偃麾樂止弓右旋東西弛弓如面立乃退復西階下立司馬升自西階自西楹前南面揮弓命取矢取矢者以御矢付千牛於東階下侍射者釋弓於位庭前北面東上有司奏請賞罰侍中稱制曰可有司立楅之西東面監唱射矢取矢

者各唱中者姓名中者立於東階下西面北上不中者立於西階下東面北上
俱再拜有司於東階下以付賞物酌者於罰尊西東面跪奠爵於豐上不中者
進豐南北面跪取爵立飲卒爵奠豐下酌者北面跪取虛爵酌奠不中者以次
繼飲皆如初典謁引王公以下及侍射者皆庭前北面相對爲首再拜訖引出
持鈒隊復位皇帝入奏樂警蹕有司以弓矢出中門外侍射者出若特射無侍
射之人則不設楅不陳賞罰若燕遊小射則常服不陳樂縣不行會禮不合朔
伐鼓其日前二刻郊社令及門僕赤幘絳衣守四門令巡門監察鼓吹令平巾
幘袴褶帥工人以方色執麾旒分置四門屋下設龍蛇鼓於右東門者立於北
塾南面南門者立於東塾西面西門者立於南塾北面北門者立於西塾東面
隊正一人平巾幘袴褶執刀帥衞士五人執五兵立於鼓外矛在東戟在南斧
鉞在西矟在北郊社令立𫎇於社壇四隅以朱絲繩縈之太史一人赤幘赤衣
立於社壇北向日觀變黃麾次之龍鼓一次之在北弓一矢四次之諸兵鼓立
候變日有變史官曰祥有變工人舉麾龍鼓發聲如雷史官曰止乃止其日皇

帝素服避正殿百官廢務自府史以上皆素服各於其廳事之前重行每等異位向日立明復而止貞元三年八月日有食之有司將伐鼓德宗不許太常卿董晉言伐鼓所以責陰而助陽也請聽有司依經伐鼓不報由是其禮遂廢大儺之禮選人年十二以上十六以下爲侲子假面赤布袴褶二十四人爲一隊六人爲列執事十二人赤幘赤衣麻鞭工人二十二人其一人方相氏假面黃金四目蒙熊皮黑衣朱裳右執楯其一人爲唱帥假面皮衣執棒鼓角各十合爲一隊隊別鼓吹令一人太卜令一人各監所部巫師二人以逐惡鬼于禁中有司預備每門雄雞及酒擬於宮城正門皇城諸門磔禳設祭太祝一人齋郎三人右校爲瘞埳各於皇城中門外之右前一日之夕儺者赴集所具其器服以待事其日未明諸衛依時刻勒所部屯門列仗近仗入陳於階鼓吹令帥儺者各集於宮門外內侍詣皇帝所御殿前奏侲子備請逐疫出命寺伯六人分引儺者於長樂門永安門以入至左右上閤鼓譟以進方相氏執戈揚楯唱侲子和曰甲作食𣧑胇胃食虎雄伯食魅騰簡食不祥攬諸食咎伯奇食夢彊梁

祖明共食磔死寄生委隨食觀錯斷食巨窮奇騰根共食蠱凡使一十二神追
惡凶赫汝軀拉汝幹節解汝肉抽汝肺腸汝不急去後者爲糧周呼訖前後鼓
譟而出諸隊各趨順天門以出分詣諸城門出郭而止儺者將出祝布神席當
中門南向出訖宰手齋郎䮕牲匈磔之神席之西藉以席北首齋郎酌清酒太
祝受奠之祝史持版於坐右跪讀祝文曰維某年歲次月朔日天子遣太祝臣
姓名昭告于太陰之神與奠版于席乃舉牲幷酒瘞於埳

唐書卷十六

唐書卷十六考證

禮樂志六蕃主入門舒和之樂作○沈炳震曰按通典皇帝將出仗動大樂令撞黃鐘之鐘右五鐘皆應協律舉麾擊柷奏太和之樂及沽洗之音皇帝卽御座偃麾戛敔樂止皇帝出入奏樂新書雖發凡于樂志然于此節而存舒和之樂文則似皇帝卽座不作樂而蕃主入門始作樂矣理似未長 臣酉按此志賓禮所重在蕃主入門作樂至皇帝出入奏樂已發凡于樂志矣去彼存此史體乃合炳震之說未可從

立楅之西東面○通典作東西面

唐書卷十六考證

唐書卷十七

宋　翰　林　學　士　歐　陽　修　撰

禮樂志第七

四曰嘉禮皇帝加元服有司卜日告于天地宗廟前一日尚舍設席於太極殿中楹之間莞筵紛純加藻席緇純加次席黼純有司設次展縣設案陳車輦設文官五品以上位於縣東武官於縣西六品以下皆於橫街之南北上朝集使分方於文武官當品之下諸親位於四品五品之下皇宗親在東異姓親在西蕃客分方各於朝集使六品之南諸州使人於朝集使九品之後又設太師太尉位於橫街之南道東北面西上典儀於縣東北贊者二人在南少退俱西向又設門外位於東西朝堂如元日其日侍中版奏請中嚴太樂令鼓吹令帥工人入就位有司設罍洗於阼階東南設席於東房內近西張帷於東序外殿中監陳袞服於內席東領緇纚玉簪及櫛三物同箱在服南又設莞筵一紛純加藻席緇純加次席黼純在南尚食實醴尊於東序外帷內坫在尊北實角觶柶

各一饌陳於尊西籩豆各十二俎三在籩豆之北設罍洗於尊東袞冕玉導置於箱太常博士一人立於西階下東面諸侍衛之官俱詣閤奉迎典儀帥贊者及羣官以次入就位太常博士引太常卿升西階立於西房外當戶北向侍中版奏外辦皇帝服空頂黑介幘絳紗袍出自西房即御座立太師太尉入就位典儀曰再拜贊者承傳在位者皆再拜太師升自西階立於東階上東面太尉詣阼階下罍洗盥手升自東階詣東房取纚櫛箱進跪奠於御座西端太師詣御座前跪奏曰坐皇帝坐太尉當前少左跪脫幘置於箱櫛畢設纚興少西東面立太師降盥受冕右執項左執前升自西階當前少左祝曰令月吉日始加元服壽考惟祺以介景福乃跪冠興復西階上位太尉前少左跪設簪結纓興復位皇帝興適東房殿中監徹櫛纚箱以退皇帝袞服出即席南向坐太殿詣序外帷內盥手洗觶酌醴加柶覆之面葉立於序內南面太師進受醴面柄前北向祝曰甘醴唯厚嘉薦令芳承天之休壽考不忘退降立於西階下東面將祝殿中監卒進饌者奉饌設於前皇帝左執觶右取脯擩於醢祭於籩豆之間

太尉取胏一以進皇帝奠觶於薦西受胏舒左執本右絶末以祭止左手嚌之授太尉太尉加於俎降立於太師之南皇帝帨手取觶以柶祭醴啐醴建柶奠觶於薦東太師太尉復横街南位典儀曰再拜贊者承傳在位者皆再拜太師太尉出侍中前跪奏禮畢皇帝興入自東房在位者以次出皇太子加元服有司豫奏司徒一人爲賓卿一人爲贊冠吏部承以戒之前一日尚舍設御幄於太極殿有司設羣官之次位展縣設案陳車輿皆如皇帝之冠設賓受命位於横街南道東贊冠位於其後少東皆北面又設文武官門外位於順天門外道東西其日侍中奏請中嚴羣官有司皆就位賓贊入立於太極門外道東西面黄門侍郎引主節持幡節中書侍郎引制書案立於樂縣東南西面北上侍中奏外辦皇帝服通天冠絳紗袍乘輿出自西房即御座賓贊入就位典儀曰再拜在位皆再拜侍中及舍人前承制侍中降至賓前稱有制公再拜侍中曰將加冠於某之首公其將事公少進北面再拜稽首辭曰臣不敏恐不能供事敢辭侍中升奏又承制降稱制旨公其將事無辭公再拜侍中舍人至卿前稱敕

旨卿再拜侍中曰將加冠於某之首卿宜贊冠卿再拜黃門侍郎執節立於賓
東北西面賓再拜受節付于主節又再拜中書侍郎取制書立賓東北西面賓
再拜受制書又再拜典儀曰再拜贊者承傳在位皆再拜賓贊出皇帝降坐入
自東房在位者以次出初賓贊出門以制書置於案引以幡節威儀鐃吹及九
品以上皆詣東宮朝堂冠前一日衞尉設賓次於重明門外道西南向贊冠於
其西南又設次於門內道西以待賓贊又設皇太子位於閤外道東西向三師
位於道西三少位於其南少退俱東向又設軒縣於庭皇太子受制位於縣北
解劍席於東北皆北面冠日平明宮臣皆朝服其餘公服集於重明門外朝堂
宗正卿乘車侍從詣左春坊權停左右二率各勒所部屯門列仗左庶子版奏
請中嚴羣官有司入就位設罍洗於東階東南設冠席於殿上東壁下少南西
向賓席於西階上東向主人席於皇太子席西南西向三師席於冠席南張帷
於東序內設褥席於帷中又張帷於序外冠席內直郎陳服於帷內東領北上
袞冕金飾象笏遠游冠緇布冠服玄衣素裳素韠白沙中單青領褾襈裾履襪

革帶大帶笏緇纚犀簪二物同箱在服南櫛實於箱又在南莞筵四藻席四又在南艮醞令實側尊甒醴於序外帷內設罍洗於尊東實巾一角觶柶各一太官令實饌豆九籩九於尊西俎三在豆北袞冕遠游三梁冠黑介幘緇布冠青組纓屬於冠冠冕各一箱奉禮郎三人各執立於西階之西東面北上主人贊冠者宗正卿爲主人庶子爲贊冠升詣東序帷內少北戶東西立典謁引羣官以次入就位初賓贊入次左庶子版奏外辦通事舍人引三師等入就閤外道西位東面立皇太子空頂黑介幘雙童髻綵衣紫袴褶織成褾領綠紳烏皮履乘輿以出洗馬迎於閤門外左庶子請降輿洗馬引之道東位西向立左庶子請再拜三師三少答拜乃就階東南位三師在前三少在後千牛二人夾左右其餘仗衞列於師保之外皇太子乃出迎賓至阼階東西面立宗正卿立於門東西面賓立於西東面宗正卿再拜賓不答拜賓入主人從入立於縣東北西面賓入贊冠者從賓詣殿階閒南面贊冠者立於賓西南東面節在賓東少南西面制案在贊冠西南東面賓執制皇太子詣受制位北面立主節脫節衣賓稱有制皇太

子再拜宣詔曰有制皇太子某吉日元服率由舊章命太尉某就宮展禮皇太子再拜少傅進詣賓前受制書以受皇太子付于庶子皇太子升東階入於東序帷內近北南面立賓升西階及宗正卿各立席後初賓升贊冠者詣罍洗盥手升自東階帷內於主人冠贊之南俱西面主人贊冠者引皇太子出立於席東西面賓贊冠者取纚櫛二箱坐奠於筵皇太子進升筵西面坐賓之贊冠者東面坐脫幘置於箱櫛畢設纚興少北南面立冠緇布冠升賓降一等受之右執頂左執前進東向立祝曰令月吉日始加元服棄厥幼志慎其成德壽考惟祺以介景福乃跪冠興復位皇太子東面立賓揖皇太子贊冠者引適東序帷內服玄衣素裳之服以出立於席東西面賓揖皇太子升筵西向坐賓之贊冠者進跪脫緇布冠置於箱興復位賓降二等受遠游冠右執頂左執前進祝曰吉月令辰乃申嘉服克敬威儀式昭厥德眉壽萬歲永壽胡福乃跪冠興復位皇太子與賓揖皇太子贊冠者引適東序帷內朝服以出立於席東西面賓揖皇太子升筵坐賓之贊冠者跪脫遠游冠興復位賓降三等受冕右執頂左執

前進祝曰以歲之正以月之令咸加其服以成厥德萬壽無疆承天之慶乃跪
冠興復位每冠皆贊冠者跪設簪結纓皇太子興賓揖皇太子適東序服袞冕
之服以出立於席東西面贊冠者徹纚櫛箱以入又取筵入於帷內主人贊冠
者又設醴皇太子席於室戶西南向下莞上藻賓之贊冠者於東序外帷內盥
手洗觶典膳郎酌醴加柶覆之面柄授贊冠立於序內南面賓揖皇太子就筵
西南面立賓進受醴加柶面柄進北向立祝曰甘醴唯厚嘉薦令芳拜受祭之
以定厥祥承天之休壽考不忘皇太子拜受觶賓復位東面答拜贊冠者與進
饌者奉饌設於筵前皇太子升筵坐左執觶右取脯擩於醢祭於籩豆之間贊
冠者取韭菹遍擩於豆以授皇太子又祭於籩豆之間贊冠者取脟一以授皇
太子皇太子奠觶於薦西興受脟卻左手執本坐繚右手絕末以祭止左手嚌
之興以授贊冠者加於俎皇太子坐帨手取觶以柶祭醴三始扱一祭又扱再
祭加柶於觶面葉興筵末坐啐醴建柶興降筵西南面坐奠觶再拜執觶興賓
答拜皇太子降立於西階之東南面賓降立於西階之西少南贊冠隨降立於

賓西南皆東面賓少進字之祝曰禮儀既備令月吉日昭告厥字君子攸宜宜之於嘏永受保之奉敕字某皇太子再拜曰某雖不敏敢不祗奉及再拜洗馬引太子降阼階位三師在南北面三少在北南面立皇太子西面再拜三師等各再拜以出典儀曰再拜贊者承傳在位者皆再拜左庶子前稱禮畢皇太子乘輿以入侍臣從至閤賓贊及宗正卿出就會皇子冠前三日本司帥其屬筵曰筮賓於聽事前二日主人至賓之門外次東面賓立於阼階下西面儐者進於左北面受命出立於門東西面曰敢請事主人曰皇子某王將加冠請某公教之儐者入告賓出立於門左西面再拜主人答拜主人曰皇子某王將加冠願某公教之賓曰某不敏恐不能共事敢辭主人曰某猶願某公教之賓曰王重有命其敢不從主人再拜而還賓拜送命贊冠者亦如之冠之日夙興設洗於阼階東南席於東房內西墉下陳衣於席東領北上袞冕遠游冠緇布冠緇纚犀簪櫛實於箱在服南莞筵藻席各三在南設尊於房戶之外西兩甒玄酒在西加勺冪設坫於尊東置二爵於坫加冪豆十籩十在服北俎三在籩豆之

北質明賓贊至於主人大門外之次遠游三梁緇布冠各一箱各一人執之侍於西階之西東面北上設主人之席於阼階上西面賓席於西階上東面皇子席於室戶東房戶西南面俱下莞上藻主人立於阼階下當東房西面諸親立於罍洗東南西面北上儐者立於門內道南北面皇子雙童髻空頂幘綵袴褶錦紳烏皮履立於房內南面主人贊冠者立於房內戶東西面賓及贊冠者出立於門西贊冠者少退俱東面北上儐者受命於主人出立於門東西面曰敢請事賓曰皇子某王將加冠某謹應命儐者入告主人出迎賓西面再拜賓答拜主人揖贊冠者贊冠者報揖主人又揖賓賓報主人入賓贊冠者以次入及內門主人揖賓賓入贊冠者從之至內霤將曲揖賓報揖至階主人立於階東西面賓立於階西東面主人曰請公升賓曰某備將事敢辭主人曰固請公升賓曰某敢固辭主人曰終請公升賓曰某敢終辭主人升自阼階立於席東西向賓升自西階立於席西東向贊冠者及庭盥於洗升自西階入於東房立於主人贊冠者之南俱西面主人贊冠者引皇子出立於房戶外西南面賓之贊

冠者取纚櫛簪箱跪奠於皇子筵東端興席東少北南面立賓揖皇子賓主俱即坐皇子進升席南面坐賓之贊冠者進筵前北面跪脫雙童髻置於箱櫛畢設纚賓降盥主從降賓東面辭曰願主不降主人曰公降辱敢不從降賓既盥詣西階賓主一揖一讓升主人立於席後西面賓立於西階上東執緇布冠者升賓降一等受之右執頂左執前北面跪冠興復西階上席後東面立皇子興賓揖皇子適房賓主俱坐皇子服青衣素裳之服出房戶西南面立賓揖皇子皇子進立於席後南面賓降盥主人從降辭對如初賓跪取爵於篚興洗詣西階賓主一揖一讓升坐主人立於席後西面賓詣酒尊所酌酒進皇子筵前北向立祝曰吉酒既清嘉薦亶時始加元服兄弟具來孝友時格永乃保之皇子筵西拜爵賓復西階上東面答拜執饌者薦籩豆於皇子筵前皇子升座左執爵右執脯擩於醢祭於籩豆之間祭酒興筵末坐啐酒執爵興降筵奠爵再拜執爵興賓答拜冠者升筵跪奠爵於薦東興立於筵西南面執饌者徹薦爵賓揖皇子皇子進升筵南向坐賓之贊冠者跪脫緇布冠置於箱賓降二等受遠

游冠冠之皇子與賓揖皇子適房賓主俱坐皇子服朝服出房戶西南面立賓主俱與賓揖皇子皇子進立於席後南面賓詣尊所取爵酌酒進皇子筵前北向立祝曰旨酒既湑嘉薦伊脯乃申其服禮儀有序祭此嘉爵承天之祐皇子筵西拜受爵祭饌如初禮賓揖皇子進升席南面坐賓之贊冠者跪脫進賢冠賓降三等受冕冠之每冠皆贊冠者設簪結纓皇子與賓揖皇子適房服袞冕以出房戶西南面賓揖皇子進立於席後南面賓詣酒尊所取爵酌酒進皇子祝曰旨酒令芳籩豆有楚咸加其服殽升折俎承天之慶受福無疆皇子筵西拜受爵執饌者薦籩豆設俎於其南皇子升筵坐執爵祭脯醢贊冠者取胏一以授皇子皇子奠爵於薦西興受坐祭左手嚌之興加於俎皇子坐涚手執爵祭酒興筵末坐啐酒降筵西南面坐奠爵再拜執爵興賓答拜皇子升筵坐奠爵於薦東興贊冠者引皇子降立於西階之東南面初皇子降賓降自西階直西序東面立主人降自東階直東序西面立賓少進字之曰禮儀既備令月吉日昭告其字爰字孔嘉君子攸宜宜之于嘏永受保之曰孟某甫仲叔季唯其

所當皇子曰某雖不敏夙夜祗奉賓出主人送於內門外主人西面請賓曰公辱執事請禮從者賓曰某既得將事敢辭主人曰敢固以請賓曰某辭不得命敢不從賓就次主人入初賓出皇子東面見諸親拜之皇子荅拜皇子入見內外諸尊於別所賓主既釋服改設席訖賓贊俱出次立於門西主人出揖賓賓報揖主人先入賓贊從之至階一揖一讓升坐俱坐會訖賓立於西階上贊冠者在北少退俱東面主人立於東階上西面掌事者奉束帛之篚升授主人於序端主人執篚少進西面立又掌事者奉幣篚升立於主人後幣篚升牽馬者牽兩馬入陳於門內三分庭一在南北首西上賓還西階上北面再拜主人進立於楹間贊冠者立於賓左少退俱北面再拜主人南面賓贊進立於主人之右俱南面東上主人授幣賓受之退復位於主人授幣掌事者又以幣篚授贊冠者主人還阼階上北面拜送賓贊降自西階從者訝受幣賓當庭實東面揖出牽馬者從出從者訝受馬於門外賓降主人降送賓於大門西面再拜若諸臣之嫡子三加皆祝而冠又祝而酌又祝而字庶子三加既加然後酌而祝之

又祝而字其始冠皆緇布再加皆進賢其三加一品之子以袞冕二品之子以鷩冕三品之子以毳冕四品之子以絺冕五品之子以玄冕六品至于九品之子以爵弁其服從之其卽席而冠也嫡子西面庶子南面其筮日筮賓贊遂戒之及其所以冠之禮皆如親王

唐書卷十七

唐書卷十七考證

禮樂志七加藻席緇純○緇通典作纁

侍中○此下通典有退字

侍中曰○沈炳震曰當作舍人曰

卿再拜○此句下通典有舍人退三字

唐書卷十七考證

唐書卷十八

宋　翰　林　學　士　歐　陽　修　撰

禮樂志第八

皇帝納皇后制命太尉爲使宗正卿爲副吏部承以戒之前一日有司展縣設案陳車輿于太極殿廷如元日文武九品朝集蕃客之位皆如冠禮設使者受命位於大橫街南道東西上副少退北面侍中請中嚴羣臣入就位使副入立於門外道東西面黃門侍郎引幡節中書侍郎引制書案立於左延明門內道北西面北上乃奏外辦皇帝袞冕御輿出自西房卽御座使副入就位典儀曰再拜在位者皆再拜侍中前承制降詣使者東北西面曰有制使副再拜侍中宣制曰納某官某氏女爲皇后命公等持節行納采等禮使副又拜主節立於使者東北西面以節授黃門侍郎侍郎以授使者付于主節立於後中書侍郎引制書案立於使者東北以制書授使者置於案典儀曰再拜在位者皆再拜使副出持節者前導持案者次之侍中奏禮畢皇帝入在位者以次出初使副

乘輅鼓吹備而不作從者乘車以從其制書以油絡網犢車載之其日大昕使副至于次主人受於廟若寢布神席於室戸外之西莞筵紛純加藻席畫純南向右彫几使副立於門西北上持幡節者立於北少退制案立於南執鴈者又在其南皆東面主人立於大門內西面儐者北面受命於左出立於門東西面曰敢請事使者曰某奉制納采儐者入告主人曰臣某之女若如人既蒙制訪臣某不敢辭儐者出告入引主人出迎使者於大門外之南北面再拜使者不答主人揖使副先入至於階使副入導以幡節案鴈從之幡節立西階之西東面使者由階升立於兩楹間南面副在西南持案及執鴈者又在西南皆東面主人升阼階當使者前北面立持案者以案進授使者以制書節脫衣制者曰有制主人再拜宣制主人降詣階間北面再拜稽首升進北面受制書以授左右使者授鴈主人再拜進受鴈以授左右儐者引答表案進立於主人後少西以表授主人主人進授使者退復位再拜節加衣謁者引使副降自西階以出制文以版長一尺二寸博四寸厚八分后家答版亦如之問名使者既出遂立

於內門外之西東面主人立於內門內東廂西面儐者出請事使者曰將加卜筮奉制問名儐者入告主人曰臣某之子若如人既蒙制訪臣某不敢辭儐者出告入引主人出迎使者以入授主人以制書答表皆如納采使副降自西階以出立於內門外之西東面主人立於東階下西向儐者出請事使者曰禮畢儐者入告主人曰某公奉制至於某之室某有先人之禮請禮從者儐者出告使者曰某既得將事敢辭儐者入告主人曰先人之禮敢固以請儐者出告使者曰某辭不得命敢不從儐者入告遂引主人升立於序端掌事者徹几設二筵東上設甒醴於東房西牖下加杓冪坫在尊北實觶二角柶二籩豆各一實以脯醢在坫北又設洗於東南主人降迎使者西面揖先入使副入門而左主人入門而右至階主人曰請某位升使者曰某敢辭主人又曰固請某使升使者曰某敢固辭主人又曰終請某位升使者曰敢終辭主人升自阼階使副升自西階北面立主人阼階上北面再拜受几於序端掌事者內拂几三奉兩端西北向以進主人東南向外拂几三振袂內執之事掌者一人又執几以從主

人進西北向使者序進迎受於筵前東南向以俟主人還東階上北面再拜送使者以几跪進北面跪各設於坐左退於西階上北面東上答拜立於階西東面南上贊者二人俱升取觶降盥手洗觶升實醴加柶於觶覆之面葉出房南面主人受醴面柄進使者筵前西北面立又贊者執觶以從使者西階上北面各一拜序進筵前東南面主人又以次受醴使者受俱復西階上位主人退復東階上北面一拜送掌事者以次薦脯醢於筵前使者各進外筵皆坐左執觶右取脯擩於醢祭於籩豆之間各以柶祭醴三始扱一祭又扱再祭興各以柶兼諸觶上蹶降筵於西階上俱北面坐啐醴建柶各奠觶於薦遂拜執觶興主人答拜使者進升筵坐各奠觶於薦東降筵序立於西階上東面南上掌事者牽馬入陳於門內三分庭一在南北首西上又掌事者奉幣篚升自東階以授主人受於序端進西面位掌事者一人又奉幣篚立於主人之後使者西階上俱北面再拜主人進詣楹間南面立使者序進立於主人之西俱南面主人以幣篚授使者使者受退立於西階上東面執幣者又以授主人主人受以授使

副使副受之退立於使者之北俱東面主人還東階上北面再拜送使者降自西階從者訝受幣篚使者當庭實揖馬以出牽馬者從出使者出大門外之西東面立從者訝受馬主人出門東西面再拜送使者退主人入立於東階下西面儐者告於主人曰賓不顧矣主人反於寢使者奉答表詣闕納吉使者之辭曰加諸卜筮占曰日從制使某也入告主人之辭曰臣某之女若如人龜筮云吉臣預在焉臣某謹奉典制其餘皆如納采納徵其日使者至于主人之門外執事者入布幕於內門之外玄纁束陳於幕上六馬陳於幕南北首西上執事者奉穀珪以匵俟於幕東西面謁者引使者及主人立於大門之內外儐者進受命出請事使者曰某奉制納徵儐者入告主人曰奉制賜臣以重禮臣某祗奉典制儐者出告入引主人出迎使者入執事者坐啓匵取珪加於玄纁牽馬者從入三分庭一在南北首西上執珪者在馬西俱北面其餘皆如納采冊后前一日守宮設使者次於后氏大門外之西尙舍設尙宮以下次於后氏閤外道西東向障以行帷其日臨軒命使如納采奉禮設使者位於大門外之西東

向使副及內侍位於使者之南舉冊案及寶綬者在南差退持節者在使者之
北少退俱東向設主人位於大門外之南北面使者以下及主人位於內門外
亦如之設內謁者監位於內門外主人之南西面司贊位於東階東南掌贊二
人在南差退俱西向又置一案於閤外使副乘輅持節備儀仗鼓吹備而不作
內僕進重翟以下於大門之外道西東向以北爲上諸衛令其屬布后儀仗使
者出次就位主人朝服立於東階下西面儐者受命出請事使者曰某奉制授
皇后備物典冊儐者入告主人出迎於大門外北面再拜使者不答拜使者入
門而左持節者前導持案者次之主人入門而右至內門外位奉冊寶案者進
進使副冊寶內侍進使者前西面受冊寶東面授內謁者監持入立於閤外之
西東面跪置於案尚宮以下入閤奉后首飾褘衣傅姆贊出尚宮引降立於庭
中北面尚宮跪取冊尚服跪取寶綬立於后之右西向司言司寶各一人立於
右左東向尚宮曰有制尚儀曰再拜皇后再拜宣冊尚儀曰再拜皇后又再拜
尚宮授皇后以冊受以授司言尚服又授以寶綬受以授司寶皇后升坐內官

以下俱降立於庭重行相向西上司贊曰再拜掌贊承傳皆再拜諸應侍衞者
各升立於侍位尚儀前跪奏曰禮畢皇后降坐以入使者復命其遣使者奉迎
其日侍中版奏請中嚴皇帝服冕出升所御殿文武之官五品已上立於東西
朝堂奉迎前一日守宮設使者次於大門之外道右設使副及內侍次於使者
次西俱南向尚舍設宮人次於閤外道西奉禮設使副持案執鴈者持節者及
奉禮贊者位如冊后又設內侍位於大門外道左西面又設宮人以下位於堂
前使副朝服乘輅持節至大門外次宮人等各之次奉迎尚儀奏請皇后中嚴
傅姆導皇后尚宮前引出升堂皇后將出主婦出於房外之西南向文武奉迎
者皆陪立於大門之外文官在東武官在西皆北上謁者引使者詣大門外立
主人立於內門外堂前東階下西面儐者受命出請事使者曰某奉制以今吉
辰率職奉迎儐者入告主人曰臣謹奉典制儐者出告入引主人出門南北面
再拜謁者引入至內門外堂西階使者先升位於兩楹間南面副在西持案執
鴈者在西南俱東面主人升東階詣使者前北面立使副授以制書曰有制主

人再拜使者宣制主人降詣階間北面再拜稽首升進北面受制書主人再拜北面立使副授以鴈主人再拜進受仍北面立儐者引二人對舉答表案進主人以表授使副再拜降自西階以出復門外位奉禮曰再拜贊者承傳使副俱再拜使者曰令月吉日臣某等承制率職奉迎內侍受以入傳於司言司言受以奏聞尚儀奏請皇后再拜主人入升自東階進西面誡之曰戒之敬之夙夜無違命主人退立於東階上西面母誡於西階上施衿結帨曰勉之敬之夙夜無違命皇后升輿以降升重翟以几姆加景內宮侍從及內侍導引應乘車從者如鹵簿皇后車出大門外以次乘車馬引從同牢之日內侍之屬設皇后大次於皇帝所御殿門外之東南向將夕尚寢設皇帝御幄於室內之奧東向鋪地席重茵施屏障初昏尚食設洗於東階東西當東霤南北以堂深后洗於東房近北設饌於東房西牖下豆各二十四簠簋各二登各三俎三尊於室內北牖下玄酒在西又尊於房戶外之東無玄酒坫在南加四爵合巹器皆烏漆巹以匏皇后入大門鳴鐘鼓從永巷至大次前回車南向施步障尚儀進當車前

跪請降車皇后降入次尚宮引詣殿門之外西向立尚儀跪奏外辦請降坐禮迎皇帝降坐尚宮前引詣門內之西東面揖后以入尚食酌玄酒三注於尊尚寢設席於室內之西東向皇帝導后升自西階入室即席東向立皇后入立於尊西南面皇帝盥於西洗后盥於北洗饌入設醬於席前菹醢在其北俎三設於豆東豕俎特在北尚食設黍于醬東稷稻粱又在東設湆于醬南設后對醬于東當特俎葅在其南北上設黍于豕俎北其西稷稻粱設湆于醬北尚食啓會郤于簠簋之南對簠簋于北加匕箸尚寢設對席於饌東尚食跪奏饌具皇帝揖皇后升對席西面皆坐尚食跪取韭菹擩醢授皇帝取菹擩醢授皇后俱受祭於豆間尚食又取黍實於左手遍取稷稻粱反於左手授皇帝又取黍稷稻粱授皇后俱受祭於豆間又各取胏絶末授帝后俱祭於豆間尚食各以胏加於俎司飾二人以巾授皇帝及皇后俱涚手尚食各跪品嘗饌移黍置於席上以次授胏脊帝后皆食三飯卒食尚食二人俱盥手洗爵於房入室酌于尊以授帝后俱受祭尚食各以肝從皆奠爵振祭嚌之尚食皆受實於俎豆各取

爵皆飯尚儀受虛爵奠於坫再酳如初三酳用卺如再酳尚食俱降東階洗爵
升酌於戶外進北面奠爵興再拜跪取爵祭酒遂飲卒爵奠遂拜執爵興降奠
於篚尚儀北面跪奏稱禮畢興帝后俱興尚宮引皇帝入東房釋冕服御常服
尚宮引皇后入幄脫服尚宮引皇帝入尚食徹饌設於東房如初皇后從者餕
皇帝之饌皇帝侍者餕皇后之饌皇太子納妃皇帝遣使者至于主人之家不
持節無制書其納采問名納吉納徵告期皆如后禮其冊妃前一日主人設使
者次大門之外道右南向又設宮人次於使者西南俱東向障以行帷奉禮設
使者位於大門外之西副及內侍又於其南舉冊案及璽綬命服者又南差退
俱東向設主人位於門東北面又設位於內門外如之設典內位於內門外主
人之南西面宮人位於門外使者之後重行東向以北為上障以行帷設贊者
二人位於東階東南西向典內預置一案於閤外使副朝服乘輅持節鼓吹備
而不作至妃氏大門外次掌嚴奉褕翟衣及首飾內廄尉進厭翟於大門之外
道西東向以北為上諸衛帥其屬布儀仗使者出次持節前導及宮人典內皆

就位主人朝服出迎於大門之外北面再拜使者入門而左持案從之主人入門而右至內門外位奉冊寶按者進授使副冊寶內侍西面受之東面授典內典內持入跪置於閤內之按奉衣服及侍衛者從入皆立於典內之南俱東面傅姆贊妃出立於庭中北面掌書跪取玉寶南向掌嚴奉首飾褕翟與諸宮官侍衛者以次入司則前贊妃再拜北面授冊寶於掌書南向授妃妃以授司閨司則又贊再拜乃請妃升坐宮官以下皆降立於庭重行北面西上贊者曰再拜皆再拜司則前啓禮畢妃降座入於室主人儐使者如禮賓之儀臨軒醮戒前一日衛尉設次於東朝堂之北西向又設宮官次於重明門外其日皇太子服袞冕出升金輅至承天門降輅就次前一日有司設御座於太極殿阼階上西向設羣官次於朝堂展縣陳車輅其日尚舍設皇太子席位於戶牖間南向莞席藻席尚食設酒尊於東序下又陳籩脯一豆醢一在尊西脯前三刻設羣官版位於內奉禮設版位於外如朝禮侍中版奏請中嚴前三刻諸侍衛之官侍中中書令以下俱詣閤奉迎典儀帥贊者先入就位吏部兵部贊羣官出次

就門外位侍中版奏外辦皇帝服通天冠絳紗袍乘輿出自西房即御座西向羣官入就位典儀曰再拜贊者承傳在位者皆再拜皇太子入縣南典儀曰再拜贊者承傳皇太子再拜詣階脫舃升席西南面立尚食酌酒於序進詣皇太子西東面立皇太子再拜受爵尚食又薦脯醢於席前皇太子升席坐左執爵右取脯擩於醢祭於籩豆之間右祭酒興降席西南面坐啐酒奠爵興再拜執爵興奉御受虛爵直長徹薦還於房皇太子進當御坐前東面立皇帝命之曰往迎爾相承我宗事最帥以敬皇太子曰臣謹奉制旨遂再拜降自西階納舃出門典儀曰再拜贊者承傳在位者皆再拜以次出侍中前跪奏禮畢皇帝入皇太子既受命執燭前馬鼓吹至于妃氏大門外道西之次回輅南向左庶子跪奏降輅之次主人設几筵妃服褕翟花釵立於東房主婦立於房戶外之西南向主人公服出立於大門之內西向在廟則祭服左庶子跪奏請就位皇太子立於門西東面儐者受命出請事左庶子承傳跪奏皇太子曰以茲初昏某奉制承命左庶子俛伏興傳於儐者入告主人曰某謹敬具以須儐者出傳於

左庶子以奏儐者入引主人迎於門外之東西面再拜皇太子荅再拜主人揖

皇太子先入掌畜者以鴈授左庶子以授皇太子執鴈入及內門主人讓曰請

皇太子入皇太子曰某弗敢先主人又固請皇太子又曰某固弗敢先主人揖

皇太子入門而左主人入門而右及內門主人揖入及內霤當曲揖當階揖皇

太子皆報揖至於階主人曰請皇太子升皇太子曰某敢辭主人固請皇太子

又曰某敢固辭主人終請皇太子又曰某終辭主人揖皇太子報揖主人升立

於阼階上西面皇太子升進當房戶前北面跪奠鴈再拜降出主人不降送內

廄尉進厭翟於內外傅姆導妃司則前引出於母左師姆在右保姆在左父少

進西面戒之曰必有正焉若衣花命之曰戒之敬之夙夜無違命母戒之西階

上施衿結帨命之曰勉之敬之夙夜無違命庶母及門內施鞶申之以父母之

命命之曰敬恭聽宗父母之言夙夜無愆視諸衿鞶妃旣出內門至輅後皇太

子授綏姆辭不受曰未教不足與爲禮妃升輅乘以几姆加景皇太子馭輪三

周馭者代之皇太子出太門乘輅還宮妃次於後主人使其屬送妃以族從同

牢之日司闈設妃次於閤內道東南向設皇太子御幄於內殿室內西廂東向
設席重茵施屏障設同牢之席於室內皇太子之席西廂東向妃席東廂西向
席間量容牢饌設洗於東階東南設妃洗於東房近北饌於東房西墉下豆各
二十簠簋各二鉶各三瓦登一俎三尊在室內北墉下玄酒在西又設尊於房
戶外之東無玄酒篚在南實四爵合巹皇太子車至左閤回輅南向左庶子跪
奏請降輅入俟於內殿門外之東西面妃至左閤外回輅南向司則請妃降輅
前後扇燭就次立於內殿門西東面皇太子揖以入升自西階妃西向執扇燭
者陳於東西階內皇太子即席東向立妃從升立司饌進詣階間跪奏具牢饌
司則承令曰諾遂設饌如皇后同牢之禮司饌跪奏饌具皇太子及妃俱坐司
饌跪取脯取韭菹皆擩於醢授皇太子又取授妃俱受祭於籩豆之間司饌跪
取黍實於左手遍取稷反於右手授皇太子又授妃各受祭於菹醢之間司饌
各立取胏皆絕末跪授皇太子及妃俱受又祭於菹醢之間司饌俱以胏加於
俎掌嚴授皇太子妃巾涗手以柶扱上鉶遍擩之祭於上豆之間司饌品嘗妃

饌移黍置於席上以次跪授胏脊皇太子及妃皆食以湆醬三飯卒食司饌北面請進酒司則承令曰諾司饌二人俱盥手洗爵於房入室酌于尊北面立皇太子及妃俱興再拜一人進授皇太子一人授妃皇太子及妃俱坐祭酒舉酒司饌各以肝從司則進受虛爵奠於篚司饌又俱洗爵酌酒再酳皇太子及妃俱受爵飲三酳用巹如再酳皇太子及妃立於席後司則俱降東階洗爵升酌於戶外北面俱奠爵與再拜皇太子及妃俱答拜司則坐取爵祭酒遂飲啐爵奠遂拜執爵興降奠爵於篚司饌奏徹饌司則前跪奏稱司則妾姓言請殿下入皇太子入於東房釋冕服著袴褶司則啓入妃幃幄皇太子乃入室媵餕皇太子之饌御餕妃之饌親王納妃其納采問名納吉納徵請期使者公服乘輅車至於妃氏之家主人受於廟若寢其賓主相見儐贊出入升降與其禮賓者大抵皆如皇太子之使而無副其聘以玄纁束乘馬玉以璋冊命之日使者持節有副親迎王袞冕輅車至于妃氏之門外主人布席於室戶外之西西上右几又席於戶內南向設甒醴於東房東北隅篚在尊南實觶一角柶一脯醢又

尊四爵兩巹凡六夫婦各三酳主人乘革輅至於婦氏大門外女凖其夫服花
釵翟衣入於房以觶酌醴如王妃主人迎賓以入遂同牢皆如親王納妃之禮
質明布舅席於東序西向布姑席於房戶外之西南向舅姑卽席婦執笲棗栗
入升自西階東面再拜進跪奠於舅席前舅撫之婦退復位又再拜降自西階
受笲服脩升進北面再拜進跪奠於姑席前姑舉之婦退復位又再拜婦席於
姑西少北南向側尊甒醴於房內東壁下籩豆一實以脯醢在尊北設洗於東
房近北婦立於席西南面內贊者盥手洗觶酌醴加柶面柄北面立于婦前婦
進東面拜受復位內贊者西階上北面拜送乃薦脯醢婦升席坐左執觶右取
脯擩於醢祭於籩豆之間以柶祭醴三始扱一祭又扱再祭加柶於觶面葉與
降席西東面坐啐醴建柶與拜內贊者答拜婦進升席跪奠觶於豆東取脯降
自西階以出授氏從入於寢門外盥饋舅姑入於室婦盥饋布席於室之奧舅
姑共席坐俱東面南上贊者設尊於室內北墉下饌於房內西墉下如同牢牲
體皆節折右載之於舅俎左載之於姑俎婦入升自西階入房以醬進其他饌

從者設之皆加匕箸俎入設於豆東贊者各授箸舅姑各以篚菹擩於醬祭於籩豆之間又祭飯訖乃食三飯卒食婦入於房盥手洗爵入室酌酒酳舅進奠爵舅席前少東西面再拜舅取爵祭酒飲之婦受爵出戶入房奠於右盥手洗爵酌酒酳姑設婦席於室內北墉下尊東面婦徹饌設於席前如初西上婦進西面再拜退升席南向坐將餕舅命易醬內贊者易之婦及餕姑饌婦祭內贊者助之既祭乃食三飯卒食內贊者洗爵酌酒酳婦降席西面再拜受爵升席坐祭酒飲執爵興降席東南面立內贊者受爵奠於坫婦進西面再拜受爵升席坐祭酒飲訖執爵興降席東南面立內贊者受奠於篚婦進西面再拜舅姑先降自西階婦降自阼階凡庶子婦舅不降而婦降自西階以出

唐書卷十八

珍倣宋版印

唐書卷十八考證

禮樂志八登各二〇通典作各一

唐書卷十八考證

唐書卷十九

宋　翰　林　學　士　歐　陽　修　撰

禮樂志第九

皇帝元正冬至受羣臣朝賀而會前一日尚舍設御幄於太極殿有司設羣官客使等次於東西朝堂展縣置案陳車輿又設解劍席於縣西北横街之南文官三品以上位於横街之南道東褒聖侯位於三品之下介公酅公位於道西武官三品以上位於介公之西少南文官四品五品位於縣東六品以下位於横街之南又設諸州朝集使位都督刺史三品以上位於文武官三品之東西四品以下分方位於文武官當品之下諸州使人又於朝集使之下諸親於四品五品之南設諸蕃方客位三等以上東方南方在東方朝集使之東西方北方在西方朝集使之西每國異位重行北面四等以下分方位於朝集使六品之下又設門外位文官於東朝堂介公酅公在西朝堂之前武官在介公之南少退每等異位重行諸親位於文武官四品五品之南諸州朝集使東方南方

在宗親之南使人分方於朝集使之下諸方客東方南方在東方朝集使之南西方北方在西方朝集使之南每國異位重行其日將士填諸街勒所部列黃麾大仗屯門及陳於殿庭羣官就次侍中版奏請中嚴諸侍衛之官詣閤奉迎吏部兵部主客戶部贊羣官客使俱出次通事舍人各引就朝堂前位引四品以下及諸親客等應先置者入就位侍中版奏外辦皇帝服袞冕冬至則服通天冠絳紗袍御輿出自西房即御座南向坐符寶郎奉寶置於前公王以下及諸客使等以次入就位典儀曰再拜贊者承傳在位者皆再拜上公一人詣西階席脫舄跪解劍置於席升當御座前北面跪賀稱某官臣某言元正首祚景福維新伏惟開元神武皇帝陛下與天同休（冬至云天正長至伏惟陛下如日之昇）乃降階詣席跪佩劍俛伏興納舄復位在位者皆再拜侍中前承詔降詣羣官東北西面稱有制在位者皆再拜宣制曰履新之慶與公等同之（冬至云履長）在位者皆再拜舞蹈三稱萬歲又再拜初羣官將朝中書侍郎以諸州鎮表別爲一案俟於右延明門外給事中以祥瑞案俟於左延明門外侍郎給事中俱就侍臣班初入戶

部以諸州貢物陳於太極門東東西廟禮部以諸蕃貢物可執者蕃客執入就位其餘陳於朝堂前上公將入門中書侍郎給事中皆降各引其案入詣東西階下立上公將升賀中書令黃門侍郎俱降各立取所奏之文以次升上公已賀中書令前跪奏諸方表黃門侍郎又進跪奏祥瑞俱降置所奏之文於案侍郎與給事中引案退至東西階前案出初侍中已宣制朝集使及蕃客皆再拜戶部尚書進詣階閒跪奏稱戶部尚書臣某言諸州貢物請付所司侍中前承制退稱制曰可禮部尚書以次進詣階閒跪奏稱禮部尚書臣某言諸蕃貢物請付所司侍中前承制退稱制曰可太府帥其屬受諸州及諸蕃貢物出歸仁納義門執物者隨之典儀曰再拜通事舍人以次引北面位者出侍中前跪奏稱侍中臣某言禮畢皇帝降坐御輿入自東房侍臣從至閤引東西面位者以次出蕃客先出冬至不奏祥瑞無諸方表其會則太樂令設登歌於殿上二舞入立於縣南尚舍設羣官升殿者座文官三品以上於御座東南西向介公酅公在御座西南東向武官三品以上又於其後朝集使都督刺史蕃客三等以

上座如立位設不升殿者座各於其位又設羣官解劍席於縣之西北橫街之南尚食設壽尊於殿上東序之端西向設坫於尊南加爵一太官令設升殿者酒尊於東西廂近北設在庭羣官酒尊各於其座之南皆有坫羃俱障以帷吏部兵部戶部主客贊羣官客使俱出次通事舍人引就朝堂前位又引非升殿者次入就位侍中版奏外辦皇帝改服通天冠絳紗袍御輿出自西房即御座典儀一人升就東階上通事舍人引公王以下及諸客使以次入就位侍中進當御座前北面跪奏稱侍中臣某言請延諸公王等升又侍中稱制曰可侍中詣東階上西面稱制延公王等升殿上典儀承傳階下贊者又承傳在位者皆再拜應升殿者詣東西階至解劍席脫舃解劍升上公一人升階少東西面立於座後光祿卿進詣階間跪奏稱臣某言請賜羣臣上壽侍中稱制曰可光祿卿退升詣酒尊所西向立上公詣酒尊所北面尚食酌酒一爵授上公上公受爵進前北面授殿中監殿中監受爵進置御前上公退北面跪稱某官臣某等稽首言元正首祚（冬至云天正長至）臣某等不勝大慶謹上千秋萬歲壽再拜在位者

皆再拜立於席後侍中前承制退稱敬舉公等之觴在位者又再拜殿中監取爵奉進皇帝舉酒在位者皆舞蹈三稱萬歲皇帝舉酒訖殿中監進受虛爵以授尚食尚食受爵於坫初殿中監受虛爵殿中典儀唱再拜階下贊者承傳在位者皆再拜上公就座後立殿中典儀唱就座階下贊者承傳俱就座歌者琴瑟升座笙管立階閒尚食進酒至階殿上典儀唱酒至興階下贊者承傳坐者皆俛伏起立於席後殿中監到階省酒尚食奉酒進皇帝舉酒太官令又行羣官酒酒至殿上典儀唱再拜階下贊者承傳在位者皆再拜搢笏受觶殿上典儀唱就座階下贊者承傳皆就座皇帝舉酒尚食進受虛爵復於坫觴行三周尚食進御食食至階殿上典儀唱食至興階下贊者承傳坐者皆起立座後殿中監到階省案尚食品嘗食訖以次進置御前太官令又行羣官案設食訖殿上典儀唱就座階下贊者承傳皆就座皇帝乃飯上下俱飯御食畢仍行酒遂設庶羞二舞作若賜酒侍中承詔詣東階上西面稱賜酒殿上典儀承傳階下贊者又承傳坐者皆起再拜立受觶就席坐飲立授虛爵又再拜就座酒行十

二遍會畢殿上典儀唱可起階下贊者承傳上下皆起降階佩劍納舄復位位於殿庭者仍立於席後典儀曰再拜贊者承傳在位者皆再拜若有賜物侍中前承制降詣羣官東北西面稱有制在位者皆再拜侍中宣制又再拜以次出侍中前跪奏稱侍中臣某言禮畢皇帝與御輿入自東房東西面位者以次出皇帝若服翼善冠袴褶則京官袴褶朝集使公服設九部樂則去樂縣無警蹕太樂令帥九部伎立於左右延明門外羣官初唱萬歲太樂令卽引九部伎聲作而入各就座以次作臨軒冊皇太子有司卜日告於天地宗廟前一日尚舍設御幄於太極殿有司設太子次於東朝堂之北西向又設版位於大橫街之南展縣設案陳車輿及文武羣官朝集蕃客之次位皆如加元服之日其日前二刻宮官服其器服諸衛率各勒所部陳於庭左庶子奏請中嚴侍衛之官奉迎僕進金路內率一人執刀贊善奏發引令侍臣上馬庶子承令其餘略如皇帝出宮之禮皇太子遠遊冠絳紗袍三師導三少從鳴鐃而行降路入次亦如鑾駕其日列黃麾大仗侍中請中嚴有司與羣官皆入就位三師三少導從皇

太子立於殿門外之東西向黃門侍郎以冊寶綬案立於殿內道北西面中書侍郎立案後侍中乃奏外辦皇帝服袞冕出自西房即御座皇太子入就位典儀曰再拜皇太子再拜又曰再拜在位者皆再拜中書令降立於皇太子東北西向中書侍郎一人引冊一人引寶綬案立於其東西面以冊授之中書令曰有制皇太子再拜中書令跪讀冊皇太子再拜受冊左庶子受之侍郎以璽綬授中書令皇太子進受以授左庶子皇太子再拜在位者皆再拜侍中奏禮畢皇帝入自東房在位者以次出皇帝御明堂讀時令孟春禮部尚書先讀令三日奏讀月令承以宣告前三日尚舍設大次於東門外道北南向守宮設文武侍臣次於其後之左右設羣官次於壁水東之門外文官在北武官在南俱西上前一日設御座於青陽左个東向三品以上及諸司長官座於堂上文官座於御座東北南向武官座於御座之東北向俱重行西上設刑部郎中讀令座於御座東南北向有案設文官解劍席於丑陛之左武官於卯陛之右皆內向太樂令展宮縣於青陽左个之庭設舉麾位於堂上寅階之西北向其一位於

樂縣東北南向典儀設三品以上及應升座者位於縣東文左武右俱重行西
向非升座者文官四品五品位於縣北六品以下於其東絶位俱南向武官四
品五品於縣南六品以下於其東俱北向皆重行西上設座儀位於縣之西北
贊者二人在東差退俱南向奉禮設門外位各於次前俱每等異位重行相向
西上其日陳小駕皇帝服青紗袍佩蒼玉乘金路出宮至於大次文武五品以
上從駕之官皆就門外位太樂令工人協律郎典儀帥贊者皆先入羣官非升
座者次入就位刑部郎中以月令置於案覆以帊立於武官五品東南郎中立
於案後北面侍中版奏外辦皇帝御輿入自青龍門升自寅階卽座符寶郎置
寶於前典儀升立於左个東北南向公王以下入就西面位典儀曰再拜贊者
承傳在位者皆再拜侍中前跪奏稱侍中臣某言請延公王等升又侍中稱制
曰可侍中詣左个東北南向稱詔延公王等升典儀傳贊者承傳在位者皆再
拜西面位者各詣其階解劍脫舄升立於座後刑部郎中引案進立於卯階下
侍中跪奏請讀月令又侍中稱制曰可刑部郎中再拜解劍俛脫舄取令升自

卯階詣席南北向跪置令於案立於席後堂上典儀唱就座公王以下及刑部郎中並就座刑部郎中讀令每句一絕使言聲可了讀訖堂上典儀唱可起王公以下皆起刑部郎中以令置於案與羣官佩劍納舃復於位典儀曰再拜在位者皆再拜西面位者出侍中跪奏稱侍中臣某言禮畢皇帝降座御輿出之便次南北面位者以次出自仲春以後每月各居其位皆冠通天服玉之色如其時若四時之孟月及季夏土王讀五時令於明堂亦如之皇帝親養三老五更於太學所司先奏三師三公致仕者用其德行及年高者一人爲三老次一人爲五更五品以上致仕者爲國老六品以下致仕者爲庶老尙食具牢饌前三日尙舍設大次於學堂之後隨地之宜設三老五更次於南門外之西羣老又於其後皆東向文官於門外之東武官在羣老之西重行東西向皆北上前一日設御座於堂上東序西向莞筵藻席三老座於西楹之東近北南向五更座於西階上東向國老三人座於三老西階不屬焉皆莞筵藻席衆國老座於堂下西階之西東面北上皆蒲筵緇布純加莞席太樂令展宮縣於庭設登歌

於堂上如元會典儀設文武官五品以上位於縣東西六品以下在其南皆重行西向北上蕃客位於其南諸州使人位於九品之後學生分位於文武官之後設門外位如設次又設尊於東楹之西北向左玄酒右坫以置爵其日鑾駕將至先置之官就門外位學生俱青衿服入就位鑾駕至太學門回輅南向侍中跪奏請降輅降入大次文武五品以上從駕之官皆就門外位太樂令工人二舞入羣官客使以次入初鑾駕出宮量時刻遣使迎三老五更於其第三老五更俱服進賢冠乘安車前後導從其國老庶老則有司預戒之鑾駕既至太學三老五更及羣老等俱赴集羣老各服其服太常少卿贊三老五更俱出次引立於學堂南門外之西東面北上奉禮贊羣老出次立於三老五更之後太常博士引太常卿升立於學堂北戶之內當戶北面侍中版奏外辦皇帝出戶殿中監進大珪皇帝執大珪降迎三老於門內之東西面立侍臣從立於皇帝之後太常卿與博士退立於左三老五更皆杖各二人夾扶左右太常少卿引導敦史執筆以從三老五更於門西東面北上奉禮引羣老隨入立於其後太

常卿前奏請再拜皇帝再拜三老五更去杖攝齊答拜皇帝揖進三老在前五更從仍杖夾扶至階皇帝揖升俱就坐後立皇帝西面再拜三老三老南面答拜皇帝又西向肅拜五更五更答肅拜俱坐三公授几九卿正履殿中監尙食奉御進珍羞及黍稷等皇帝省之遂設於三老前皇帝詣三老座前執爵而饋乃詣酒尊所取爵侍中贊酌酒皇帝進執爵而酳尙食奉御以次進珍羞酒食於五更前國老庶老等皆坐又設酒食於前皆食皇帝卽座三老乃論五孝六順典訓大綱格言宣於上惠音被於下皇帝乃虛躬請受敦史執筆錄善言善行禮畢三老以下降筵太常卿引皇帝從以降階逡巡立於階前三老五更出皇帝升立於階上三老五更出門侍中前奏禮畢皇帝降還大次三老五更升安車導從而還羣官及學生等以次出明日三老詣闕表謝州貢明經秀才進士身孝悌旌表門閭者行鄉飲酒之禮皆刺史爲主人先召鄉致仕有德者謀之賢者爲賓其次爲介又其次爲衆賓與之行禮而賓舉之主人戒賓立於大門外之西東面賓立於東階下西面將命者立於賓之左北面受命出立於門

外之東西面曰敢請事主人曰某日行鄉飲酒之禮請吾子臨之將命者入告
賓出立於門東西面拜辱主人答拜主人曰吾子學優行高應茲觀國某日展
禮請吾子臨之賓曰某固陋恐辱命敢辭主人曰某謀於父師莫若吾子賢敢
固以請賓曰夫子申命之某敢不敬須主人再拜賓答拜主人退賓拜送其戒
介亦如之辭曰某日行鄉飲酒之禮請吾子貳之其日質明設賓席於楹間近
北南向主人席於阼階上西向介席於西階上東向衆賓席三於賓席之西南
向皆不屬又設堂下衆賓席於西階西南東面北上設兩壺於賓席之東少北
玄酒在西加勺羃置篚於壺南東肆實以爵觶設贊者位於東階東西向北上
賓介及衆賓至位於大門外之右東面北上主人迎賓於門外之左西面拜賓
賓答拜又西南面拜介介答拜又西南面揖衆賓衆賓報揖主人又揖賓賓報
揖主人先入門而右西面賓入門而左東面介及衆賓序入立於賓西南東面
北上衆賓非三賓者皆北面東上主人將進揖當階揖賓皆報揖及階主人曰
請吾子升賓曰某敢辭主人曰固請吾子升賓曰某敢固辭主人曰終請吾子

升賓曰某敢終辭主人升自阼階賓升自西階當楣北面立執尊者徹冪主人
適篚跪取爵興適尊實之進賓席前西北面獻賓賓西階上北面拜主人少退
賓進於席前受爵退復西階上北面立主人退於阼階上北面拜送爵賓少退
贊者薦脯醢於賓席前賓自西方升席南面立贊者設折俎賓跪左執爵右取
脯擩於醢祭於籩豆之間遂祭酒啐酒興降席東適西階上北面跪卒爵執爵
興適尊實之進主人席前東面酢主人主人於阼階上北面拜賓少退主人進
受爵退阼階上北面立賓退復西階上北面拜送爵贊者薦脯醢於主人席前
主人由席東自北方升席贊者設折俎主人跪左執爵右祭脯擩於醢祭於籩
豆之間遂祭酒啐酒與自南方降席復阼階上北面跪卒爵執爵與跪奠爵於
東序端與適篚跪取觶實之以酬復阼階上北面跪奠觶遂拜執觶與賓西階
上答拜主人跪酒祭遂飲卒觶執觶與適尊實之進賓席前北面賓拜主人少
退賓既拜主人跪奠觶於薦西興復阼階上位賓遂進席前北面跪取觶興復
西階上位主人北面拜送賓進席前北面跪奠觶於薦東興復西階上位主人

北面揖降立阼階下西面賓降立於階西東面主人進延介揖之介報揖至階一讓升主人升阼階介升西階當楣北面立主人詣東序端跪取爵興適尊實之進於介席前西南面獻介介西階上北面拜主人少退介進北面受爵退復位主人於介右北面拜送爵介少退主人立於西階之東贊者薦脯醢於介席前介進自北方升席贊者設折俎介跪左執爵右祭脯醢遂祭酒執爵興自南方降席北面跪卒爵執爵興介授主人爵主人適尊實之酢於西階上立於介右北面跪奠爵遂拜執爵興介答拜主人跪祭遂飲卒爵執爵興進跪奠爵於西楹南還阼階上揖降介降立於賓南主人於阼階前西南揖衆賓遂升適西楹南跪取爵興適尊實之進於西階上南面獻衆賓之長升西階上北面拜受爵主人於衆賓長之右北面拜送贊者薦脯醢於其席前衆賓之長升席跪左執爵右祭脯醢祭酒執爵興退於西階上立飲訖授主人爵降復位主人又適尊實之進於西階上南面獻衆賓之次者如獻衆賓之長又次一人升飲亦如之主人適尊實酒進於西階上南面獻堂下衆賓每一人升受爵跪祭立飲贊

者遍薦脯醢於其位主人受爵尊於篚主人與賓一揖一讓升賓介衆賓序升即席設工人席於堂廉西之東北面東上工四人先二瑟後二歌工持瑟升自階就位坐工鼓鹿鳴卒歌笙入立於堂下北面奏南陔乃閒歌歌南有嘉魚笙崇丘乃合樂周南關雎召南鵲巢司正升自西階司正謂主人贊禮者禮樂之正既成將留賓爲有懈惰立司正以監之跪取觶於篚興適尊實之降自西階詣階間左還北面跪奠觶拱手少跪取觶遂飲卒觶奠再拜賓降席跪取觶於篚適尊實之詣阼階上北面酬主人主人降席進立於賓東賓跪奠觶遂拜執觶興主人答拜賓立飲卒觶適尊實之阼階上東南授主人主人再拜賓少退主人受觶賓於主人之西北面拜送賓揖復席主人進西階上北面酬介介降席自南方進立於主人之西北面主人跪奠觶遂拜執觶興介答拜主人立飲卒觶適尊實之進西階上西面立介拜主人少退介受觶主人於介東北面拜送主人揖復席司正升自西階近西北面立相旅曰某子受酬受酬者降席自西方進北面立於介右司正退立於序端東面避受酬者介跪奠觶遂拜執觶興某子答拜介立飲卒觶適尊實

之進西階上西南面授某子某子受觶介立於某子之左北面揖復席司正曰某子受酬受酬者降席自西方立於某子之左北面某子跪尊觶遂拜執觶興受酬者答拜某子立飲卒觶適尊實之進西階上西南面授之受酬者受觶某子立於酬者之右揖復席次一人及堂下衆賓受酬亦如之卒受酬者以觶跪奠於篚興復階下位司正適阼階上東面請命於主人主人曰請坐於賓司正回北面告於賓曰請賓坐賓曰唯命賓主各就席坐若賓主公服者則降脫屨主人先左賓先右司正降復位乃羞肉胾醢賓主燕飲行無算爵無算樂主人之贊者皆與焉已燕賓主俱興賓以下降自西階主人降自東階賓以下出立於門外之西東面北上主人送於門外之東西面再拜賓介逡巡而退季冬之月正齒位則縣令為主人鄉之老人年六十以上有德望者一人為賓次一人為介又其次為三賓又其次為衆賓年六十者三豆七十者四豆八十者五豆九十者及主人皆六豆賓主燕飲則司正北面請賓坐賓主各就席立司正適篚跪取觶興賓之進立於楹間北面乃揚觶而戒之以忠孝之本賓主以下皆

再拜司正跪奠觶再拜跪取觶飲卒觶與賓主以下皆坐司正適篚跪奠觶與
降復位乃行無算爵其大抵皆如鄉飲酒禮

唐書卷十九

宋　翰　林　學　士　歐　陽　修　撰

禮樂志第十

五曰凶禮周禮五禮二曰凶禮唐初徙其次第五而李義府許敬宗以爲凶事非臣子所宜言遂去其國卹一篇由是天子凶禮闕焉至國有大故則皆臨時采掇附比以從事事已則諱而不傳故後世無考焉至開元制禮惟著天子賑卹水旱遣使問疾弔死舉哀除服臨喪冊贈之類若五服與諸臣之喪葬衰麻哭泣則頗詳焉凡四方之水旱蝗天子遣使者持節至其州位于庭使者南面持節在其東南長官北面寮佐正長老人在其後再拜以授制書其問疾亦如之其主人迎使者於門外使者東面主人西面再拜而入其問婦人之疾則受勞問者北面若舉哀之日爲位於別殿文武三品以上入哭于庭四品以下哭于門外有司版奏中嚴外辦皇帝已變服而哭然後百官內外在位者皆哭十五舉音哭止而奉慰其除服如之皇帝服一品錫衰三品以上緦衰四品以下

疑衰服期者三朝晡止大功朝晡止小功以下一哀止晡百官不集若爲蕃國君長之喪則設次于城外向其國而哭五舉音止若臨喪則設大次於其門西設素裀榻於堂上皇帝小駕鹵簿乘四望車警蹕鼓吹備而不作皇帝至大次易素服從官皆易服侍臣則不皇帝出次喪主人免絰釋杖哭門外望見乘輿止哭而再拜先入門右西向皇帝至堂升自阼階即哭位巫祝各一人先升巫執桃立于東南祝執茢立于西南戈者四人先後隨升喪主人入廷再拜敕引乃升立戶內之東西向皇帝出喪主人門外拜送皇帝變服于次乃還廬文武常服皇帝升車鼓吹不作而入其以敕使冊贈則受冊于朝堂載以犢車備鹵簿至第妃主以內侍爲使贈者以蠟印畫綬冊贈必因其啓葬既葬則受於靈寢既除則受於廟主人公服而不哭或單衣而介幘受必有祭末廟受之寢五服之制斬衰三年正服子爲父女子子在室與已嫁而反室爲父加服嫡孫爲後者爲祖父爲長子義服爲人後者爲所後父妻爲夫妾爲君國官爲君王公以下三月而葬葬而虞三虞而卒哭十三月小祥二十五月大祥二十七月禫

祭齊衰三年正服子父在爲母加服爲祖後者祖卒則爲祖母母爲長子義服
爲繼母慈母繼母爲長子妾爲君之長子齊衰杖周降服父卒母嫁及出妻之
子爲母報服亦如之正服爲祖後者祖在爲祖母義服父卒繼母嫁從爲之服
報夫爲妻齊衰不杖周正服爲祖父母爲伯叔父爲兄弟爲衆子爲兄弟之子
及女子子在室與適人者爲嫡孫爲姑姊妹與無夫子報女子子與適人爲祖
父母妾爲其子加服女子子適人者爲兄弟之爲父後者降服妾爲其父母爲
人後者爲其父母報女子子適人者爲其父母義服爲伯叔母爲繼父同居者
妾爲嫡妻妾爲君之庶子婦爲舅姑爲夫之兄弟之子舅姑爲嫡婦齊衰五月
正服爲曾祖父母女子子在室及嫁者亦如之齊衰三月正服爲高祖父母女
子子在室及嫁者亦如之義服爲繼父不同居者其父卒母嫁出妻之子爲母
及爲祖後祖在爲祖母雖周除仍心喪三年大功長殤九月中殤七月正服爲
子女子子之長殤中殤爲叔父之長殤中殤爲姑姊妹之長殤中殤爲兄弟之
長殤中殤爲嫡孫之長殤中殤爲兄弟之子女子之長殤中殤義服爲夫之兄

弟之子女子子之長殤中殤成人九月正服爲從兄弟爲庶孫降服爲女子子適人者爲姑姊妹適人者報出母爲女子子適人者爲兄弟之女適人者報爲人後者爲其兄弟與姑姊妹在室者報義服爲夫之祖父母與伯叔父母報爲夫之兄弟女適人者報夫爲人後者其妻爲本生舅姑爲衆子之婦小功五月殤正服爲子女子子之下殤爲叔父之下殤爲姑姊妹之下殤爲兄弟之下殤爲嫡孫之下殤爲兄弟之子女子子之下殤爲從兄弟姊妹之長殤爲庶孫之長殤降服爲人後者爲其兄弟之長殤出嫁姑爲姪之長殤爲人後者爲其姑姊妹之長殤義服爲夫之兄弟之子女子子之下殤爲夫之叔父之長殤成人正服爲從祖祖父報爲從祖父報爲從祖姑姊妹在室者報爲從祖兄弟報爲從祖祖姑在室者報爲外祖父母爲舅及從母報降服爲從父姊妹適人者報爲孫女適人者爲人後者爲其姑姊妹適人者報義服爲從祖祖母報爲從祖母報爲夫之姑姊妹在室及適人者報娣姒婦報爲同母異父兄弟姊妹報爲嫡母之父母兄弟從母爲庶母報己者爲嫡孫之婦母出爲繼母之父母兄弟

從母嫂叔慈緦麻三月殤正服爲從父兄弟姊妹之中殤下殤爲庶孫之中殤下殤爲從祖叔父之長殤爲從祖兄弟之長殤爲舅及從母之長殤爲從父兄弟之子之長殤爲兄弟之孫長殤爲從祖姑姊妹之長殤降服爲人後者爲其兄弟之中殤下殤爲姪之中殤下殤出嫁姑爲之報爲人後者爲其姑姊妹之中殤下殤義服爲人後者爲從父兄弟之長殤爲夫之叔父之中殤下殤爲夫之姑姊妹之長殤成人正服爲族兄弟爲族曾祖父報爲族祖父報爲族父報爲外孫爲曾孫玄孫爲從母兄弟姊妹爲姑之子爲舅之子爲族曾祖姑在室者報爲族祖姑在室者報爲族姑在室者報降服爲從祖姑姊妹適人者報女子子適人者爲從祖父報庶子爲父後者爲其母爲從祖姑適人者報爲人後者爲外祖父母爲兄弟之孫女適人者報義服爲族曾祖母報爲族祖母報爲族母報爲庶孫之婦女子子適人者爲從祖伯叔母爲庶母爲乳母爲壻爲妻之父母爲夫之曾祖高祖父母爲夫之從祖祖父母報爲夫之從祖父母報爲夫之外祖父母報爲從祖兄弟之子爲夫之從父兄弟之妻爲夫之從父姊妹

在室及適人者爲夫之舅及從母報改葬子爲父母妻妾爲其夫其冠服杖屨皆依儀禮皇家所絕傍親無服者皇弟皇子爲之皆降一等初太宗嘗以同爨緦而嫂叔乃無服舅與從母親等而異服詔侍中魏徵禮部侍郎令狐德棻等議舅爲母族姨乃外戚它姓舅固爲重而服止一時姨喪乃五月古人未達者也於是服曾祖父母齊衰三月者增以齊衰五月適子婦大功增以期衆子婦小功增以大功嫂叔服以小功五月報其弟妻及夫兄亦以小功舅服緦請與從母增以小功然律疏舅報甥服猶緦顯慶中長孫無忌以爲甥爲舅服同從母則舅宜進同從母報又古庶母緦今無服且庶母之子昆弟也爲之杖齊是同氣而吉凶異自是亦改緦服上元元年武后請父在服母三年開元五年右補闕盧履冰言禮父在爲母期而服三年非也請如舊章乃詔并議舅及嫂叔服久而不能決二十年中書令蕭嵩等改脩五禮於是父在爲母齊衰三年諸臣之喪有疾齋於正寢臥東首北牖下疾困去衣加新衣徹樂清掃內外四人坐而持手足遺言則書之爲屬纊氣絕則寢於地男子白布衣被髮徒跣婦人

女子青縑衣去首飾齊衰以下丈夫素冠主人坐於牀東啼踊無數衆主人在其後兄弟之子以下又在其後皆西面南上哭妻坐於牀西妾及女子在其後哭踊無數兄弟之女以下又在其後皆東面南上藉稾坐哭內外之際隔以行帷祖父以下爲帷東北壁下南面西上祖母以下爲帷西北壁南面東上外姻丈夫於戶外東北面西上婦人於主婦西北南面東上諸內喪則尊行丈夫及外親丈夫席位於前堂若戶外之左右俱南面宗親戶東西上外親戶西東上凡喪皆以服精麤爲序國官位于門內之東重行北面西上俱衰巾帕頭舒薦坐參佐位於門內之西重行北面東上素服皆舒席坐哭斬衰三日不食齊衰二日不食大功三不食小功緦麻再不食復於正寢復者三人以死者之上服左荷之升自前東霤當屋履危北面西上左執領右執要招以左每招長聲呼某復三呼止投衣於前承以篋升自阼階入以覆尸乃設牀於室戶內之西去脚簟枕施幄去裙遷尸於牀南首覆用斂衾去死衣楔齒以角柶綴足以燕几校在南其內外哭位如始死之儀乃奠以脯醢酒用吉器升自阼階奠於戶東

當牖內喪則贊者皆受於戶外而設之沐浴掘埳於階間近西南順廣尺長二尺深三尺南其壤爲垼竈於西牆下東向以俟煑沐新盆瓶六鬲皆濯之陳於西階下沐巾一浴巾二用絺若綌實於笲節實於箱若簞浴衣實於篋皆具於西序下南上水淅稷米取汁煑之又汲爲湯以俟浴以盆盛潘及沐盤升自西階授沐者沐者執潘及盤入主人皆出於戶東北面西上主婦以下戶西北面東上俱立哭其尊行者丈夫於主人之東北面西上婦人於主婦之西北面東上俱坐哭婦人以帳乃沐櫛束髮用組挋用巾浴則四人抗衾二人浴拭用巾挋用浴衣設牀於尸東衽下莞上簟浴者舉尸易牀設枕翦鬚斷爪如生盛以小囊大斂內於棺中楔齒之柶浴巾皆埋於埳寘之衣以明衣裳以方巾覆面仍以大斂之衾覆之內外入就位哭乃襲襲衣三稱西領南上明衣裳爲一帛巾一方尺八寸充耳白纊面衣玄方尺纁裏組繫握手玄纁裏長尺二寸廣五寸削約於內旁寸著以綿組繫庶襚繼陳不用將襲具牀席於西堦西內外皆出哭如浴襲者以牀升入設於尸東布枕席陳襲於席祝去巾加面衣設充耳

握手納舄若履既襲覆以大斂之衾內外入哭乃唅贊者奉盤水及笄一品至于三品飯用粱唅用璧四品至于五品飯用稷唅用碧六品至于九品飯用粱唅用貝升堂唅者盥手於戶外洗粱璧實於笄執以入祝從入北面徹枕去衾受笄奠於尸東唅者坐於牀東西面鑿巾納飯唅於尸口既唅主人復位乃爲明旌以絳廣充幅一品至于三品長九尺韜杠銘曰某官封之柩置於西階上四品至于五品長八尺六品至于九品長六尺鑿木爲重一品至于三品長八尺橫者半之三分庭一在南四品至于五品長七尺六品至于九品長六尺以沐之米爲粥實於鬲蓋以疏布繫以竹篾懸于重木覆用葦席北面屈兩端交後西端在上綴以竹篾祝取銘置於重殯堂前楹下夾以葦席小斂衣一十九稱朝服一笏一陳於東序西領北設奠於東堂下甒二實以醴酒觶二角柶一少牢腊三籩豆俎各八設盆盥於饌東布巾贊者辟脯醢之奠於尸牀西南乃斂具牀席於堂西設盆盥西階之西如東方斂者盥與執服者以斂衣入喪者東西皆少退內外哭已斂覆以夷衾設牀於堂上兩楹間衽下莞上簟有枕卒

斂開帷主人以下西面憑哭主婦以下東面憑哭退乃斂髮而奠贊者盥手奉饌至階升設於尸東醴酒奠於饌南西上其俎祝受巾巾之奠者徹襲奠自西階降出下帷內外俱坐哭有國官僚佐者以官代哭無者以親疎爲之夜則爲燎於庭厥明滅燎乃大斂衣三十稱上服一稱冕具簪導纓內喪則有花釵衾一西領南上設奠如小斂甒加勺篚在東南籩豆俎皆有羃用功布棺入內外皆止哭升棺於殯所乃哭熬八篚黍稷粱稻各二皆加魚腊燭俟於饌東設盆盥於東階東南祝盥訖升自阼階徹巾執巾者以待於阼階下祝盥贊者徹小斂之饌降自西階設於序西南當西霤如設於堂上乃適於東階下新饌所帷堂內外皆少退立哭御者斂加冠若花釵覆以衾開帷喪者東西憑哭如小斂諸親憑哭斂者四人舉牀男女從奉尸斂於棺乃加蓋覆以夷衾內外皆復位如初設熬穀首足各一篚傍各三篚以木覆棺上乃塗之設帟於殯上祝取銘置于殯乃奠執巾几席者升自阼階入設於室之西南隅東面又几巾已加贊者以饌升入室西面設於席前祝加巾於俎奠者降自西階以出下帷內外皆

就位哭既殯設靈座於下室西間東向施牀几案屏帳服飾以時上膳羞及湯沐如平生殷奠之日下饋於下室廬在殯堂東廊下近南設苫凷齊衰於其南爲堊室俱北戶翦蒲爲席不緣大功又於其南張帷席以蒲小功緦麻又於其南設牀席以薦婦人次於西房三日成服內外皆哭盡哀乃降就次服其服無服者仍素服相者引主人以下俱杖升立於殯內外皆哭諸子孫跪哭尊者之前祖父撫之女子子對立而哭唯諸父不撫尊者出主人以下降立阼階朔望殷奠饌於東堂下瓦甒二實醴及酒角觶二木柶一少牢及腊三俎二簋二簠二鉶六籩六豆其日不饋於下室葬有期前一日之夕除葦障設賓次於大門外之右南向啓殯之日主人及諸子皆去冠以衰巾帕頭就位哭祝衰服執功布升自東階詣殯南北向內外止哭三聲噫嘻乃曰謹以吉辰啓殯既告內外哭祝取銘置於重掌事者升徹殯塗設席於柩東升柩於席又設席柩東祝以功布升拂柩覆用夷衾周設帷開戶東向主人以下升哭於帷東西向俱南上諸祖父以下哭於帷東北壁下諸祖母以下哭於帷西北壁下外姻丈夫帷東

後張帷下柩於輴丈夫在西憑以哭卑者拜辭主人以下婦人皆障以行帷哭於羨道西東面北上入墓施行席於壙戶內之西執紼者屬紼於輴遂下柩於壙戶內席上北首覆以夷衾輴出持翣入倚翣於壙內兩廂遂以帳張於柩東南向米酒脯於東北食盤設於前醯醢設於盤南苞牲置於四隅明器設於右在壙掌事者以玄纁授主人主人授祝奉以入奠於靈座主入拜稽顙施銘旌誌石於壙門之內掩戶設關鑰遂復土三主人以下稽顙哭退俱就靈所哭掌儀者祭后土於墓左反哭既下柩於壙搥一鼓爲一嚴掩戶搥二鼓爲再嚴內外就靈所搥三鼓爲三嚴徹酒脯之奠追靈車於帷外陳布儀仗如來儀腰輿入少頃出詣靈車後靈車發引內外從哭如來儀出墓門尊者乘去墓百步卑者乘以哭靈車至於西階下南向祝以腰輿詣靈車後少頃升入詣靈座前主人以下從升立於靈座東西面南上內外俱升諸祖父以下哭於帷東北壁下南面妻及女子子以下婦人哭於靈西東面諸祖母以下哭於帷西北壁下南面外姻哭於南廂丈夫帷東婦人帷西皆北面弔者哭於堂上西面主人以下

出就次沐浴以俟虞斬衰者沐而不櫛虞主用桑長尺方四寸孔徑九分烏漆匱置於靈座在寢室內戶西東向素几在右設洗於西階西南瓦甒二設於北牖下醴酒在東喪者既沐升靈所主人及諸子倚杖於戶外入哭于位如初饌入如殷奠升自東階主人盥手洗爵酌醴西面跪奠哭止祝跪讀祝主人哭拜內外應拜者皆哭拜乃出杖降西階還次間日再虞後日三虞禮如初小祥毀廬爲堊室設蒲席堊室者除之席地主人及諸子沐浴櫛翦去首絰練冠妻妾女子去腰絰主用栗祭如虞禮大祥之祭如小祥間月而禫釋祥服而禫祭如大祥既祥而還外寢妻妾女子還於寢食有醯醬既禫而飲醴酒食乾肉祔廟筮日將祔掌事者爲埳室於始祖廟室西壁主人及亞獻以下散齊三日致齊一日前一日主人以酒脯告遞遷之主乃遷置於幄坐又奠酒脯以安神掌饌者徹饌以出掌廟者以次匱神主納於埳室又設考之祔坐於曾祖室內東壁下西向右几設主人位於東南西面設子孫位於南門內道東北面西上設亞獻終獻位於主人東南設掌事以下位於終獻東南俱西面北上設贊唱者位

於主人西南西面設酒尊於堂上室戶之東南北向西上設洗於阼階東南北
向實爵三巾二加羃其日具少牢之饌二座各俎三簋二簠二鉶二酒尊二其
一實玄酒爲上其一實清酒次之其籩豆一品者各十二二品三品者各八主
人及行事者祭服掌事者具腰輿掌廟者閽寺入立於廟庭北面再拜升自東
階入開埳室出曾祖曾祖妣神主置於座降出執尊罍篚者入就位祝進座前
西面告曰以今吉辰奉遷神主于廟執輿者以輿升入進輿於座前祝納神主
於匱升輿祝仍扶於左降自西階子孫內外陪從於後至廟門諸婦人停於門
外周以行帷俟祭訖而還神主入自南門升自西階入於室諸子孫從升立於
室戶西重行東面以北爲上行事者從入各就位輿詣室前迴輿西向祝啓匱
出神主置於坐輿降立於西階下東向相者引主人以下降自東階各就位祝
立定贊唱者曰再拜在位者皆再拜掌饌者引饌入升自東階入於室各設於
神座前主人盥手洗爵升自東階酌醴酒入室進北面跪奠爵於曾祖神座前
主人出取爵酌酒入室進東面跪奠於祖座前出戶北面立祝持版進於室戶

外之右東向跪讀祝文主人再拜祝進入奠版於曾祖座主人出降還本位初主人出亞獻盥手洗爵升酌酒入進北面跪奠於曾祖又酌酒入進東面跪奠於祖神座出戶北面再拜訖又入室立於西壁下東面再拜出降復位亞獻將畢終獻入如亞獻祝入徹豆贊者皆再拜主人及在位子孫以下出掌饌者入徹饌以出掌廟者納曾祖神主於埳室出又以腰輿升諸考神座前納主於匱置於輿詣考廟出神主置於座進酒脯之奠少頃徹之祝納神主於埳室六品以下祔祭于正寢禮略如之

唐書卷二十

唐書卷二十考證

禮樂志十以蒲葦苞牲體下節五以繩束之○通典五作七下有四品五品五

苞六品以下二苞十二字此乃脫文

主人以下○此下通典有哭于羨道東西面北上九字此乃脫文

設洗於阼階東南北向○此下通典有罍水在洗東篚在洗西南肆篚十二字

此乃脫文

唐書卷二十考證

唐書卷二十一

宋　翰　林　學　士　歐　陽　修　撰

志第十一

禮樂志

聲無形而樂有器古之作樂者知夫器之必有敝而聲不可以言傳懼夫器失而聲遂亡也乃多爲之法以著之故始求聲者以律而造律者以黍自一黍之廣積而爲分寸一黍之多積而爲龠合一黍之重積而爲銖兩此造律之本也故爲之長短之法而著之於度爲之多少之法而著之於量爲之輕重之法而著之於權衡是三物者亦必有時而敝則又總其法而著之於數使其分寸龠合銖兩皆起於黃鍾然後律度量衡相用爲表裏使得律者可以制度量衡因度量衡亦可以制律不幸而皆亡則推其法數而制之用其長短多少輕重以相參考四者既同而聲必至聲至而後樂可作矣夫物用於有形而必敝聲藏於無形而不竭以有數之法求無形之聲其法具存無作則已苟有作者雖去

聖人於千萬歲後無不得焉此古之君子知物之終始而憂世之慮深其多爲之法而丁寧纖悉可謂至矣三代既亡禮樂失其本至其聲器有司之守亦以散亡自漢以來歷代莫不有樂作者各因其所學雖清濁高下時有不同然不能出於法數至其所以用於郊廟朝廷以接人神之歡其金石之響歌舞之容則各因其功業治亂之所起而本其風俗之所由自漢魏之亂晉遷江南中國遂沒於夷狄至隋滅陳始得其樂器稍欲因而有作而時君褊迫不足以堪其事也是時鄭譯牛弘辛彥之何妥蔡子元于普明之徒皆名知樂相與撰定依京房六十律因而六之爲三百六十律以當一歲之日又以一律爲七音音爲一調凡十二律爲八十四調其說甚詳而終隋之世所用者黃鍾一宮五夏二舞登歌房中等十四調而已記曰功成作樂蓋王者未作樂之時必因其舊而用之唐興即用隋樂武德九年始詔太常少卿祖孝孫協律郎竇璡等定樂初隋用黃鍾一宮惟擊七鍾其五鍾設而不擊謂之啞鍾唐協律郎張文收乃依古斷竹爲十二律高祖命與孝孫吹調五鍾叩之而應由是十二鍾皆用孝孫

又以十二月旋相爲六十聲八十四調其法因五音生二變因變徵爲正徵因變宮爲清宮七音起黃鍾終南呂迭爲綱紀黃鍾之律管長九寸王於中宮土半之四寸五分與清宮合五音之首也加以二變循環無間故一宮二商三角四變徵五徵六羽七變宮其聲繇濁至清爲一均凡十二宮調皆正宮也正宮聲之下無復濁音故五音以宮爲尊十二商調調有下聲一謂宮也十二角調調有下聲二宮商也十二徵調調有下聲三宮商角也十二羽調調有下聲四宮商角徵也十二變徵調居角音之後正徵之前十二變宮調在羽音之後清宮之前雅樂成調無出七聲本宮遞相用唯樂章則隨律定均合以笙磬接以鐘鼓樂既成奏之太宗謂侍臣曰古者聖人沿情以作樂國之興衰未必由此御史大夫杜淹曰陳將亡也有玉樹後庭花齊將亡也有伴侶曲聞者悲泣所謂亡國之音哀以思以是觀之亦樂之所起帝曰夫聲之所感各因人之哀樂將亡之政其民苦故聞以悲今玉樹伴侶之曲尚存爲公奏之知必不悲尚書右丞魏徵進曰孔子稱樂云樂云鐘鼓云乎哉樂在人和不在音也十一年張

文收復請重正餘樂帝不許曰朕聞人和則樂和隋末喪亂雖改音律而樂不和若百姓安樂金石自諧矣文收既定樂復鑄銅律三百六十銅斛二銅秤二銅甌十四秤尺一斛左右耳與臀皆方積十而登以至於斛與古玉尺玉斗同皆藏於太樂署武后時太常卿武延秀以爲奇玩乃獻之及將考中宗廟樂有司奏請出之而秤尺已亡其跡猶存以常用度量校之尺當六之五量衡皆三之一至肅宗時山東人魏延陵得律一因中官李輔國獻之云太常諸樂調皆下不合黃鍾請悉更制諸鐘磬帝以爲然乃悉取太常諸樂器入于禁中更加磨剡凡二十五日而成御三殿觀之以還太常然以漢律考之黃鍾乃太蔟也當時議者以爲非是其後黃巢之亂樂工逃散金奏皆亡昭宗即位將謁郊廟有司不知樂縣制度太常博士殷盈孫按周法以算數除鎛鍾輕重高卬黃鍾九寸五分倍應鍾三寸三分半凡四十八等圖上口項之量及徑衡之圍乃命鑄鎛鍾十二編鍾二百四十宰相張濬爲修奉樂縣使求知聲者得處士蕭承訓等校石磬合而擊拊之音遂諧唐爲國而作樂之制尤簡高宗太祖卽用隋

樂與孝孫文收所定而已其後世所更者樂章舞曲至于昭宗始得盈孫焉故其議論罕所發明若其樂歌廟舞用於當世者可以考也樂縣之制宮縣四面天子用之若祭祀則前祀二日太樂令設縣於壇南內壝之外北嚮東方西方磬虡起北鐘虡次之南方北方磬虡起西鐘虡次之鎛鐘十有二在十二辰之位樹雷鼓於北縣之內道之左右植建鼓於四隅置柷敔於縣內柷在右敔在左設歌鐘歌磬於壇上南方北向磬虡在西鐘虡在東琴瑟箏筑皆一當磬虡之次匏竹在下凡天神之類皆以雷鼓地祇之類皆以靈鼓人鬼之類皆以路鼓其設於庭則在南而登歌者在堂若朝會則加鐘磬十二虡設鼓吹十二案於建鼓之外案設羽葆鼓一大鼓一金錞一歌簫笳皆二登歌鐘磬各一虡節鼓一歌者四人琴瑟箏筑皆一在堂上笙和簫篪塤皆一在堂下若皇后享先蠶則設十二大磬以當辰位而無路鼓軒縣三面皇太子用之若釋奠于文宣王武成王亦用之其制去宮縣之南面判縣二面唐之舊禮祭風伯雨師五嶽四瀆用之其制去軒縣之北面皆植建鼓於東北西北二隅特縣去判縣之西

面或陳於階間有其制而無所用凡植者爲簨橫者爲虡虡以縣鐘磬皆十有六周人謂之一堵而唐人謂之一虡自隋以前宮縣二十虡及隋平陳得梁故事用三十六虡遂用之唐初因隋舊用三十六虡高宗蓬萊宮成增用七十二虡至武后時省之開元定禮始依古著爲二十虡至昭宗時宰相張濬已修樂縣乃言舊制太清宮南北郊社稷及諸殿廷用二十虡而太廟含元殿用三十六虡濬以爲非古而廟廷狹隘不能容三十六乃復用二十虡而鐘虡四以當甲丙庚壬磬虡四以當乙丁辛癸與開元禮異而不知其改制之時或說以鐘磬應陰陽之位此禮經所不著凡樂八音自漢以來惟金以鍾定律呂故其制度最詳其餘七者史官不記至唐獨宮縣與登歌鼓吹十二案樂器有數其餘皆略而不著而其物名具在八音一曰金爲鎛鐘爲編鐘爲歌鐘爲錞爲鐃爲鐲爲鐸二曰石爲大磬爲編磬爲歌磬三曰土爲壎爲嘂嘂大壎也四曰革爲雷鼓爲靈鼓爲路鼓皆有鼗爲建鼓爲鼗鼓爲縣鼓爲節鼓爲拊爲相五曰絲爲琴爲瑟爲頌瑟頌瑟箏也爲阮咸爲筑六曰木爲柷爲敔爲雅爲應七曰匏

爲笙爲竽爲巢巢大笙也爲和和小笙也八曰竹爲簫爲管爲箎爲笛爲舂牘此其樂器也初祖孝孫已定樂乃曰大樂與天地同和者也製十二和以法天之成數號大唐雅樂一曰豫和二曰順和三曰永和四曰肅和五曰雍和六曰壽和七曰太和八曰舒和九曰昭和十曰休和十一曰正和十二曰承和用於郊廟朝廷以和人神孝孫已卒張文收以爲十二和之制未備乃詔有司釐定而文收考正律呂起居郎呂才叶其聲音樂曲遂備自高宗以後稍更其曲名開元定禮始復遵用孝孫十二和其著于禮者一曰豫和以降天神冬至祀圜丘上辛祈穀孟夏雩季秋享明堂朝日夕月巡狩告于圜丘燔柴告至封祀太山類于上帝皆以圜鍾爲宮三奏黃鍾爲角太簇爲徵姑洗爲羽各一奏文舞六成五郊迎氣黃帝以黃鍾爲宮赤帝以函鍾爲徵白帝以太簇爲商黑帝以南呂爲羽青帝以姑洗爲角皆文舞六成二曰順和以降地祇夏至祭方丘孟冬祭神州地祇春秋社巡狩告社宜于社禪社首皆以函鍾爲宮太簇爲角姑洗爲徵南呂爲羽各三奏文舞八成望于山川以蕤賓爲宮三奏三曰永和以

降人鬼時享禘祫有事而告謁于廟皆以黃鍾爲宮三奏大呂爲角太簇爲徵應鍾爲羽各二奏文舞九成祀先農皇太子釋奠皆以姑洗爲宮文舞三成送神各以其曲一成蜡兼天地人以黃鍾奏豫和蕤賓姑洗太簇奏順和無射夷則奏永和六均皆一成以降神而送神以豫和四曰肅和登歌以奠玉帛于天神以大呂爲宮于地祇以應鍾爲宮于宗廟以圜鍾爲宮祀先農釋奠以南呂爲宮望于山川以函鍾爲宮五曰雍和凡祭祀以入俎天神之俎以黃鍾爲宮地祇之俎以太簇爲宮人鬼之俎以無射爲宮又以徹豆凡祭祀俎入之後接神之曲亦如之六曰壽和以酌獻飲福以黃鍾爲宮七曰太和以爲行節亦以黃鍾爲宮凡祭祀天子入門而卽位與其升降至于還次行則作止則止其在朝廷天子將自內出撞黃鍾之鐘右五鍾應乃奏之其禮畢興而入撞蕤賓之鐘左五鍾應乃奏之皆以黃鍾爲宮八曰舒和以出入二舞及皇太子王公羣后國老若皇后之妾御皇太子之宮臣出入門則奏之皆以太簇之商九曰昭和皇帝皇太子以舉酒十曰休和皇帝以飯以肅拜三老皇太子亦以飯皆以

其月之律均十一曰正和皇后受冊以行十二曰承和皇太子在其宮有會以行若駕出則撞黃鍾奏太和出太極門而奏采茨至于嘉德門而止其還也亦然初隋有文舞武舞至祖孝孫定樂更文舞曰治康武舞曰凱安舞者各六十四人文舞左籥右翟與執纛而引者二人皆委貌冠黑素絳領廣褎白絝革帶烏皮履武舞左干右戚執旌居前者二人執鼗執鐸皆二人金錞二輿者四人奏者二人執鐃二人執相在左執雅在右皆二人夾導服平冕餘同文舞朝會則武弁平巾幘廣褎金甲豹文絝烏皮鞾執干戚夾導皆同郊廟凡初獻作文舞之舞亞獻終獻作武舞之舞太廟降神以文舞每室酌獻各用其廟之舞禘祫還廟之主合食則舞亦如之儀鳳二年太常卿韋萬石定凱安舞六變一變象龍興參墟二變象克定關中三變象東夏賓服四變象江淮平五變象獫狁伏從六變復位以崇象兵還振旅初太宗時詔祕書監顏師古等撰定弘農府君至高祖太武皇帝六廟樂曲舞名其後變更不一而自獻祖而下廟舞略可見也獻祖曰光大之舞懿祖曰長發之舞太祖曰大政之舞世祖曰大成之舞

高祖曰大明之舞太宗曰崇德之舞高宗曰鈞天之舞中宗曰太和之舞睿宗曰景雲之舞玄宗曰大運之舞肅宗曰惟新之舞代宗曰保大之舞德宗曰文明之舞順宗曰大順之舞憲宗曰象德之舞穆宗曰和寧之舞敬宗曰大鈞之舞文宗曰文成之舞武宗曰大定之舞昭宗曰咸寧之舞其餘闕而不著唐之自製樂凡三大舞一曰七德舞二曰九功舞三曰上元舞七德舞者本名秦王破陣樂太宗爲秦王破劉武周軍中相與作秦王破陣樂曲及即位宴會必奏之謂侍臣曰雖發揚蹈厲異乎文容然功業由之被於樂章示不忘本也右僕射封德彝曰陛下以聖武戡難陳樂象德文容豈足道哉帝矍然曰朕雖以武功興終以文德綏海內謂文容不如蹈厲斯過矣乃製舞圖左圓右方先偏後伍交錯屈伸以象魚麗鵝鸛命呂才以圖教樂工百二十八人被銀甲執戟而舞凡三變每變爲四陣象擊刺往來歌者和曰秦王破陣樂後令魏徵與員外散騎常侍褚亮員外散騎常侍虞世南太子右庶子李百藥更製歌辭名曰七德舞舞初成觀者皆扼腕踴躍諸將上壽羣臣稱萬歲蠻夷在庭者請相率以

舞太常卿蕭瑀曰樂所以美盛德形容而有所未盡陛下破劉武周薛舉竇建德王世充願圖其狀以識帝曰方四海未定攻伐以平禍亂製樂陳其梗概而已若備寫禽獲今將相有嘗爲其臣者觀之有所不忍我不爲也自是元日冬至朝會慶賀與九功舞同奏舞人更以進賢冠虎文袴螣蛇帶烏皮鞾二人執旌居前其後更號神功破陣樂九功舞者本名功成慶善樂太宗生於慶善宮貞觀六年幸之宴從臣賞賜閭里同漢沛宛帝歡甚賦詩起居郎呂才被之管絃名曰功成慶善樂以童兒六十四人冠進德冠紫袴褶長裳漆髻屣履而舞號九功舞進蹈安徐以象文德麟德二年詔郊廟享宴奏文舞用功成慶善樂曳履執紼服袴褶童子冠如故武舞用神功破陣樂衣甲持戟執纛者被金甲八佾加簫笛歌鼓列坐縣南若舞即與宮縣合奏其宴樂二舞仍別設焉上元舞者高宗所作也舞者百八十人衣畫雲五色衣以象元氣其樂有上元二儀三才四時五行六律七政八風九宮十洲得一慶雲之曲大祠享皆用之至上元三年詔惟圜丘方澤太廟乃用餘皆罷又曰神功破陣樂不入雅樂功成慶

善樂不可降神亦皆罷而郊廟用治康凱安如故儀鳳二年太常卿韋萬石奏
請作上元舞兼奏破陣慶善二舞而破陣樂五十二徧著于雅樂者二徧慶善
樂五十徧著于雅樂者一徧上元舞二十九徧皆著于雅樂又曰雲門大咸大
磬大夏古文舞也大濩大武古武舞也爲國家者揖讓得天下則先奏文舞征
伐得天下則先奏武舞神功破陣樂有武事之象功成慶善樂有文事之象用
二舞請先奏神功破陣樂初朝會常奏破陣舞高宗即位不忍觀之乃不設後
幸九成宮置酒韋萬石曰破陣樂舞所以宣揚祖宗盛烈以示後世自陛下即
位寢而不作者久矣禮天子親總干戚以舞先祖之樂今破陣樂久廢羣下無
所稱述非所以發孝思也帝復令奏之舞畢歎曰不見此樂垂三十年追思王
業勤勞若此朕安可忘武功邪羣臣皆稱萬歲然遇饗燕奏二樂天子必避位
坐者皆興太常博士裴守真以謂奏二舞時天子不宜起立詔從之及高宗崩
改治康舞曰化康以避諱武后毀唐太廟七德九功之舞皆亡唯其名存自後
復用隋文舞武舞而已燕樂高祖即位仍隋制設九部樂燕樂伎樂工舞人無

變者清商伎者隋清樂也有編鐘編磬獨絃琴擊琴瑟奏琵琶臥箜篌筑箏節鼓皆一笙笛簫篪方響跋膝皆二歌二人吹葉一人舞者四人并習巴渝舞西涼伎有編鐘編磬皆一彈箏搊箏臥箜篌豎箜篌琵琶五絃笙簫觱篥小觱篥笛橫笛腰鼓齊鼓檐鼓皆一銅鈸二貝一白舞一人方舞四人天竺伎有銅鼓羯鼓都曇鼓毛員鼓觱篥橫笛鳳首箜篌琵琶五絃貝皆一銅鈸二舞者二人高麗伎有彈箏搊箏鳳首箜篌臥箜篌豎箜篌琵琶以蛇皮爲槽厚寸餘有鱗甲楸木爲面象牙爲捍撥畫國王形又有五絃義觜笛笙葫蘆笙簫小觱篥桃皮觱篥腰鼓齊鼓檐鼓龜頭鼓鐵版貝大觱篥胡旋舞舞者立毬上旋轉如風龜茲伎有彈箏豎箜篌琵琶五絃橫笛笙簫觱篥答臘鼓毛員鼓都曇鼓侯提鼓雞婁鼓腰鼓齊鼓檐鼓貝皆一銅鈸二舞者四人設五方師子高丈餘飾以方色每師子有十二人畫衣執紅拂首加紅袜謂之師子郎安國伎有豎箜篌琵琶五絃橫笛簫觱篥正鼓和鼓銅鈸皆一舞者二人疏勒伎有豎箜篌琵琶五絃簫橫笛觱篥答臘鼓羯鼓侯提鼓腰鼓雞婁鼓皆一舞者二人康國伎有

正鼓和鼓皆一笛銅鈸皆二舞者二人工人之服皆從其國隋樂每奏九部樂
終輒奏文康樂一曰禮畢太宗時命削去之其後遂亡及平高昌收其樂有竪
箜篌銅角一琵琶五絃横笛簫觱篥答臘鼓腰鼓雞婁鼓羯鼓皆二人工人布
巾袷袍錦襟金銅帶畫袴舞者二人黄袍褎練襦五色條帶金銅耳璫赤鞾自
是初有十部樂其後因内宴詔長孫無忌製傾盃曲魏徵製樂社樂曲虞世南
製英雄樂曲帝之破竇建德也乘馬名黄驄驃及征高麗死於道頗哀惜之命
樂工製黄驄疊曲四曲皆宫調也五絃如琵琶而小北國所出舊以木撥彈樂
工裴神符初以手彈太宗悦甚後人習爲搊琵琶高宗即位景雲見河水清張
文收采古誼爲景雲河清歌亦名燕樂有玉磬方響搊箏筑臥箜篌大小箜篌
大小琵琶大小五絃吹葉大小笙大小觱篥簫銅鈸長笛尺八短笛皆一毛員
鼓連鞉鼓桴鼓貝皆二每器工一人歌二人工人絳袍金帶烏鞾舞者二十人
分四部一景雲舞二慶善舞三破陣舞四承天舞景雲樂舞八人五色雲冠錦
袍五色袴金銅帶慶善樂舞四人紫袍白袴破陣樂舞四人綾袍絳袴承天樂

舞四人進德冠紫袍白袴景雲舞元會第一奏之高宗以琴曲寖絕雖有傳者復失宮商令有司修習太常丞呂才上言舜彈五絃之琴歌南風之詩是知琴操曲弄皆合於歌今以御雪詩爲白雪歌古今奏正曲復有送聲君唱臣和之義以羣臣所和詩十六韻爲送聲十六節帝善之乃命太常著于樂府才復譔琴歌白雪等曲帝亦製歌詞十六皆著樂府帝將伐高麗燕洛陽城門觀屯營教舞按新征用武之勢名曰一戎大定樂舞者百四十人被五采甲持槊而舞歌者和之曰八紘同軌樂象高麗平而天下大定也及遼東平行軍大摠管李勣作夷來賓之曲以獻調露二年幸洛陽城南樓宴羣臣太常奏六合還淳之舞其容制不傳高宗自以李氏老子之後也於是命樂工製道調

唐書卷二十一

唐書卷二十一考證

禮樂志十一有伴侶曲○臣西按通典云齊將亡也爲伴侶行路難則行路難亦齊曲也而新書無之舊書又缺難字

秤尺一○臣西按上文銅斛二銅秤二銅甌十四則此當爲銅尺一秤字必是銅字之訛但南北監本及閣本俱作秤未敢遽改

唐書卷二十一考證

唐書卷二十二

宋 翰 林 學 士 歐 陽 修 撰

志第十二

禮樂志

自周陳以上雅鄭淆雜而無別隋文帝始分雅俗二部至唐更曰部當凡所謂俗樂者二十有八調正宮高宮中呂宮道調宮南呂宮仙呂宮黃鍾宮爲七宮越調大食調高大食調雙調小食調歇指調林鍾商爲七商大食角高大食角雙角小食角歇指角林鍾角越角爲七角中呂調正平調高平調仙呂調黃鍾羽般涉調高般涉爲七羽皆從濁至清迭更其聲下則益濁上則益清慢者過節急者流蕩其後聲器寖殊或有宮調之名或以倍四爲度有與律呂同名而聲不近雅者其宮調乃應夾鍾之律燕設用之絲有琵琶五絃箜篌箏竹有觱篥簫笛匏有笙革有杖鼓第二鼓第三鼓腰鼓大鼓土則附革而爲鞚木有拍板方響以體金應石而備八音倍四本屬清樂形類雅音而曲出於胡部復有

銀字之名中管之格皆前代應律之器也後人失其傳而更以異名故俗部諸曲悉源於雅樂周隋管絃雜曲數百皆西涼樂也鼓舞曲皆龜茲樂也唯琴工猶傳楚漢舊聲及清調蔡邕五弄楚調四弄謂之九弄隋亡清樂散缺存者纔六十三曲其後傳者平調清調周房中樂遺聲也白雪楚曲也公莫舞漢舞也巴渝漢高帝命工人作也明君漢元帝時作也明之君漢鞞舞曲也鐸舞漢曲也白鳩吳拂舞曲也白紵吳舞也子夜晉曲也前溪晉車騎將軍沈珫作也團扇晉王珉歌也懊儂晉隆安初謠也長史變晉司徒左長史王廞作也丁督護晉宋間曲也讀曲宋人為彭城王義康作也烏夜啼宋臨川王義慶作也石城宋臧質作也莫愁石城樂所出也襄陽宋隨王誕作也烏夜飛宋沈攸之作也估客樂齊武帝作也楊叛北齊歌也驍壺投壺樂也常林歡宋梁間曲也三洲商人歌也採桑三洲曲所出也玉樹後庭花堂堂陳後主作也泛龍舟隋煬帝作也又有吳聲四時歌雅歌上林鳳雛平折命嘯等曲其聲與其辭皆訛失十不傳其一二蓋唐自太宗高宗作三大舞雜用於燕樂其他諸曲出於一時之

作雖非絕雅尙不至於淫放武后之禍繼以中宗昏亂固無足言者玄宗爲平
王有散樂一部定韋后之難頗有預謀者及卽位命寧王主藩邸樂以亢太常
分兩朋以角優劣置內教坊於蓬萊宮側居新聲散樂倡優之伎有諧謔而賜
金帛朱紫者酸棗縣尉袁楚客上疏極諫初帝賜第隆慶坊坊南之地變爲池
中宗常泛舟以厭其祥帝卽位作龍池樂舞者十有二人冠芙蓉冠躡履備用
雅樂唯無磬又作聖壽樂以女子衣五色繡襟而舞之又作小破陣樂舞者被
甲冑又作光聖樂舞者烏冠畫衣以歌王迹所興又分樂爲二部堂下立奏謂
之立部伎堂上坐奏謂之坐部伎太常閱坐部不可教者隸立部又不可教者
乃習雅樂立部伎八一安舞二太平樂三破陣樂四慶善樂五大定樂六上元
樂七聖壽樂八光聖樂安舞太平樂周隋遺音也破陣樂以下皆用大鼓雜以
龜茲樂其聲震厲大定樂又加金鉦慶善舞顓用西涼樂聲頗閑雅每享郊廟
則破陣上元慶善三舞皆用之坐部伎六一燕樂二長壽樂三天授樂四鳥歌
萬歲樂五龍池樂六小破陣樂天授鳥歌皆武后作也天授年名鳥歌者有鳥

能人言萬歲因以制樂自長壽樂以下用龜茲舞唯龍池樂則否是時民間以帝自潞州還京師舉兵夜半誅韋皇后製夜半樂還京樂二曲帝又作文成曲與小破陣樂更奏之其後河西節度使楊敬忠獻霓裳羽衣曲十二遍凡曲終必遽唯霓裳羽衣曲將畢引聲益緩帝方寖喜神仙之事詔道士司馬承禎製玄真道曲茅山道士李會元製大羅天曲工部侍郎賀知章製紫清上聖道曲太清宮成太常卿韋縚製景雲九真紫極小長壽承天順天樂六曲又製商調君臣相遇樂曲初隋有法曲其音清而近雅其器有鐃鈸鐘磬幢簫琵琶琵琶圓體脩頸而小號曰秦漢子蓋絃鼗之遺製出於胡中傳爲秦漢所作其聲金石絲竹以次作隋煬帝厭其聲澹曲終復加解音玄宗既知音律又酷愛法曲選坐部伎子弟三百教於梨園聲有誤者帝必覺而正之號皇帝梨園弟子宮女數百亦爲梨園弟子居宜春北院梨園法部更置小部音聲三十餘人帝幸驪山楊貴妃生日命小部張樂長生殿因奏新曲未有名會南方進荔枝因名曰荔枝香帝又好羯鼓而寧王善吹橫笛達官大臣慕之皆喜言音律帝嘗稱

羯鼓八音之領袖諸樂不可方也蓋本戎羯之樂其音太簇一均龜茲高昌疏勒天竺部皆用之其聲焦殺特異衆樂開元二十四年升胡部於堂上而天寶樂曲皆以邊地名若涼州伊州甘州之類後又詔道調法曲與胡部新聲合作明年安祿山反涼州伊州甘州皆陷吐蕃唐之盛時凡樂人音聲人太常雜戶子弟隸太常及鼓吹署皆番上總號音聲人至數萬人玄宗又嘗以馬百匹盛飾分左右施三重榻舞傾盃數十曲壯士舉榻馬不動樂工少年姿秀者十數人衣黃衫文玉帶立左右每千秋節舞於勤政樓下後賜宴設酺亦會勤政樓其日未明金吾引駕騎北衙四軍陳仗列旗幟被金甲短後繡袍太常卿引雅樂每部數十人間以胡夷之技內閑廄使引戲馬五坊使引象犀入場拜舞宮人數百衣錦繡衣出帷中擊雷鼓奏小破陣樂歲以爲常千秋節者玄宗以八月五日生因以其日名節而君臣共爲荒樂當時流俗多傳其事以爲盛其後巨盜起陷兩京自此天下用兵不息而離宮苑囿遂以荒堙獨其餘聲遺曲傳人間聞者爲之悲涼感動蓋其事適足爲戒而不足考法故不復著其詳自肅

宗以後皆以生日爲節而德宗不立節然止於羣臣稱觴上壽而已代宗繇廣平王復二京梨園供奉官劉日進製寶應長寧樂十八曲以獻皆宮調也大曆元年又有廣平太一樂涼州曲本西涼所獻也其聲本宮調有大遍小遍貞元初樂工康崑崙寓其聲於琵琶奏於玉宸殿因號玉宸宮調合諸樂則用黃鍾宮其後方鎭多製樂舞以獻河東節度使馬燧獻定難曲昭義軍節度使王虔休以德宗誕辰未有大樂乃作繼天誕聖樂以宮爲調帝因作中和樂舞山南節度使于頔又獻順聖樂曲將半而行綴皆伏一人舞於中又令女伎爲佾舞雄健壯妙號孫武順聖樂文宗好雅樂詔太常卿馮定采開元雅樂製雲韶法曲及霓裳羽衣舞曲雲韶樂有玉磬四虡琴瑟筑簫篪籥跋膝笙竽皆一登歌四人分立堂上下童子五人繡衣執金蓮花以導舞者三百人階下設錦筵遇內宴乃奏謂大臣曰笙磬同音沈唫忘味不圖爲樂至於斯也自是臣下功高者輒賜之樂成改法曲爲仙韶曲會昌初宰相李德裕命樂工製萬斯年曲以獻大中初太常樂工五千餘人俗樂一千五百餘人宣宗每宴羣臣備百戲帝

製新曲教女伶數千百人衣珠翠緹繡連袂而歌其樂有播皇猷之曲舞者高冠方履褒衣博帶趨走俯仰中於規矩又有葱嶺西曲士女蹋歌爲隊其詞言葱嶺之民樂河湟故地歸唐也咸通間諸王多習音聲倡優雜戲天子幸其院則迎駕奏樂是時藩鎮稍復舞破陣樂然舞者衣畫甲執旗旆纔十人而已蓋唐之盛時樂曲所傳至其末年往往亡缺周隋與北齊陳接壤故歌舞雜有四方之樂至唐東夷樂有高麗百濟北狄有鮮卑吐谷渾部落稽南蠻有扶南天竺南詔驃國西戎有高昌龜茲疏勒康國安國凡十四國之樂而八國之伎列于十部樂中宗時百濟樂工人亡散岐王爲太常卿復奏置之然音伎多闕舞者二人紫大褎裙襦章甫冠衣履樂有箏笛桃皮觱篥箜篌歌而已北狄樂皆馬上之聲自漢後以爲鼓吹亦軍中樂馬上奏之故隸鼓吹署後魏樂府初有北歌亦曰真人歌都代時命宮人朝夕歌之周隋始與西涼樂雜奏至唐存者五十三章而名可解者六章而已一曰慕容可汗二曰吐谷渾三曰部落稽四曰鉅鹿公主五曰白淨王六曰太子企喻也其餘辭多可汗之稱蓋燕魏之際

鮮卑歌也隋鼓吹有其曲而不同貞觀中將軍侯貴昌幷州人世傳北歌詔隸太樂然譯者不能通歲久不可辨矣金吾所掌有大角即魏之簸邏回工人謂之角手以備鼓吹南蠻北狄俗斷髮故舞者以繩圍首約髮有新聲自河西至者號胡音龜茲散樂皆爲之少息扶南樂舞者二人以朝霞爲衣赤皮鞋天竺伎能自斷手足刺腸胃高宗惡其驚俗詔不令入中國睿宗時婆羅門國獻人倒行以足舞仰植銛刀俯身就鋒歷臉下復植於背觱篥者立腹上終曲而不傷又伏伸其手二人躡之周旋百轉開元初其樂猶與四夷樂同列貞元中南詔異牟尋遣使詣劍南西川節度使韋皐言欲獻夷中歌曲且令驃國進樂皐乃作南詔奉聖樂用黃鍾之均舞六成工六十四人贊引二人序曲二十八疊執羽而舞南詔奉聖樂字曲將終雷鼓作於四隅舞者皆拜金聲作而起執羽稽首以象朝覲每拜跪節以鉦鼓又爲五均一曰黃鍾宮之宮二曰太簇商之宮三曰姑洗角之宮四曰林鍾徵之宮五曰南呂羽之宮其文義繁雜不足復紀德宗閱於麟德殿以授太常工人自是殿庭宴則立奏宮中則坐奏十七年

驃國王雍羌遣弟悉利移城主舒難陁獻其國樂至成都韋皐復譜次其聲又圖其舞容樂器以獻凡工器二十有二其音八金貝絲竹匏革牙角大抵皆夷狄之器其聲曲不隸於有司故無足采云

唐書卷二十二

唐書卷二十二考證

禮樂志十二及清調蔡邕五弄楚調四弄○舊書作清調瑟調蔡邕雜弄

唐書卷二十二考證

唐書卷二十三上

宋 翰 林 學 士 歐 陽 修 撰

志第十三上

儀衞志

唐制天子居曰衙行曰駕皆有衞有嚴羽葆華蓋旌旗罕畢車馬之衆盛矣皆安徐而不譁其人君舉動必以扇出入則撞鐘庭設樂宮道路有鹵簿鼓吹禮官百司必備物而後動蓋所以爲慎重也故慎重則尊嚴尊嚴則肅恭夫儀衞所以尊君而肅臣其聲容文采雖非三代之制至其盛也有足取焉衙凡朝會之仗三衞番上分爲五仗號衙內五衞一曰供奉仗以左右衞爲之二曰親仗以親衞爲之三曰勳仗以勳衞爲之四曰翊仗以翊衞爲之皆服鶡冠緋衫裌五曰散手仗以親勳翊衞爲之服緋絁裲襠繡野馬皆帶刀捉仗列坐于東西廊下每月以四十六人立內廊閤外號曰內仗以左右金吾將軍當上中郎將一人押之有押官有知隊仗官朝堂置左右引駕三衞六十人以左右衞三衞

年長彊直能糾劾者爲之分五番有引駕佽飛六十六人以佽飛越騎步射爲之分六番每番皆有主帥一人坐日引駕升殿金吾大將軍各一人押之號曰押引駕官中郎將郎將各一人檢校引駕事又有千牛仗以千牛備身備身左右爲之千牛備身冠進德冠服袴褶備身左右服如三衛皆執御刀弓箭升殿列御座左右內外諸門以排道人帶刀捉仗而立號曰立門仗宣政左右門仗內仗皆分三番而立號曰交番仗諸衛有挾門隊長槍隊承天門內則左右衛挾門隊列東西廊下門外則左右驍衛挾門隊列東西廊下長樂永安門內則左右威衛挾門隊列東西廊下門外則左右領軍衛挾門隊列東西廊下嘉德門內則左右武衛挾門隊列東西廊下車駕出皇城則挾門隊皆從長槍隊有漆槍木槍白榦槍樸頭槍每夜第一鼕鼕諸隊仗佩弓箭胡祿出鋪立廊下按矟張弓捻箭彀弩第二鼕鼕後擊鐘訖持更者舉矟鐘聲絕則解仗一點持更人按矟持弓者穩箭唱號諸衛仗隊皆分更行探宿衛門閤仗隊鍪甲疊環左襻餘仗隊唯持更人疊一具供奉散手仗亦持更疊甲每朝第一鼕鼕訖持更

矟皆舉張弓者攝箭收弩立門隊及諸隊仗皆立於廊下第二鼕鼕聲絶按矟
弛弓收鋪諸門挾門隊立於階下復一刻立門仗皆復舊内外隊仗立於階下
元日冬至大朝會宴見蕃國王則供奉仗散手仗立於殿上黄麾仗樂縣五路
五副路屬車輿輦繖二翰一陳于庭扇一百五十有六三衛三百人執之陳于
兩廂黄麾仗左右廂各十二部十二行第一行長戟六色氅領軍衛赤氅威衛
青氅黑氅武衛鷩氅驍衛白氅左右衛黄氅黄地雲花襖冒第二行儀鍠五色
幡赤地雲花襖冒第三行大矟小孔雀氅黑地雲花襖冒第四行小戟刀楯白
地雲花襖冒第五行短戟大五色鸚鵡毛氅青地雲花襖冒第六行細射弓箭
赤地四色雲花襖冒第七行小矟小五色鸚鵡毛氅黄地雲花襖冒第八行金
花朱縢絡楯刀赤地雲花襖冒第九行戎雞毛氅黑地雲花襖冒第十行細射
弓箭白地雲花襖冒第十一行大鋋白毦青地雲花襖冒第十二行金花綠縢
絡楯刀赤地四色雲花襖冒十二行皆有行縢鞋韈前黄麾仗首左右廂各二
部部十二行行十人左右領軍衛折衝都尉各一人領主帥各十人師子袍冒

次左右廂皆一部部十二行行十人左右威衛果毅都尉各一人領主帥各十人豹文袍冒次廂各一部部十二行行十人左右武衛折衝都尉各一人主帥各十人次廂各一部部十二行行十人左右衛折衝都尉各一人主帥各十人次當御廂各一部部十二行行十人左右衛果毅都尉各一人主帥各十人次後廂各一部部十二行行十人左右驍衛折衝都尉各一人主帥各十人次後廂各一部部十二行行十人左右武衛果毅都尉各一人主帥各十人次後左右廂各一部部十二行行十人左右威衛折衝都尉各一人主帥各十人次後左右廂各一部部十二行行十人左右威衛果毅都尉各一人主帥各十人次後左右廂各一部部十二行行十人左右領軍衛果毅都尉各一人主帥各十人次盡後左右廂軍衛主帥各十人護後被師子文袍冒左右領軍衛黃麾仗首尾廂皆絳引旛二十引前十掩後十廂各獨揭鼓十二重重二人赤地雲花襖冒行縢鞋韈居黃麾仗外每黃麾仗一部鼓一左右衛左右驍衛左右武衛左右威衛將軍各一人大將軍各一人左右領軍衛大將軍各十人檢校被繡

袍次左右衞黃旗仗立于兩階之次鍪甲弓箭刀楯皆黃隊有主帥以下四十人皆戎服被大袍二人引旗一人執二人夾二十人執矟餘佩弩弓箭第一麟旗隊第二角端旗隊第三赤熊旗隊折衝都尉各一人檢校戎服被大袍佩弓箭橫刀又有夾轂隊廂各六隊隊三十人胡木鍪毦蜀鎧懸鈴覆膊錦臂韝白行縢紫帶鞋韈持矟楯刀廂各折衝都尉一人果毅都尉二人檢校冠進德冠被紫紬連甲緋繡葵花文袍第一隊第四隊朱質鍪鎧緋袴第二隊第五隊白質鍪鎧紫袴第三隊第六隊黑質鍪鎧皁袴次左右驍衞赤旗仗坐于東西廊下鍪甲弓箭刀楯皆赤主帥以下如左右衞第一鳳旗隊第二飛黃旗隊折衝都尉各一人檢校第三吉利旗隊第四兕旗隊第五太平旗隊果毅都尉各一人檢校又有親勳翊衞仗廂各三隊壓角隊皆有旗一人執二人引二人夾校尉以下翊衞以上三十五人皆平巾幘緋裲襠大口絝帶橫刀執矟二十人帶弩四人帶弓箭十一人第一隊鳳旗大將軍各一人主之第二隊飛黃旗將軍各一人主之第三隊吉利旗郎將一人主之次左右武衞白旗仗居驍衞之次

鍪甲弓箭刀楯皆白主帥以下如左右衛第一五牛旗隊黃旗居內赤青居左
白黑居右各八人執第二飛麟旗隊第三駃騠旗隊第四鸞旗隊果毅都尉各
一人檢校第五犀牛旗隊第六鵕鸃旗隊第七騏驎旗隊第八騼䮫旗隊折衝
都尉各一人檢校持鈒隊果毅都尉各一人校尉二人檢校前隊執銀裝長刀
紫黃綬紛絳引旛一金節十二分左右次罕畢朱雀幢叉青龍白虎幢道蓋叉
各一自絳引旛以下執者服如黃麾執罕畢及幢者平陵冠朱衣革帶左罕右
畢左青龍右白虎稱長一人出則告警服如黃麾鈒戟隊各一百四十四人分
左右三行應蹕服如黃麾果毅執青龍等旗將軍各一人檢校旅帥二人執銀
裝長刀紫黃綬紛檢校後隊次左右威衛黑旗仗立于階下鍪甲弓箭楯矟皆
黑主帥以下如左右衛第一黃龍負圖旗隊第二黃鹿旗隊第三騶牙旗隊第
四蒼烏旗隊果毅都尉各一人檢校次左右領軍衛青旗仗居威衛之次鍪甲
弓箭楯穳皆青主帥以下如左右衛第一應龍旗隊第二玉馬旗隊第三三角
獸旗隊果毅都尉各一人檢校第四白狼旗隊第五龍馬旗隊第六金牛旗隊

折衝都尉各一人檢校又有殳仗步甲隊將軍各一人檢校殳仗左右廂千人廂別二百五十人執殳二百五十人執叉皆赤地雲花襖冒行縢鞋韈殳叉以次相間左右領軍衛各一百六十人左右武衛各一百人左右威衛左右驍衛左右衛各八十人左右廂有主帥三十八人平巾幘緋裲襠大口袴執儀刀廂有左右衛各三人左右驍衛左右武衛左右威衛左右領軍衛各四人以主殳仗被豹文袍冒領軍衛師子文袍步甲隊從左右廂各四十八前後皆二十四每隊折衝都尉一人主之被繡袍每隊一人戎服大袍帶橫刀執旗二人引二人夾皆戎服大袍帶弓箭橫刀隊別三十人被甲臂韝行縢鞋韈每一隊鍪甲覆膊執弓箭一隊胡木鍪及毦蜀鎧覆膊執刀楯穳相間第一隊赤質鍪甲赤弓箭折衝都尉各一人主之執鶡雞旗第二隊赤質鍪鎧赤刀楯穳果毅都尉各一人主之執豹旗第三隊赤質鍪甲青弓箭折衝都尉各一人主之第四隊青質鍪鎧青刀楯穳果毅都尉各一人主之第五隊黑質鍪甲黑弓箭左右威衛折衝都尉各一人主之第六隊黑質鍪鎧黑刀楯穳果毅都尉各一人主之

第七隊白質鍪甲白弓箭左右武衛折衝都尉各一人主之第八隊白質鍪鎧
白刀楯穳果毅都尉各一人主之第九隊黃質鍪甲黃弓箭左右驍衛折衝都
尉各一人主之第十隊黃質鍪鎧黃刀楯穳果毅都尉各一人主之第十一隊
黃質鍪甲黃弓箭左右衛折衝都尉各一人主之第十二隊黃質鍪鎧黃刀楯
穳果毅都尉各一人主之次後第一隊黃質鍪鎧黃刀楯穳左右衛折衝都尉
各一人主之至第十二隊與前同次左右金吾衛辟邪旗隊折衝都尉各一人
檢校又有清游隊朱雀隊玄武隊清游隊建白澤旗二各一人執帶橫刀二人
引二人夾皆帶弓箭橫刀左右金吾衛折衝都尉各一人帶弓箭橫刀各領四
十人皆帶橫刀二十人持矟四人持弩十六人帶弓箭朱雀隊建朱雀旗一人
執引夾皆二人金吾衛折衝都尉一人主之領四十人二十人持矟四人持弩
十六人帶弓箭又二人持䂍矟皆佩橫刀䂍矟以黃金塗末龍旗十二執者戎
服大袍副竿二各一人執戎服大袍分左右果毅都尉各一人主之大將軍各
一人檢校二隊玄武隊建玄武旗一人執二人引二人夾平巾幘黑裲襠黑袴

大口絝左右金吾衞折衝都尉各一人主之各領五十人持矟二十五人持弩
五人帶弓箭二十人又二人持𥎞矟諸衞挾門隊長槍隊與諸隊相間朝日殿
上設黼扆躡席熏爐香案御史大夫領屬官至殿西廡從官朱衣傳呼促百官
就班文武列于兩觀監察御史二人立於東西朝堂甎道以涖之平明傳點畢
內門開監察御史領百官入夾階監門校尉二人執門籍曰唱籍既視籍曰在
入畢而止次門亦如之序班于通乾觀象門南武班居文班之次入宣政門文
班自東門而入武班自西門而入至閤門亦如之夾階校尉十人同唱入畢而
止宰相兩省官對班于香案前百官班于殿庭左右巡使二人分涖于鐘鼓樓
下先一品班次二品班次三品班次四品班次五品班每班尙書省官爲首武
班供奉者立于橫街之北次千牛中郎將次千牛將軍次過狀中郎將一人次
接狀中郎將一人次押柱中郎將一人次押柱中郎一人次排階中郎將一人
次押散手仗中郎將一人次左右金吾衞大將軍凡殿中省監少監尙衣尙舍
尙輦奉御分左右隨繖扇而立東宮官居上臺官之次王府官又次之唯三太

三少賓客庶子王傅隨本品侍中奏外辦皇帝步出西序門索扇扇合皇帝升御坐扇開左右留扇各三左右金吾將軍一人奏左右廂內外平安通事舍人贊宰相兩省官再拜升殿內謁者承旨喚仗左右羽林軍勘以木契自東西閤而入內侍省五品以上一人引之左右衞大將軍將軍各一人押之二十人以下入則不帶仗三十人入則左右廂監門各二人千牛備身各四人三衞各八人金吾一人百人入則左右廂監門各六人千牛備身各四人三衞三十三人金吾七人二百人則增以左右武衞威衞領軍衞金吾衞翊衞等凡仗入則左右廂加一人監捉永巷御刀弓箭及三衞帶刀入則曰仗入三衞不帶刀而入則曰監引入朝罷皇帝步入東序門然後放仗內外仗隊七刻乃下常參輟朝日六刻卽下宴蕃客日隊下復立半仗于兩廊朔望受朝及蕃客辭見加纛矟隊儀仗減半凡千牛仗立則全仗立太陽虧昏塵大霧則內外諸門皆立仗泥雨則延三刻傳點駕大駕鹵簿天子將出前二日太樂令設宮縣之樂於庭晝漏上五刻駕發前發七刻擊一鼓爲一嚴前五刻擊二鼓爲再嚴侍中版奏請

中嚴有司陳鹵簿前二刻擊三鼓爲三嚴諸衛各督其隊與鈒戟以次入陳殿
庭通事舍人引羣官立朝堂侍中中書令以下奉迎於西階侍中負寶乘黃令
進路於太極殿西階南向千牛將軍一人執長刀立路前北向黃門侍郎一人
立侍臣之前贊者二人旣外辦太僕卿攝衣而升正立執轡天子乘輿以出降
自西階曲直華蓋警蹕侍衛千牛將軍前執轡天子升路太僕卿授綏侍中中
書令以下夾侍黃門侍郎前奏請發鑾駕動警蹕鼓傳音黃門侍郎與贊者夾
引而出千牛將軍夾路而趨駕出承天門侍郎乘馬奏駕少留敕侍臣乘馬侍
中前承制退稱制曰可黃門侍郎退稱侍臣乘馬贊者承傳侍臣皆乘侍衛之
官各督其屬左右翊駕在黃麾內符寶郎奉六寶與殿中後部從在黃鉞內侍
中中書令以下夾侍路前贊者在供奉官內侍臣乘畢侍郎奏請車右升侍中
前承制退稱制曰可侍郎復位千牛將軍幷侍郎奏請發萬年縣令先導次京
兆牧太常卿司徒御史大夫兵部尚書皆乘路鹵簿如本品次清游隊次左右
金吾衛大將軍各一人帶刀箭橫刀檢校龍旗以前朱雀等隊各二人持䅳矟

騎夾次左右金吾衛果毅都尉各一人帶刀箭橫刀領夾道鐵甲佽飛次虞候佽飛四十八騎平巾幘緋裲襠大口絝帶弓箭橫刀夾道分左右以屬黃麾仗次外鐵甲佽飛二十四人帶弓箭橫刀甲騎具裝分左右廂皆六重以屬步甲隊次朱雀隊次指南車記里鼓車白鷺車鸞旗車辟惡車皮軒車皆四馬有正道匠一人駕士十四人皆平巾幘大口絝緋衫太卜令一人居辟惡車服如佽飛執弓箭左金吾衛隊正一人居皮軒車服平巾幘緋裲襠銀裝儀刀紫黃綬紛執弩次引駕十二重重二人皆騎帶橫刀自皮軒車後屬于細仗前矟弓箭相間左右金吾衛果毅都尉各一人主之次鼓吹次黃麾仗一執者武弁朱衣革帶二人夾次殿中侍御史二人導次太史監一人書令史一人騎引相風行漏轝次相風轝正道匠一人轝士八人服如正道匠次掆鼓金鉦司辰典事匠各一人刻漏生四人分左右次行漏生正道匠一人轝士十四人次特鈒前隊次御馬二十四分左右各二人馭次尚乘奉御二人書令史二人騎從次左青龍右白虎旗執者一人服如正道匠引夾各二人皆騎次左右衛果毅都尉各

一人各領二十五騎二十人執矟四人持弩一人帶弓箭行儀刀仗前次通事
舍人四人在左四人在右侍御史一人在左一人在右御史中丞一人在左一
人在右左拾遺一人在左右拾遺一人在右左補闕一人在左右補闕一人在
右起居郎一人在左起居舍人一人在右諫議大夫一人在左一人在右給事
中二人在左中書舍人二人在右黃門侍郎二人在左中書侍郎二人在右左
散騎常侍一人在左右散騎常侍一人在右侍中二人在左中書令二人在右
通事舍人以下皆一人從次香蹬一有衣繡以黃龍執者四人服如折衝都尉
次左右衛將軍二人分左右領班劍儀刀各一人從次班劍儀刀左右廂各十
二行第一左右衛親衛各五十三人第二左右衛親衛各五十五人第三左右
衛勳衛各五十七人第四左右衛勳衛各五十九人各執金銅裝班劍纁朱綬
紛第五左右衛翊衛各六十一人第六左右衛翊衛各六十三人第七左右衛
翊衛各六十五人第八左右驍衛各六十七人各執金銅裝儀刀綠綟綬紛第
九左右武衛翊衛各六十九人第十左右威衛翊衛各七十一人第十一左右

領軍衞翊衞各七十三人第十二左右金吾衞翊衞各七十五人各執銀裝儀刀紫黃綬紛自第一行有曲折三人陪後門每行加一人至第十二行曲折十四人次左右廂諸衞中郎將主之執班劒儀刀領親勳翊衞次左右衞郎將各一人皆領散手翊衞三十人佩橫刀騎居副仗矟翊衞內次左右驍衞郎將各一人各領翊衞二十八人甲騎具裝執副仗矟居散手衞外次左右衞供奉中郎將郎將四人各領親勳翊衞四十八人帶橫刀騎分左右居三衞仗內次玉輅駕六馬太僕卿馭之駕士三十二人凡五路皆有副駕士皆平巾幘大口絝衫從路色玉路服青衫千牛衞將軍一人陪乘執金裝長刀左右衞大將軍各一人騎夾皆一人從居供奉官後次千牛衞將軍一人中郎將二人皆一人從次千牛備身備身左右二人騎居玉路後帶橫刀執御刀弓箭次御馬二各一人馭次左右監門校尉二人騎執銀裝儀刀居後門內次衙門旗二人執四人夾皆騎赤綦襖黃冒黃袍次左右監門校尉各十二人騎執銀裝儀刀督後門十二行仗頭皆一人次左右驍衞翊衞各三隊居副仗矟外次左右衞夾轂廂

各六隊次大繖二執者騎橫行居衙門後次雉尾障扇四執者騎夾繖次腰轝
轝士八人次小團雉尾扇四方雉尾扇十二花蓋二皆執者一人夾腰轝自大
繖以下執者服皆如折衝都尉次掌輦四人引輦次大輦一主輦二百人平巾
幘黃絲布衫大口袴紫誕帶紫行縢鞋襪尚輦奉御二人主腰轝各書令史二
人騎從次殿中少監一人督諸局供奉事一人從次諸司供奉官次御馬二十
四各二人馭分左右次尚乘直長二人平巾幘緋袴褶書令史二人騎從居御
馬後次持鈒隊次大繖二雉尾扇八夾繖左右橫行次小雉尾扇朱畫團扇皆
十二左右橫行次花蓋二义二次俾倪十二左右橫行次玄武幢一义一居絳
麾內次絳麾二左右夾玄武幢次細矟十二孔雀爲毦左右橫行居絳麾後自
鈒戟以下執者服如黃麾仗唯玄武幢執者服如罕畢次後黃麾執者一人夾
二人皆騎次殿中侍御史二人分左右各令史二人騎從居黃麾後次大角次
方輦一主輦二百人次小輦一主輦六十人次小輿一奉輿十二人服如主輦
次尚輦直長二人分左右檢校輦輿皆書令史二人騎從次左右武衛五牛旗

輿五赤青居左黃居中白黑居右皆八人執之平巾幘大口綺衫從旗色左右
威衛隊正各一人主之騎執銀裝長刀次乘黃令一人丞一人分左右檢校玉
路皆府史二人騎從次金路象路革路木路皆駕六馬駕士三十二人次五副
路皆駕四馬駕士三十八人次耕根車駕六馬駕士三十二人次安車四望車
皆駕四馬駕士二十四人次羊車駕果下馬一小史十四人次屬車十二乘駕
牛駕士各八人次門下中書祕書殿中四省局官各一人騎分左右夾屬車各
五人從唯符寶以十二人從次黃鉞車上建黃鉞駕二馬左武衛隊正一人在
車駕士十二人次豹尾車駕二馬右武衛隊正一人在車駕士十二人次左右
威衛折衝都尉各一人各領掩後二百人步從五十人爲行大戟五十人刀楯
穳五十人弓箭五十人弩五十人皆黑鍪甲覆膊臂韝橫行次左右領軍衛將
軍二人領步甲隊及殳仗各二人執𥢶矟從次前後左右廂步甲隊次左右廂
黃麾仗次左右廂殳仗次諸衛馬隊左右廂各二十四自十二旗後屬于玄武
隊前後有主帥以下四十人皆戎服大袍二人引旗一人執二人夾二十人執

稍餘佩弩弓箭第一辟邪旗左右金吾衛折衝都尉各一人主之皆戎服大袍佩弓箭橫刀騎第二應龍旗第三玉馬旗第四三角獸旗左右領軍衛果毅都尉各一人主之第五黃龍負圖旗第六黃鹿旗左右威衛折衝都尉各一人主之第七飛麟旗第八駃騠旗第九鸞旗左右武衛果毅都尉各一人主之第十鳳旗第十一飛黃旗左右驍衛折衝都尉各一人主之第十二麟旗第十三角端旗以當御第十四赤熊旗左右衛折衝都尉各一人主之第十五兕旗第十六太平旗左右驍衛果毅都尉各一人主之第十七犀牛旗第十八鵔鸃旗第十九騼騳旗左右武衛折衝都尉各一人主之第二十騶牙旗第二十一蒼烏旗左右威衛果毅都尉各一人主之第二十二白狼旗第二十三龍馬旗第二十四金牛旗左右領軍衛折衝都尉各一人主之其服皆如第一次玄武隊次衙門一居玄武隊前大戟隊後執者二人夾四人皆騎分左右赤綦襖黃袍黃冒次衙門左右廂廂有五門執夾人同上第一門居左右威衛黑質步甲隊之後白質步甲隊之前第二門居左右衛步甲隊之後左右領軍衛黃麾仗之前

第三門居左右武衛黃麾仗之後左右驍衛黃麾仗之前第四門居左右領軍
衛黃麾仗之後左右衛步甲隊之前第五門居左右武衛白質步甲隊之後黑
質步甲隊之前五門別當步甲隊黃麾仗前馬隊後各六人分左右戎服大袍
帶弓箭橫刀凡衙門皆監門校尉六人分左右執銀裝長刀騎左右監門衛大
將軍將軍中郎將廂各巡行校尉一人往來檢校諸門中郎將各一人騎從左
右金吾衛將軍循仗檢校各二人執犦矟騎從左右金吾衛果毅都尉二人糾
察仗內不法各一人騎從駕所至路南向將軍降立于路右侍中前奏請降路
天子降乘輿而入繖扇華蓋侍衛駕還一刻擊一鼓為一嚴仗衛還於塗三刻
擊二鼓為再嚴將士佈隊仗侍中奏請中嚴五刻擊三鼓為三嚴黃門侍郎奏
請駕發鼓傳音發駕鼓吹振作入門太樂令命擊蕤賓之鐘左五鐘皆應鼓柷
奏采茨之樂至太極門戞敔樂止既入鼓柷奏太和之樂回路南向侍中請降
路乘輿乃入繖扇侍御警蹕如初至門戞敔樂止皇帝入侍中版奏請解嚴叩
鉦將士皆休

唐書卷二十三上

唐書卷二十三下

宋 翰 林 學 士 歐 陽 修 撰

志第十三下

儀衞志

太皇太后皇太后皇后出尙儀版奏請中嚴尙服率司仗布侍衞司賓列內命婦於庭西嚮北上六尙以下詣室奉迎尙服負寶內僕進車于閤外尙儀版奏外辦馭者執轡太皇太后乘輿以出華蓋侍衞警蹕內命婦從出門太皇太后升車從官皆乘馬內命婦宮人以次從清游隊旗一執者一人佩橫刀引夾皆二人佩弓箭橫刀騎次金吾衞折衝都尉一人佩橫刀弓箭領騎四十亦佩橫刀夾折衝執矟二十人持弩四人佩弓箭十六人持䂎矟刀二人次虞候佽飛二十八人騎佩弓箭橫刀夾道分左右以屬黃麾仗次內僕令一人在左丞一人在右各書令史二人騎從次黃麾一執者一人夾道二人皆騎次左右廂黃麾仗廂皆三行行百人第一短戟五色氅執者黃地白花綦襖冒第二戈五色

氅執者赤地黃花綦襖冒第三鍠五色旛執者青地赤花綦襖冒左右衛左右威衛左右武衛左右驍衛左右領軍衛各三行行二十人每衛以主帥六人主之皆豹文袍冒執鍮石裝長刀騎唯左右領軍衛減三人每衛果毅都尉一人被繡袍各一人從左右領軍衛有絳引幡引前者三掩後者三次內謁者監四人給事二人內常侍二人內侍少監二人騎分左右皆有內給使一人從次內給使百二十人平巾幘大口絝緋裲襠分左右屬于宮人車次偏扇團扇方扇皆二十四宮人執之衣綵大袖裙襦綵衣革帶履分左右次香蹬一內給使四人轝之居重翟車前次重翟車駕四馬駕士二十四人次行障六次坐障三皆左右夾車宮人執之服同執扇次內寺伯二人領寺人六人執御刀服如內給使夾重翟車次腰轝一執者八人團雉尾扇二夾轝次大繖四次雉尾扇八左右橫行爲二重次錦花蓋二單行次小雉尾扇朱畫團扇皆十二橫行次錦曲蓋二十橫行爲二重次錦六柱八分左右自腰轝以下皆內給使執之次宮人車次絳麾二分左右次後黃麾一執者一人夾二人皆騎次供奉宮人在黃麾

後次厭翟車翟車安車皆駕四馬駕士各二十四人四望車駕士二十二人金根車駕牛駕士十二人次左右廂衙門各二每門二人執四人夾皆赤綦襖黃袍冒騎次左右領軍衞廂皆一百五十人執殳赤地黃花綦襖冒前屬于黃麾仗後盡鹵簿廂各主帥四人主之皆黃袍冒執鍮石裝長刀騎折衝都尉二人檢校殳仗皆一人騎從次衙門一盡鹵簿後殳仗內正道每門監門校尉二人主之執銀裝長刀廂各有校尉一人騎佩銀橫刀往來檢校御馬減大駕之半太皇太后將還三嚴內典引引外命婦出次就位司賓引內命婦出次序立大次之前既外辦馭者執轡太皇太后乘輿出次華蓋警蹕侍衞如初內命婦以下乘車以從車駕入內典引引外命婦退駕至正殿門外車駕南嚮尚儀前奏請降車將士還皇太子出則鹵簿陳于重明門外其日三刻宮臣皆集於次左庶子版奏請中嚴典謁引宮臣就位侍衞官服其器服左庶子負璽詣閤奉迎僕進車若輦于西閣外南嚮內率一人執刀立車前北嚮中允一人立侍臣之前贊者二人立中允之前前二刻諸衞之官詣閤奉迎宮臣應從者各出次立

於門外文東武西重行北嚮北上左庶子版奏外辦僕升正位執轡皇太子乘輿而出內率前執轡皇太子升車僕立授綏左庶子以下夾侍中允奏請發車動贊者夾引而出內率夾車而趨出重明門中允奏請停車侍臣上馬左庶子前承令退稱令曰諾中允退稱侍臣上馬贊者承傳侍臣皆騎中允奏請車右升左庶子前承令退稱令曰諾內率升訖中允奏請發車動鼓吹振作太傅乘車訓導少傅乘車訓從出延喜門家令先導次率更令詹事太保太傅太師皆軺車備鹵簿次清游隊旗一執者一人佩橫刀引夾皆二人亦佩弓箭橫刀騎次清道率府折衝都尉一人佩弓箭橫刀領騎三十亦佩橫刀十八人執矟九人挾弓箭三人持弩各二人騎從次左右清道率府率各一人騎佩橫刀弓箭領清道直盪及檢校清游隊各二人執䂍矟騎從次外清道直盪二十四人騎佩弓箭橫刀夾道次龍旗六各一人騎執佩橫刀戎服大袍橫行正道每旗前後二人騎爲二重前引後護皆佩弓箭橫刀戎服大袍次副竿二分左右各一人騎執次細引六重皆騎佩橫刀每重二人自龍旗後屬于細仗矟弓箭相間

廂各果毅都尉一人主之次率更丞一人府史二人騎從領鼓吹次誕馬十分左右執者各二人次廄牧令一人居左丞一人居右各府史二人騎從次左右翊府郎將二人主班劍次左右翊衛二十四人執班劍分左右次通事舍人四人司直二人文學四人洗馬二人司議郎二人居左太子舍人二人居右中允二人居左中舍人二人居右左右諭德二人左右庶子四人騎分左右皆一人從次左右衛率府副率二人步從次親勳翊衛廂各中郎將郎將一人皆領儀刀六行第一親衛二十三人第二親衛二十五人皆執金銅裝儀刀纁朱綬紛第三勳衛二十七人第四勳衛二十九人皆執銀裝儀刀綠綟紛第五翊衛三十一人第六翊衛三十三人皆執鍮石裝儀刀紫黃綬紛自第一行有曲折三人陪後門每行加一人至第六行八人次三衛十八人騎分左右夾路次金路駕四馬駕士二十三人僕寺僕馭左右率府率二人執儀刀陪乘次左右衛率府率二人夾路各一人從居供奉官後次左右內率府率二人副率二人領細刀弓箭皆一人從次千牛騎執細刀弓箭次三衛儀刀仗後開衙門次左右監

門率府直長各六人執鍮石儀刀騎監後門次左右衛率府廂各翊衛二隊皆騎在執儀刀行外壓角隊各三十人騎佩横刀一人執旗二人引二人夾十五人執矟二人佩弓箭三人佩弩隊各郎將一人主之次繖二人執雉尾扇四夾繖次腰轝一執者八人團雉尾扇二小方雉尾扇八以夾腰轝內直郎二人主之各令史二人騎從次誕馬十分左右馭者各二人次典乘二人各府史二人騎從次左右司禦率府校尉二人騎從佩鍮石裝儀刀領團扇曲蓋次朱漆團扇六紫曲蓋六各横行次諸司供奉次左右清道率府校尉二人騎佩鍮石裝儀刀主大角次副路駕四馬駕士二十二人軺車駕一馬駕士十四人四望車駕一馬駕士十人次左右廂步隊十六每隊果毅都尉一人領騎二十八戎服大袍佩横刀一人執旗二人引二人夾二十五人佩弓箭前隊持矟與佩弓箭隊以次相間次左右司禦率府副率各一人騎檢校步隊二人執䂎矟騎從次儀仗左右廂各六色每色九行行六人赤綦襖冒行縢鞋韈第一戟赤氅六人第二弓箭六人第三儀鋋毦六人第四刀楯六人第五儀鍠五色幡六人第六

油戟六人次前仗首左右廂各六色每色三行行六人左右司禦率府二人果毅都尉各一人主帥各六人主之次左右廂各六色每色三行行六人左右衛率府副率二人果毅都尉各一人主帥各六人主之左右司禦率府主帥各六人騎護後率及副率各一人步從廂有絳引旛十二引前者六引後者六廂各有獨揭鼓六重重二人居儀仗外殳仗內皆赤綦襖冒行縢鞋韈左右司禦率府四重左右衛率府二重次左右廂皆百五十人左右司禦率府各八十六人左右衛率府各六十四人赤綦襖冒主殳分前後居步隊外馬隊內各司禦率府果毅都尉一人主之各一人騎從廂各主帥七人左右司禦率府各四人左右衛率府各三人騎分前後次左右廂馬隊廂各十隊隊有主帥以下三十一人戎服大袍佩橫刀騎隊有旗一執者一人引夾各二人皆佩弓箭十六人持矟七人佩弓箭三人佩弩第一左右清道率府果毅都尉二人主之第二第三第四左右司禦率府果毅都尉二人主之第五第六第七左右衛率府果毅都尉主之第八第九第十左右司禦率府果毅都尉二人主之皆戎服大袍佩弓

箭橫刀次後拒隊旗一執者佩橫刀引夾路各二人佩弓箭橫刀次清道率府果毅都尉一人領四十騎佩橫刀凡執矟二十人佩弓箭十六人佩弩四人騎從次後拒隊前當正道殳仗內有衙門次左右廂各有衙門三第一當左右司禦率府步隊後左右衛率府步隊前第二當左右衛率府步隊後左右司禦率府儀仗前第三當左右司禦率府儀仗後左右衛率府步隊前每門二人執四人夾皆騎赤綦襖黃袍冒門有監門率府直長二人檢校左右監門率府副率各二人檢校諸門各一人騎從次左右清道率府副率各二人檢校仗內不法各一人騎從次少師少傅少保正道乘路備鹵簿文武以次從皇太子所至回車南嚮左庶子跪奏請降路還宮一嚴轉仗衛于還塗再嚴左庶子版奏請中嚴三嚴僕進車左庶子版奏外辦皇太子乘輿出門外降輿乘車左庶子請車右升侍臣皆騎車動至重明門宮官下馬皇太子乘車而入太傅少傅還皇太子至殿前車南嚮左庶子奏請降皇太子乘輿而入侍臣從至閤左庶子版奏解嚴若常行常朝無馬隊鼓吹金路四望車家令率更令詹事太保太師少保

少師又減隊仗三之一清道儀刀誕馬皆減半乘軺車而已二傅乘犢車導從十人太傅加清道二人皇太子妃鹵簿清道率府校尉六人騎分左右爲三重佩横刀弓箭次青衣十人分左右次導客舍人四人內給使六十人皆分左右後屬內人車次偏扇團扇方扇各十八分左右宮人執者間綵衣革帶次行障四坐障二宮人執以夾車次典內二人騎分左右次厭翟車駕三馬駕士十四人次閤帥二人領內給使十八人夾車次六柱二內給使執之次供奉內人乘犢車次繖一雉尾扇二團扇四曲蓋二皆分左右各內給使執之次戟九十執者絳綦襖冒分左右親王鹵簿有清道六人爲三重武弁朱衣革帶次幰弩一執者平巾幘緋袴褶騎次青衣十二人平巾青幘青布袴褶執青布仗袋分左右次車輻十二分左右車輻棒也夾車而行故曰車輻執者服如幰弩次戟九十執者絳綦襖冒分左右次絳引旛六分左右横行以引刀楯弓箭矟次內第一行廂執刀楯絳綦襖冒第二行廂執弓矢戎服第三行廂執矟戎服大袍廂各四十人次節一夾矟一各一人騎執平巾幘大口袴緋衫次告止旛四傳教

旛四信旛八凡旛皆絳爲之署官號篆以黃飾以烏翅取其疾也金塗鉤竿長一丈一尺執者服如夾矟分左右次儀鋋二儀鍠六油戟十八儀矟十細矟十執者皆絳綦襖冒次儀刀十八執者服如夾矟分左右次誕馬八馭者服如夾矟分左右次府佐六人平巾幘大口袴緋裲襠騎持刀夾引次象路一駕四馬佐二人立侍一人武弁朱衣革帶居左一人緋裲襠大口袴持刀居右駕士十八人服如夾矟次繖一雉尾扇二次朱漆團扇四曲蓋二執者皆絳綦襖冒分左右次僚佐本服陪從次麾幢各一左麾右幢次大角鼓吹一品鹵簿有清道四人爲二重幰弩一騎青衣十人車輻十人戟九十絳引旛六刀楯弓箭矟皆八十節二大矟二告止旛傳教旛皆二信旛六鋋馬六儀刀十六府佐四人夾行革路一駕四馬駕士十六人繖一朱漆團扇四曲蓋二僚佐本服陪從麾幢大角鐃吹皆備自二品至四品青衣車輻每品減二人二品刀楯弓箭戟矟各減二十三品以下每品減十而已二品信旛四誕馬四儀刀十四革路駕士十四人三品亦如之儀刀十革路駕士十二人四品五品信旛二誕馬二儀刀八

木路駕士十人自二品至四品皆有清道二人朱漆團扇二曲蓋一幰弩一騎旛竿長丈繖一節一夾矟二萬年縣令亦有清道二人幰弩一騎青衣車輻皆二人戟三十告止旛傳教旛信旛皆二竿長九尺誕馬二軺車一馬駕士十六人繖朱漆團扇曲蓋皆一非導駕及餘四等縣初上者減幰弩車輻曲蓋其戟亦減十內命婦夫人鹵簿青衣六人偏扇團扇皆十六執者閒綵裙襦綵裳革帶行障三坐障二厭翟車駕二馬馭人十內給使十六人夾車從車六乘繖雉尾扇皆一團扇二內給使執之戟六十外命婦一品亦如之厭翟車馭人減二有從人十六人非公主王妃則乘白銅飾犢車駕牛馭人四無雉尾扇犢青衣四人偏扇團扇方扇十四行障二坐障一翟車馭人八內給使十四人夾車四乘戟四十外命婦二品亦如之乘白銅飾犢車青通幰朱裏從人十四人婕妤美人才人青衣二人偏扇團扇方扇十行障二坐障一安車駕二馬馭人八內給使十人從車二乘戟二十太子良娣良媛承徽外命婦三品亦如之白銅飾犢車從人十人外命婦四品青衣二人偏扇團扇方扇皆八行障坐障皆一白銅

飾犢車馭人四從人八餘同三品唯無戟自夫人以下皆清道二人繖一又有團扇二大駕鹵簿鼓吹分前後二部鼓吹令二人府史二人騎從分左右前部掆鼓十二夾金鉦十二大鼓長鳴皆百二十鐃鼓十二歌簫笳次之大橫吹百二十節鼓二笛簫觱篥笳桃皮觱篥次之掆鼓夾金鉦皆十二小鼓中鳴皆百二十羽葆鼓十二歌簫笳次之至相風轝有掆鼓一金鉦一鼓左鉦右至黃麾有左右金吾衛果毅都尉二人主大角百二十橫行十重鼓吹丞二人典事二人騎從次後部鼓吹羽葆鼓十二歌簫笳次之鐃鼓十二歌簫笳次之小橫吹百二十笛簫觱篥笳桃皮觱篥次之凡歌簫笳工各二十四人主帥四人笛簫觱篥笳桃皮觱篥工各二十四人法駕減太常卿司徒兵部尚書白鷺車辟惡車大輦五副路安車四望車又減屬車四清游隊持鈒隊玄武隊皆減四之一鼓吹減三之一小駕又減御史大夫指南車記里鼓車鸞旗車皮軒車象革木三路耕根車羊車黃鉞車豹尾車屬車小輦小輿諸隊及鼓吹減大駕之半凡鼓吹五部一鼓吹二羽葆三鐃吹四大橫吹五小橫吹總七十五曲鼓吹部有

掆鼓大鼓金鉦小鼓長鳴中鳴掆鼓十曲一警雷震二猛獸駭三鷙鳥擊四龍媒蹀五靈夔吼六鵰鶚爭七壯士怒八熊羆吼九石墜崖十波蕩壑大鼓十五曲嚴用三曲一元驎合邏二元驎他固夜三元驎跋至慮警用十二曲一元咳大至遊二阿列乾三破達析利純四賀羽真五鳴都路跋六他勃鳴路跋七相雷析追八元咳赤賴九赤咳赤賴十吐咳乞物真十一貪大訐十二賀粟胡真小鼓九曲一漁陽二鷄子三警鼓四三鳴五合節六覆參七步鼓八南陽會星九單摇皆以爲嚴警其一上馬用之長鳴一曲三聲一龍吟聲二彪吼聲三河聲中鳴一曲三聲一盪聲二牙聲三送聲羽葆部十八曲一太和二休和三七德四騶虞五基王化六纂唐風七厭炎精八肇皇運九躍龍飛十殄馬邑十一興晉陽十二濟渭險十三應聖期十四御宸極十五寧兆庶十六服遐荒十七龍池十八破陣樂鐃吹部七曲一破陣樂二上車三行車四向城五平安六歡樂七太平大橫吹部有節鼓二十四曲一悲風二遊絃三間絃明君四吳明君五古明君六長樂聲七五調聲八烏夜啼九望鄉十跨鞍十一間君十二瑟調

十三止息十四天女怨十五楚客十六楚妃歎十七霜鴻引十八楚歌十九胡
笳聲二十辭漢二十一對月二十二胡笳明君二十三湘妃怨二十四沈湘小
橫吹部有角笛簫笳觱篥桃皮觱篥六種曲名失傳伶工謂夜警爲嚴凡大駕
嚴夜警十二曲中警三曲五更嚴三遍天子謁郊廟夜五鼓過半奏四嚴車駕
至橋復奏一嚴元和初禮儀使高郢建議罷之歷代獻捷必有凱歌太宗平東
都破宋金剛執賀魯克高麗皆備軍容凱歌入京都然其禮儀不傳太和初有
司奏命將征討有大功獻俘馘則神策兵衞於門外如獻俘儀凱樂用鐃吹二
部笛觱篥簫笳鐃鼓皆工二人歌工二十四人乘馬執樂陳列如鹵簿鼓吹令
丞前導分行俘馘之前將入都門鼓吹振作奏破陣樂應聖期賀朝歡君臣同
慶樂等四曲至太社太廟門外陳而不作告獻禮畢樂作至御樓前陳兵仗于
旌門外二十步樂工步行兵部尚書介胄執鉞于旌門中路前導協律郎二人
執麾門外分導太常卿跪請奏凱樂樂闋太常卿跪奏樂畢兵部尚書太常卿
退樂工立于旌門外引俘馘入獻及稱賀俘囚出乃退

唐書卷二十三下

唐書卷二十四

宋 翰 林 學 士 歐 陽 修 撰

志第十四

車服志

唐初受命車服皆因隋舊武德四年始著車輿衣服之令上得兼下下不得擬上凡天子之車曰玉路者祭祀納后所乘也青質玉飾末金路者饗射祀還飲至所乘也赤質金飾末象路者行道所乘也黃質象飾末革路者臨兵巡守所乘也白質鞔以革木路者蒐田所乘也黑質漆之五路皆重輿左青龍右白虎金鳳翅畫苣文鳥獸黃屋左纛金鳳一鈴二在軾前鸞十二在衡龍輈前設鄣塵青蓋三層繡飾上設博山方鏡下圓鏡樹羽輪金根朱班重牙左建旂十有二旒畫升龍其長曳地青繡綢杠右載闟戟長四尺廣三尺黻文旂首金龍銜錦結綬及緌帶垂鈴金鑁方釳插翟尾五焦鏤錫鞶纓十二就旌旗蓋鞶纓皆從路質唯蓋裏皆用黃五路皆有副耕根車者耕藉所乘也青質三重蓋餘如

玉路安車者臨幸所乘也金飾重輿曲壁紫油纁朱裏通幰朱絲絡網朱鞶纓
朱覆髮具絡駕赤騮副路耕根車安車皆八鑾四望車者拜陵臨弔所乘也制
如安車青油纁朱裏通幰朱絲絡網又有屬車十乘一曰指南車二曰記里鼓
車三曰白鷺車四曰鸞旗車五曰辟惡車六曰皮軒車七曰羊車與耕根車四
望車安車爲十乘行幸陳于鹵簿則分前後大朝會則分左右皇后之車六重
翟車者受册從祀饗廟所乘也青質青油纁朱裏通幰繡紫絡帶及帷八鸞鏤
錫鞶纓十二就金鍐方釳樹翟羽朱總厭翟車者親桑所乘也赤質紫油纁朱
裏通幰紅錦絡帶及帷翟車者歸寧所乘也黃油纁黃裏通幰白紅錦絡帶及
帷三車皆金飾末輪畫朱牙箱飾翟羽朱絲絡網鞶纓色皆從車質安車者臨
幸所乘也制如金路紫油纁朱裏通幰四望車者拜陵弔喪所乘也青油纁朱
裏通幰金根車者常行所乘也紫油纁朱裏通幰夫人乘厭翟車九嬪乘翟車
婕妤以下乘安車外命婦公主王妃乘厭翟車一品乘白銅飾犢車青油纁朱
裏通幰朱絲絡網二品以下去油纁絡網四品有青偏幰皇太子之車三金路

者從祀朝賀納妃所乘也赤質金飾末重較箱畫苣文鳥獸黃屋伏鹿軾龍輈金鳳一在軾前設鄣塵朱黃蓋裏輪畫朱牙左建旂九旒右載闟戟旂首金龍銜結綬及鈴綏八鑾二鈴金鍐方釳樹翟尾五焦鏤錫鞶纓九就軺車者五日常服朝饗宮臣出入行道所乘也四望車者臨弔所乘也二車皆金飾末紫油纁朱裏通幰親王及武職一品有象路青油纁朱裏通幰朱絲絡網二品三品有革路朱裏青通幰四品有木路五品有軺車皆碧裏青偏幰象飾末班輪八鑾左建旗畫升龍右載闟戟革路木路左建旜軺車曲壁碧裏青通幰諸路朱質朱蓋朱旂朱班輪一品之旜九旒二品八旒三品七旒四品六旒鞶纓就亦如之三品以上珂九子四品七子五品五子六品以下去通幰及珂王公車路藏于太僕受制行冊命巡陵昏葬則給之餘皆以騎代車凡天子之服十四大裘冕者祀天地之服也廣八寸長一尺二寸以板爲之黑表纁裏無旒金飾玉簪導組帶爲纓色如其綬黈纊充耳大裘繒表黑羔表爲緣纁裏黑領褾襟緣朱裳白紗中單皂領青襟襈裾朱韈赤舄鹿盧玉具劍火珠鏢首白玉雙佩黑

組大雙綬黑質黑黃赤白縹綠爲純以備天地四方之色廣一尺長二丈四尺五百首紛廣二寸四分長六尺四寸色如綬又有小雙綬長二尺六寸色如大綬而首半之間施三玉環革帶以白皮爲之以屬佩綬印章鞶囊亦曰鞶帶博三寸半加金鏤玉鉤鰈大帶以素爲之以朱爲裏在腰及垂皆有裨上以朱錦貴正色也下以綠錦賤間色也博四寸紐約貴賤皆用青組博三寸黻以繒爲之隨裳色上廣一尺以象天數下廣二尺以象地數長三尺朱質畫龍火山三章以象三才其頸五寸兩角有肩廣二寸以屬革帶朝服謂之韠冕服謂之黻袞冕者踐祚饗廟征還遣將飲至加元服納后元日受朝賀臨軒冊拜王公之服也廣一尺二寸長二尺四寸金飾玉簪導垂白珠十二旒朱絲組帶爲纓色如綬深青衣纁裳十二章日月星辰山龍華蟲火宗彝八章在衣藻粉米黼黻四章在裳衣畫裳繡以象天地之色也自山龍以下每章一行爲等每行十二衣褾領畫以升龍白紗中單黻領青褾襈裾韍繡龍山火三章舄加金飾鷩冕者有事遠主之服也八旒七章華蟲火宗彝三章在衣藻粉米黼黻四章在裳

毳冕者祭海嶽之服也七旒五章宗彝藻粉米在衣黻黼在裳絺冕者祭社稷饗先農之服也六旒三章絺粉米在衣黼黻在裳玄冕者蜡祭百神朝日夕月之服也五旒裳刺黼一章自袞冕以下其制一也簪導劍佩綬皆同通天冠者冬至受朝賀祭還燕羣臣養老之服也二十四梁附蟬十二首施珠翠金博山黑介幘組纓翠緌玉犀簪導絳紗袍朱裏紅羅裳白紗中單朱領褾襈裾白裙襦絳紗蔽膝白羅方心曲領白韈黑舄白假帶其制垂二條帛以變祭服之大帶天子未加元服以空頂黑介幘雙童髻雙玉導加寶飾三品以上亦加寶飾五品以上雙玉導金飾六品以下無飾緇布冠者始冠之服也天子五梁三品以上三梁五品以上二梁九品以上一梁武弁者講武出征蒐狩大射禡類宜社賞祖罰社纂嚴之服也有金附蟬平巾幘弁服者朔日受朝之服也以鹿皮爲之有攀以持髮十有二璂玉簪導絳紗衣素裳白玉雙佩革帶之後有鞶囊以威小雙綬白韈烏皮履黑介幘者拜陵之服也無飾白紗單衣白裙襦革帶素韈烏皮履白紗帽者視朝聽訟宴見賓客之服也以烏紗爲之白裙襦白韈

烏皮履平巾幘者乘馬之服也金飾玉簪導冠支以玉紫褶白袴玉具裝珠寶鈿帶有韈白帢者臨喪之服也白紗單衣烏皮履皇后之服三褘衣者受冊助祭朝會大事之服也深青織成爲之畫翬赤質五色十二等素紗中單黼領朱羅縠褾襈蔽膝隨裳色以緅領爲緣用翟爲章三等青衣革帶大帶隨衣色裨紐約佩綬如天子青韈舄加金飾鞠衣者親蠶之服也黃羅爲之不畫蔽膝大帶革帶舄隨衣色餘同褘衣鈿釵襢衣者燕見賓客之服也十一鈿服用雜色而不畫加雙佩小綬去舄加履首飾大小華十二樹以象袞冕之旒又有兩博鬢皇太子之服六袞冕者從祀謁廟加元服納妃之服也白珠九旒紅絲組爲纓犀簪導青纊充耳黑衣纁裳凡九章龍山華蟲火宗彝在衣藻粉米黼黻在裳白紗中單黼領青褾襈裾革帶金鉤艓大帶瑜玉雙佩朱組雙大綬朱質赤白縹紺爲純長一丈八尺廣九寸三百二十首黻隨裳色有火山二章白韈赤舄朱履加金塗銀釦飾鹿盧玉具劍如天子遠遊冠者謁廟還宮元日朔日入朝釋奠之服也以具服遠遊冠三梁加金博山附蟬九首施珠翠黑介幘髮纓

翠緌犀簪導絳紗袍紅裳白紗中單黑領褾襈裾白裙襦白假帶方心曲領絳紗蔽膝白韈黑舄朔日入朝通服袴褶公服者五日常朝元日冬至受朝之服也遠遊冠絳紗單衣白裙襦革帶金鉤䚢假帶瑜玉隻佩方心紛金鏤鞶囊純長六尺四寸廣二寸四分色如大綬烏紗帽者視事及燕見賓客之服也白裙襦烏皮履弁服者朔望視事之服也鹿皮爲之犀簪導組纓九璂絳紗衣素裳革帶鞶囊小綬雙佩自具服以下皆白韈烏皮履平巾幘者乘馬之服也金飾犀簪導紫裙白袴起梁珠寶鈿帶鞾進德冠者亦乘馬之服也九璂加金飾有袴褶常服則有白裙襦皇太子妃之服有三褕翟者受冊助祭朝會大事之服也青織成文爲搖翟青質五色九等素紗中單黼領朱羅縠褾襈蔽膝隨裳色用緅爲領緣以翟爲章二等青衣革帶大帶隨衣色不朱裏青韈舄加金飾佩綬如皇太子鞠衣者從蠶之服也以黃羅爲之制如褕翟無雉蔽膝大帶隨衣色鈿釵襢衣者燕見賓客之服也九鈿其服用雜色制如鞠衣加雙佩小綬去舄加履首飾花九樹有兩博鬢羣臣之服二十有一袞冕者一品之服也九旒

青瑧爲珠貫三采玉以組爲纓色如其綬青纊充耳寶飾角簪導青衣纁裳九章龍山華蟲火宗彝在衣藻粉米黼黻在裳皆絳爲繡遍衣白紗中單黼領青褾襈裾朱韈赤舄革帶鉤鰈大帶黻隨裳色金寶玉飾劍鏢首山玄玉佩綠綟綬綠質綠紫黃赤爲純長一丈八尺廣九寸二百四十首郊祀太尉攝事亦服之鷩冕者二品之服也八旒青衣纁裳七章華蟲火宗彝在衣藻粉米黼黻在裳銀裝劍佩水蒼玉紫綬紫質紫黃赤爲純長一丈六尺廣八寸一百八十首革帶之後有金鏤鞶囊金飾劍水蒼玉佩朱韈赤舄毳冕者三品之服也七旒寶飾角簪導五章宗彝藻粉米在衣黼黻在裳韍二章山火紫綬如二品金銀鏤鞶囊金飾劍水蒼玉佩朱韈赤舄絺冕者四品之服也六旒三章粉米在衣黼黻在裳中單青領韍山一章銀鏤鞶囊自三品以下皆青綬青質青白紅爲純長一丈四尺廣七寸一百四十首金飾劍水蒼玉佩朱韈赤舄玄冕者五品之服也以羅爲之五旒衣韍無章裳刺黻一章角簪導青衣纁裳其服用紬大帶及裨外黑內黃黑綬紺質青紺爲純長一丈二尺廣六寸二百二十首象笏

上圓下方六品以竹木上挫下方金飾劍水蒼玉佩朱韈赤舄三品以下私祭皆服之平冕者郊廟武舞郎之服也黑衣絳裳革帶烏皮履爵弁者六品以下九品以上從祀之服也以紬爲之無旒黑纓角簪導青衣纁裳白紗中單青領褾襈裾革帶鉤鰈大帶及禪內外皆緇爵韠白韈赤履五品以上私祭皆服之武弁者武官朝參殿庭武舞郎堂下鼓人鼓吹按工之服也有平巾幘武舞緋絲布大褏白練裲襠螣蛇起梁帶豹文大口袴烏皮韡鼓人朱褠衣革帶烏皮履鼓吹按工加白練裲襠弁服者文官九品公事之服也以鹿皮爲之通用烏紗牙簪導纓一品九璂二品八璂三品七璂四品六璂五品五璂犀簪導皆朱衣素裳革帶鞶囊小綬雙佩白韈烏皮履六品以下去璂及鞶囊綬佩六品七品綠衣八品九品青衣進賢冠者文武朝參三老五更之服也黑介幘青緌紛長六尺四寸廣四寸色如其綬三品以上三梁五品以上兩梁九品以上及國官一梁六品以下私祭皆服之侍中中書令左右散騎常侍有黃金璫附蟬貂尾侍左者左珥侍右者右珥諸州大中正一梁絳紗公服殿庭文舞郎黃紗袍

黑領襈白練襘襠白布大口袴革帶烏皮履遠遊冠者親王之服也黑介幘三梁青緌金鉤䚢大帶金寶飾劍玉鏢首纁朱綬朱質赤黃縹紺爲純長一丈八尺廣九寸二百四十首黃金璫附蟬諸王則否法冠者御史大夫中丞御史之服也一名解廌冠高山冠者內侍省內謁者親王司閤謁者之服也委貌冠者郊廟文舞郎之服也有黑絲布大褏白練領褾絳布大口袴革帶烏皮履却非冠者亭長門僕之服也平巾幘者武官衛官公事之服也金飾五品以上兼用玉大口袴烏皮鞾白練裙襦起梁帶陪大仗有裲襠螣蛇朝集從事州縣佐史岳瀆祝史外州品子庶民任掌事者服之有緋褶大口袴紫附褠文武官騎馬服之則去裲襠螣蛇袴褶之制五品以上細綾及羅爲之六品以下小綾爲之三品以上紫五品以上緋七品以下綠九品以上碧裲襠之制一當胸一當背短褏覆膊螣蛇之制以錦爲表長八尺中實以綿象蛇形起梁帶之制三品以上玉梁寶鈿五品以上金梁寶鈿六品以下金飾隱起而已黑介幘者國官視品府佐謁府國子太學四門生俊士參見之服也簪導白紗單衣青襟褾領革

帶烏皮履未冠者冠則空頂黑介幘雙童髻去革帶書算律學生州縣學生朝參則服烏紗帽白裙襦青領未冠者童子髻介幘者流外官行署三品以下登歌工人之服也絳公服以縵緋爲之制如絳紗單衣方心曲領革帶鉤䚢假帶韈烏皮履九品以上則絳褠衣制如絳公服而狹褏形直如褠不垂緋褶大口袴紫附褠去方心曲領假帶登歌工人朱連裳革帶烏皮履殿庭加白練褴襠平巾綠幘者尚食局主膳典膳局典食大官署食官署供膳奉觶之服也青絲布絝褶羊車小史五辮髻紫碧腰襻青耳屩漏刻生漏童總角髻皆青絲布絝褶具服者五品以上陪祭朝饗拜表大事之服也亦曰朝服冠幘簪導絳紗單衣白紗中單黑領褏黑褾襈裾白裙襦革帶金鉤䚢假帶曲領方心絳紗蔽膝白韈烏皮舄劍紛鞶囊雙佩雙綬六品以下去劍佩綬七品以上以白筆代簪八品九品去白筆白紗中單以履代舄從省服者五品以上公事朔望朝謁見東宮之服也亦曰公服冠幘纓簪導絳紗單衣白裙襦革帶鉤䚢假帶方心韈履紛鞶囊雙佩烏皮履六品以下去紛鞶囊雙佩三品以上有公爵者嫡子之

婚假絺冕五品以上子孫九品以上子爵弁庶人婚假絳公服命婦之服六翟衣者內命婦受冊從蠶朝會外命婦嫁及受冊從蠶大朝會之服也青質繡翟編次於衣及裳重爲九等青紗中單黼領朱縠褾襈裾蔽膝隨裳色以緅爲領緣加文繡重雉爲章二等大帶隨衣色以青衣革帶青韈舄佩綬兩博鬢飾以寶鈿一品翟九等花釵九樹二品翟八等花釵八樹三品翟七等花釵七樹四品翟六等花釵六樹五品翟五等花釵五樹寶鈿視花樹之數鈿釵禮衣者內命婦常參外命婦朝參辭見禮會之服也制同翟衣加雙佩小綬去舄加履一品九鈿二品八鈿三品七鈿四品六鈿五品五鈿禮衣者六尚寶林御女採女女官七品以上大事之服也通用雜色制如鈿釵禮衣唯無首飾佩綬公服者常供奉之服也去中單蔽膝大帶九品以上大事常供奉亦如之半袖裙襦者東宮女史常供奉之服也公主王妃佩綬同諸王花釵禮衣者親王納妃所給之服也大褏連裳者六品以下妻九品以上女嫁服也青質素紗中單蔽膝大帶革帶韈履同裳色花釵履笄兩博鬢以金銀雜寶飾之庶人女嫁有花釵以

金銀琉璃塗飾之連裳青質青衣革帶韈履同裳色婦人燕服視夫百官女嫁廟見攝母服五品以上媵降妻一等妾降媵一等六品以上妾降妻一等天子有傳國璽及八璽皆玉爲之神璽以鎮中國藏而不用受命璽以封禪禮神皇帝行璽以報王公書皇帝之璽以勞王公皇帝信璽以召王公天子行璽以報四夷書天子之璽以勞四夷天子信璽以召兵四夷皆泥封大朝會則符璽郎進神璽受命璽于御座行幸則合八璽爲五轝函封從于黃鉞之內太皇太后皇太后皇后皇太子及妃璽皆金爲之藏而不用太皇太后皇太后封令書以宮官印皇后以內侍省印皇太子以左春坊印妃以內坊印初太宗刻受命玄璽以白玉爲螭首文曰皇天景命有德者昌至武后改諸璽皆爲寶中宗卽位復爲璽開元六年復爲寶天寶初改璽書爲寶書十載改傳國寶爲承天大寶初高祖入長安罷隋竹使符班銀菟符其後改爲銅魚符以起軍旅易守長京都留守折衝府捉兵鎮守之所及左右金吾宮苑總監牧監皆給之畿內則左三右一畿外則左五右一左者進內右者在外用始第一周而復始宮殿門城

門給交魚符巡魚符左廂右廂給開門符閉門符亦左符進內右符監門掌之
蕃國亦給之雄雌各十二銘以國名雄者進內雌者付其國朝貢使各齎其月
魚而至不合者劾奏傳信符者以給郵驛通制命皇太子監國給雙龍符左右
皆十兩京北都留守給麟符左二十右十九東方諸州給青龍符南方諸州朱
雀符西方諸州騶虞符北方諸州玄武符皆左四右三左者進內右者付外行
軍所亦給之隨身魚符者以明貴賤應召命左二右一左者進內右者隨身皇
太子以玉契召勘合乃赴親王以金庶官以銅皆題其位姓名官有貳者加左
右皆盛以魚袋三品以上飾以金五品以上飾以銀刻姓名者去官納之不刻
者傳佩相付有傳符銅魚符者給封符印發驛封符及封魚函用之有銅魚而
無傳符者給封函還符封函用之天子巡幸則京師東都留守給留守印諸司
從行者給行從印木契符者以重鎮守慎出納畿內左右皆三畿外左右皆五
皇帝巡幸太子監國有軍旅之事則用之王公征討皆給焉左右各十九太極
殿前刻漏所亦以左契給之右以授承天門監門晝夜勘合然後鳴鼓玄武門

苑內諸門有喚人木契左以進內右以授監門有敕召者用之魚契所降皆有敕書尚書省符與左同乃用大將出賜旌以顓賞節以顓殺旌以絳帛五丈粉畫虎有銅龍一首纏緋旛紫縑爲袋油囊爲表節懸畫木盤三相去數寸隅垂赤麻餘與旌同高宗給五品以上隨身魚銀袋以防召命之詐出內必合之三品以上金飾袋垂拱中都督刺史始賜魚天授二年改佩魚皆爲龜其後三品以上龜袋飾以金四品以銀五品以銅中宗初罷龜袋復給以魚郡王嗣王亦佩金魚袋景龍中令特進佩魚散官佩魚自此始也然員外試檢校官猶不佩魚景雲中詔衣紫者魚袋以金飾之衣緋者以銀飾之開元初駙馬都尉從五品者假紫金魚袋都督刺史品卑者假緋魚袋五品以上檢校試判官皆佩魚中書令張嘉貞奏致仕者佩魚終身自是百官賞緋紫必兼魚袋謂之章服當時服朱紫佩魚者衆矣初隋文帝聽朝之服以赭黃文綾袍烏紗帽折上巾六合鞾與貴臣通服唯天子之帶有十三環文官又有平頭小樣巾百官常服同於庶人至唐高祖以赭黃袍巾帶爲常服腰帶者搢垂頭以下名曰鉈尾取順

下之義一品二品銙以金六品以上以犀九品以上以銀庶人以鐵既而天子袍衫稍用赤黃遂禁臣民服親王及三品二王後服大科綾羅色用紫飾以玉五品以上服小科綾羅色用朱飾以金六品以上服絲布交梭雙紃綾色用黃六品七品服用綠飾以銀八品九品服用青飾以鍮石勳官之服隨其品而加佩刀礪紛帨流外官庶人部曲奴婢則服紬絹絁布色用黃白飾以鐵銅太宗時又命七品服龜甲雙巨十花綾色用綠九品服絲布雜綾色用青是時士人以棠苧襴衫爲上服貴女功之始也一命以黃再命以黑三命以纁四命以綠五命以紫士服短褐庶人以白中書令馬周上議禮無服衫之文三代之制有深衣請加襴袖褾襈爲士人上服開骻者名曰缺骻衫庶人服之又請裹頭者左右各三襵以象三才重繫前脚以象二儀詔皆從之太尉長孫无忌又議服袍者下加襴緋紫綠皆視其品庶人以白太宗嘗以幞頭起於後周便武事者也方天下偃兵採古制爲翼善冠自服之又製進德冠以賜貴臣玉璂制如弁服以金飾梁花趺三品以上加金絡五品以上附山雲自是元日冬至朔望視

朝服翼善冠衣白練裙襦常服則有袴褶與平巾幘通用翼善冠進德冠制如幞頭皇太子乘馬則服進德冠九琪加金飾犀簪導亦有袴褶燕服用紫其後朔望視朝仍用弁服顯慶元年長孫无忌等曰武德初撰衣服令天子祀天地服大裘冕按周郊被衮以象天戴冕藻十有二旒與大裘異月令孟冬天子始裘以禦寒若啓蟄祈穀冬至報天服裘可也季夏迎氣龍見而雩如之何可服故歷代唯服衮章漢明帝始采周官禮記制祀天地之服天子備十二章後魏周隋皆如之伏請郊祀天地服衮冕罷大裘又新禮皇帝祭社稷服絺冕四旒三章祭日月服玄冕三旒衣無章按令文四品五品之服也三公亞獻皆服衮孤卿服毳鷩是天子同於大夫君少臣多非禮之中且天子十二爲節以法天烏有四旒三章之服若諸臣助祭冕與王同是貴賤無分也若降王一等則王服玄冕羣臣服爵弁既屈天子又貶公卿周禮此文久不用矣猶祭祀之有尸侑以君親而拜臣子硩蔟蟈氏之職不通行者蓋多故漢魏承用衮冕今新禮親祭日月服五品之服請循歷代故事諸祭皆用衮冕制曰可无忌等又曰禮

皇帝爲諸臣及五服親舉哀素服今服白袷禮令乖舛且白袷出近代不可用乃改以素服自是鷩冕以下天子不復用而白袷廢矣其後以紫爲三品之服金玉帶銙十三緋爲四品之服金帶銙十一淺緋爲五品之服金帶銙十深綠爲六品之服淺綠爲七品之服皆銀帶銙九深青爲八品之服淺青爲九品之服皆鍮石帶銙八黃爲流外官及庶人之服銅鐵帶銙七武后擅政多賜羣臣巾子繡袍勒以回文之銘皆無法度不足紀至中宗又賜百官英王踣樣巾其製高而踣帝在藩時冠也其後文官以紫黑絁爲巾賜供奉官及諸司長官則有羅巾圓頭巾子後遂不改初職事官三品以上賜金裝刀礪石一品以下則有手巾算袋佩刀礪石至睿宗時罷佩刀礪石而武官五品以上佩鞊韘七事佩刀刀子礪石契苾真噦厥針筒火石是也時皇太子將釋奠有司草儀注從臣皆乘馬著衣冠左庶子劉子玄議曰古大夫乘車以馬爲騑服魏晉朝士駕牛車如李廣北征解鞍憩息馬援南伐據鞍顧眄則鞍馬行於軍旅戎服所便江左尙書郎乘馬則御史治之顏延年罷官騎馬出入世稱放誕近古專車則

衣朝服單馬則衣褻服皇家巡謁陵廟冊命王公則盛服冠履乘路車士庶有以衣冠親迎者亦時服箱其餘貴賤皆以騎代車比者法駕所幸侍臣朝服乘馬今既舍車而冠履不易何者褒衣博帶革履高冠車中之服也韈而鐙跣而乘非唯數古亦自取驚蹶議者以祕閣梁南郊圖有衣冠乘馬者此圖後人所爲也古今圖畫多矣如畫羣公祖二疏而有曳芒屩者畫昭君入匈奴而婦人有施帷冒者夫芒屩出於水鄉非京華所爲帷冒創於隋代非漢宮所用豈可因二畫以爲故實乎謂乘馬衣冠宜省太子從之編于令開元初將有事南郊中書令張說請遵古制用大裘乃命有司製二冕玄宗以大裘樸略不可通寒暑廢而不服自是元正朝會用袞冕通天冠百官朔望朝參外官衙日則佩算袋餘日則否玄宗謁五陵初用素服朔望朝顓用常服弁服翼善冠皆廢唐初賞朱紫者服於軍中其後軍將亦賞以假緋紫有從戎缺胯之服不在軍者服長袍或無官而冒衣綠有詔殿中侍御史糾察諸衛大將軍中郎以下給袍者皆易其繡文千牛衛以瑞牛左右衛以瑞馬驍衛以虎武衛以鷹威衛以豹領

軍衛以白澤金吾衛以辟邪行六品者冠去瑧珠五品去鞶囊雙佩幞頭用羅縠婦人服從夫子五等以上親及五品以上母妻服紫衣腰襻褾緣用錦繡九品以上母妻服朱衣流外及庶人不服綾羅縠五色線鞾履凡襇色衣不過十二破渾色衣不過六破二十五年御史大夫李適之建議冬至元日大禮朝參官及六品清官服朱衣六品以下通服袴褶天寶中御史中丞吉溫建議京官朔望朝參衣朱袴褶五品以上有珂傘德宗嘗賜節度使時服以鶻銜綬帶謂其行列有序牧人有威儀也元和十二年太子少師鄭餘慶言百官服朝服者多誤自今唯職事官五品兼六品以上散官者則有佩劍綬其餘皆省初婦人施羃䍦以蔽身永徽中始用帷冒施裙及頸坐檐以代乘車命婦朝謁則以駞駕車數下詔禁而不止武后時帷冒益盛中宗後乃無復羃䍦矣宮人從駕皆胡冒乘馬海內傚之至露髻馳騁而帷冒亦廢有衣男子衣而鞾如奚契丹之服武德間婦人曳履及線鞾開元中初有線鞋侍兒則著履奴婢服襴衫而士女衣胡服其後安祿山反當時以爲服妖之應巴蜀婦人出入有兜籠乾元初

蕃將又以兜籠易負遂以代車文宗即位以四方車服僭奢下詔準儀制令品秩勳勞爲等級職事官服綠青碧勳官諸司則佩刀礪紛帨諸親朝賀宴會之服一品二品服玉及通犀三品服花犀斑犀車馬無飾金銀衣曳地不過二寸袖不過一尺三寸婦人裙不過五幅曳地不過三寸襦袖不過一尺五寸袍襖之制三品以上服綾以鶻銜瑞草鴈銜綬帶及雙孔雀四品五品服綾以地黃交枝六品以下服綾小窠無文及隔織獨織一品導從以七騎二品三品以五騎四品以三騎五品以二騎六品以一騎五品以上及節度使冊拜婚會則車有幰外命婦一品二品三品乘金銅飾犢車檐舁以八人三品舁以六人四品五品乘白銅飾犢車檐舁以四人胥吏商賈之妻老者乘葦軬車兜籠舁以二人度支戶部鹽鐵門官等服細葛布無紋綾綠闇銀藍鐵帶鞍轡銜鐙以鍮石未有官者服麤葛布官絁綠銅鐵帶乘蜀馬鐵鐙行官服紫麤布絁藍鐵帶中官不衣紗縠綾羅諸司小兒不服大巾商賈庶人僧道士不乘馬婦人衣青碧纈平頭小花草履彩帛縵成履而禁高髻險妝去眉開額及吳越高頭草履王

公之居不施重栱藻井三品堂五間九架門三間五架五品堂五間七架門三間兩架六品七品堂三間五架庶人四架而門皆一間兩架常參官施懸魚對鳳瓦獸通栿乳梁詔下人多怨者京兆尹杜悰條易行者爲寬限而事遂不行唯淮南觀察使李德裕令管內婦人衣褏四尺者闊一尺五寸裙曳地四五寸者減三寸開成末定制宰相三公師保尚書令僕射諸司長官及致仕官疾病許乘檐如漢魏載輿步輿之制三品以上官及刺史有疾暫乘不得舍驛

唐書卷二十四

唐書卷二十四考證

車服志朱覆髮具絡○舊書具作貝又髮上有鬘字

皮軒車○舊書無皮字

唐書卷二十四考證

西元二〇二〇年十一月一日重製一版

新唐書（附考證）冊一

（宋 歐陽修 宋 祁 撰）

平裝十冊基本定價捌仟元正
（郵運匯費另加）

發行人　張　敏　君

發行處　中　華　書　局

臺北市內湖區舊宗路二段一八一巷
八號五樓（5FL., No. 8, Lane 181,
JIOU-TZUNG Rd., Sec 2, NEI HU,
TAIPEI, 11494, TAIWAN)

客服電話：886-2-8797-8396
公司傳真：886-2-8797-8909
匯款帳戶：華南商業銀行西湖分行
179100026931

印　刷：維中科技有限公司
海瑞印刷品有限公司

No. N1054-1

國家圖書館出版品預行編目(CIP)資料

新唐書/(宋)歐陽修, 宋祁撰. -- 重製一版. -- 臺
北市 : 中華書局, 2020.11
冊 ; 公分
ISBN 978-986-5512-34-7(全套 : 平裝)

1.唐史

624.101 109016734